Psychoanalyse der Geschlechterdifferenz

Herausgegeben von Ch. Rohde-Dachser und W. Mertens

Katherine Dalsimer

Vom Mädchen zur Frau

Literarische Darstellungen – psychoanalytisch betrachtet

Aus dem Amerikanischen übersetzt von
Elisabeth Vorspohl

Springer-Verlag
Berlin Heidelberg New York
London Paris Tokyo
Hong Kong Barcelona
Budapest

Autorin
Dr. Katherine Dalsimer
175, South Pleasant St.
Amherst, MA 01002, USA

Übersetzerin
Elisabeth Vorspohl
Kalbacher Hauptstr. 73
W-6000 Frankfurt/Main 50

Umschlagabbildung: M. Graf-Rüegg © 1987
Dieses Buch ist erschienen unter dem Originaltitel:
Female Adolescence: Psychoanalytic Reflections by K. Dalsimer

ISBN 3-540-55917-5 Springer-Verlag Berlin Heidelberg NewYork

Die Deutsche Bibliothek – CIP-Einheitsaufnahme
Dalsimer, Katherine: Vom Mädchen zur Frau: literarische Darstellungen - psychoanalytisch betrachtet / Katherine Dalsimer. Aus dem Amerikan. pbers. von Elisabeth Vorspohl. - Berlin; Heidelberg; New York; London; Paris; Tokyo; Hong Kong; Barcelona; Budapest: Springer, 1993
(Psychoanalyse der Geschlechterdifferenz)
Einheitssacht.: Female adolescence <dt.>
ISBN 3-540-55917-5

Datenkonvertierung: Elsner & Behrens GmbH, Oftersheim
26/3140 – 5 4 3 2 1 0 – Gedruckt auf säurefreiem Papier

Vorwort

Bei der Darstellung der weiblichen Entwicklung hatte die Psychoanalyse in der Vergangenheit nicht immer eine glückliche Hand. Dies gilt nicht nur für die Entwicklung des kleinen Mädchens, die laut Freud von der Enttäuschung über die eigene Penislosigkeit überschattet ist, sondern auch für jene Entwicklungsphase, in der das Mädchen in die Adoleszenz eintritt – eine Zeit, in der es seine Kinderschuhe allmählich abstreift und anfängt, Frau zu werden.

Die Psychoanalyse hat diesen Übergang in die Rolle der erwachsenen Frau ganz häufig als eine Phase beschrieben, in der sich das Mädchen erneut vor allem mit *Beschränkungen* konfrontiert sieht, ganz anders als der heranwachsende Junge, dessen Adoleszenz immer auch etwas vom Geruch des Abenteuers hat, das seinen Weg hinein in die Kultur begleitet. Jungen sind dabei aufgefordert, Lebensformen zu erproben, die sie nicht sofort endgültig in die Pflicht nehmen. Die Adoleszenz des Mädchens wird demgegenüber selten mit einem Abenteuer verglichen. Die paradox anmutende Aufgabe, die sich ihm stellt, ist viel eher, sich unter oft schwierigen Bedingungen von der Mutter abzulösen, um sich – folgt man den gängigen Theorien der Psychoanalyse – an dieser Stelle auf einen klar vorgeschriebenen Weg zu begeben, der dem Ziel zusteuert, selbst Mutter zu werden. Ansonsten befassen sich psychoanalytische Theorien mehr mit den Störungen dieser Entwicklung, in unserer Zeit vor allem mit der Anorexie und neuerdings auch der Bulimie, und weniger mit den Gefühlen und Ängsten der ganz normalen Heranwachsenden, die sich nicht zuletzt auch mit neuen Formen der Sexualität konfrontiert sieht, die – neben allen Ängsten, die sie verursachen können – keinesfalls immer nur angstvoll erlebt werden, sondern auch neue, berauschende Möglichkeiten eröffnen. Der Mann, den das junge Mädchen dabei ersehnt, ist, zumindest bewußt, nicht der eigene Vater und auch nicht so sehr der potentielle Vater ihrer Kinder – er ist zunächst einmal ihr Liebhaber und damit gleichzeitig jemand, der ihre Erwartungen an das Leben erfüllen oder enttäuschen kann.

Wie Mädchen sich *diesem* Abenteuer stellen, wie sie davor zurückschrecken, es gleichwohl herbeiwünschen und gegen die Beschränkungen aufbegehren, die sie hindern, dem Neuen und Unbekannten zu begegnen; wie sie ihren Weg trotzdem gehen und zu bestehen versuchen, das schildert uns Katherine Dalsimer in ihrem

Werk „Vom Mädchen zur Frau“ in einer Eindringlichkeit, wie man ihr selten begegnet. Viel von dieser Eindringlichkeit ist der Tatsache zu verdanken, daß Dalsimer sich dabei nicht auf die Schilderung adoleszenter Patientinnen stützt, um von deren Pathologie aus auf die normale Entwicklung zu schließen, wie dies innerhalb der Psychoanalyse sonst immer wieder geschieht. Sie führt uns statt dessen in literarische Beispiele ein, in denen Mädchen in verschiedenen Stufen ihrer Adoleszenz auftreten, deren Erleben sich uns über die Lektüre unmittelbar mitteilt.

Die literarischen Beispiele entstammen verschiedenen historischen Epochen. Damit scheint eine Reihenfolge vorgegeben, der Dalsimer in ihrem Buch aber nicht folgt. Was sie uns statt dessen vor Augen führt, ist ein diese historischen Epochen überdauerndes Erleben der Adoleszenz, in dem neben anderen Shakespeares Julia und Anne Frank in ihrem Tagebuch uns jenseits ihres ganz unterschiedlichen historischen Kontextes als Mädchen begegnen, die in ihr Frausein hineintreten und damit gleichzeitig in Erlebniszusammenhänge, die ihnen allen gemeinsam sind.

Dalsimer verbindet diese literarischen Darstellungen mit psychoanalytischen Theorien über die Adoleszenz, die auf diese Weise mit hautnahen „Fallschilderungen“ unterlegt sind und so auf ihre Gültigkeit überprüft werden können. Was sich dem Leser dabei vermittelt, ist keinesfalls jene düstere Perspektive, die den Schilderungen der weiblichen Adoleszenz innerhalb der Psychoanalyse sonst immer wieder anhaftet. Es ist ein freudiges Teilnehmen am Aufbruch der geschilderten Mädchen, ein Miterleben der Ängste, die sie dabei erleben und – im Fall der Anne Frank – darüber hinaus die schmerzliche Erfahrung, daß es diesem Mädchen nicht vergönnt war, ihren Weg zu Ende zu gehen, weil die Nazis sie ermordet haben.

Wir freuen uns, diesen Band nunmehr in deutscher Sprache vorstellen zu können, wobei wir glauben, daß seine Übersetzung besonders gut gelungen ist. „Vom Mädchen zur Frau“ ist nicht nur eine in vieler Hinsicht spannende Lektüre. Sie könnte auch die psychoanalytische Theorie der weiblichen Adoleszenz einen entscheidenden Schritt voranbringen. Zumindest wird sie dazu beitragen, sie in eine andere (erfreulichere) Atmosphäre zu stellen.

Wir hoffen, daß viele Leserinnen und Leser mit uns Freude beim Lesen des Texts haben werden und sich vielleicht auch in der einen oder anderen literarischen Figur ein Stück weit wiedererkennen.

Christa Rohde-Dachser
Wolfgang Mertens

Inhaltsverzeichnis

1. Einleitung

Thema meiner Untersuchung ist das Erleben des Mädchens in jener Phase seiner Entwicklung, in der es allmählich zur Frau heranreift. Ein psychoanalytischer Ansatz ist für eine solche Untersuchung von unschätzbarem Wert: Unser Verständnis der Entwicklung von Kindern und Heranwachsenden hat in den vergangenen Jahrzehnten bedeutende Fortschritte gemacht. Während frühere Entwicklungstheorien auf Rückschlüssen, „Rekonstruktionen", beruhten, die in der Analyse erwachsener Patienten erarbeitet worden waren, sind die Theorien der vergangenen Jahre Resultat der unmittelbaren Beobachtung von Kindern und Adoleszenten – und zwar nicht nur in den Behandlungszimmern der Analytiker, sondern in ihrer natürlichen Umgebung, in den Familien, Kindergärten und Schulen. Darüber hinaus umfassen die Beobachtungen im Vergleich zur Vergangenheit mittlerweile sowohl frühere als auch spätere Phasen im Leben des Individuums. Die in diesem erweiterten Kontext gewonnenen Erkenntnisse schaffen einen theoretischen Bezugsrahmen von außerordentlicher Tiefe und Breite.

Unbefriedigend allerdings bleiben diese Theorien in ihrer Darstellung der spezifisch weiblichen Entwicklung. Die damit verbundenen ungelösten Fragen und Probleme wurden in den vergangenen Jahren zum Gegenstand leidenschaftlicher Auseinandersetzungen – in denen eine Kontroverse wiederauflebte, die sich ursprünglich bereits an Freuds Darlegung seiner Ansichten entzündet hatte. Infolge dieses neuerwachten Interesses wurden mittlerweile viele herkömmliche Konzepte modifiziert, verworfen oder durch neue ersetzt. Allmählich zeichnet sich ein deutlicheres Bild von der Entwicklung des jungen Mädchens ab, das sich in entscheidenden Aspekten von der klassischen Theorie unterscheidet. Bislang jedoch betraf diese Revision in erster Linie die frühe Kindheit. Eine vergleichbare Neubetrachtung der weiblichen Adoleszenz hat unter dem Druck neuer Fragestellungen gerade erst eingesetzt.[1] Die theoretischen Konzepte der Vergangenheit zeigten eine gewisse Tendenz, das Erleben des Mädchens mit dem des Jungen gleichzusetzen oder aber den Unterschied auf starre und verbissene Weise zu formulieren. Ob das adoleszente Mädchen in die Kindheit zurückblickt oder ob es versucht, sich sein Leben als erwachsene Frau

---

[1] Wichtig sind in diesem Zusammenhang v. a. die in den vergangenen Jahren erschienenen Arbeiten von Ticho (1976), Barglow u. Schaefer (1979), Blos (1980) und Gilligan (1982).

vorzustellen: die Perspektive, die ihm von der traditionellen psychoanalytischen Theorie angeboten wird, ist in jedem Fall düster.

Um ein realistischeres Bild von der Erlebensweise des Mädchens zu gewinnen, wende ich mich Werken der Literatur zu. Vor dem Hintergrund eines psychoanalytischen Verständnisses der Entwicklungsprozesse werde ich in den folgenden Kapiteln literarische Werke über adoleszente Mädchen untersuchen. Dabei sollen Theorie und Literatur einander gegenseitig ergänzen. Die psychoanalytische Theorie kann die Interpretation eines Textes befruchten, da ihre Einsichten ein Schlaglicht auf bestimmte narrative Entwicklungsverläufe werfen. Literarische Texte wiederum vertiefen unser Verständnis psychischer Prozesse. Sowohl die Psychoanalyse als auch die Literatur setzen sich mit konkreten Situationen des menschlichen Lebens auseinander; beide erfassen Wahrheit nur insofern, als sie Aspekten oder Phasen in der gelebten Erfahrung eines Individuums gerecht werden. Die Wirkung großer Romane oder großer Dramen beruht nicht allein auf dem Ausdruckspotential ihrer Sprache, sondern auch auf der Überzeugungskraft ihrer Einsichten in bestimmte Situationen, die die Sprache vermittelt und in denen der Leser sich selbst erschüttert wiedererkennt. Auch die Psychoanalyse gewährt ungemein überzeugende Einsichten, aber da sie das Schwergewicht auf die *allgemeinen* menschlichen Erfahrungsmuster legt, formuliert sie ihre Erkenntnisse in der Regel nicht, wie die Literatur, für den charakteristischen Einzelfall mit all seinen individuellen Besonderheiten, sondern beschreibt sie im Rahmen ihrer wissenschaftlichen Terminologie. Theoretische Konzepte lassen die Fülle der Beobachtungen, in denen sie wurzeln, häufig kaum noch erkennen. Literarische Werke verlocken dazu, diesen Zusammenhang wiederherzustellen.

In diesem Sinn nehme ich hier eine psychoanalytische Untersuchung in Angriff, deren Beobachtungen nicht primär in der klinischen Situation, sondern anhand literarischer Texte gewonnen wurden. Dabei verfolge ich 3 Ziele. Erstens möchte ich die Erkenntnisse, die aufgrund psychoanalytischer Untersuchungen der adoleszenten Entwicklung erarbeitet werden konnten, auch für jene Leser leichter zugänglich machen, die die Psychoanalyse nicht professionell betreiben. Zweitens geht es mir darum, anhand literarischer Werke den spezifischen Charakter des weiblichen Erlebens in einem größeren Rahmen zu untersuchen, als dies bisher geschehen ist. Etwas zögernder nenne ich mein drittes Anliegen: Ich hoffe, daß diese Analysen dazu beitragen, dem Leser ein intensiveres und vergnüglicheres Lektüreerlebnis zu vermitteln, wenn er sich den Werken selbst noch einmal zuwendet.

Denn es war mir sehr daran gelegen, für meine Untersuchung Werke auszuwählen, die den meisten Lesern zuvor schon einmal begegnet sind. Es handelt sich um Carson McCullers *Frankie* [*The Member of the Wedding*], Muriel Sparks *Die Blütezeit der Miss Jean Brodie* [*The Prime of Miss Jean Brodie*], *Das Tagebuch der Anne Frank*, Shakespeares *Romeo und Julia* sowie Jane Austens *Überredung* [*Persuasion*] – auf den ersten Blick eine heterogene Zusammenstellung. Meine Interpretationen umfassen 4 belletristische Werke und ein Tagebuch. Dieses Tagebuch aber stellt kein persönliches Dokument mehr dar, sondern ist ebenso wie die Werke der Literatur in jenen Erfahrungsbereich eingegangen, den alle Menschen teilen. Fiktionale Gestalten sind, im Unterschied zum Verfasser des Tagebuchs, keine realen Personen. Sie sind Produkte der Sprache. In der Vorstellungskraft aber leben sie, *als ob sie reale Personen wären*. Der Leser eines fiktionalen Werkes setzt seine Zweifel u. a. deshalb bereitwillig außer Kraft, weil die Erfahrungen der Charaktere eine Beziehung zu seinen eigenen realen oder imaginären Beobachtungen und Erfahrungen aufweisen. Diese Resonanz ist m. E. die entscheidende Voraussetzung dafür, daß der Text den Leser fesselt, bewegt – und ihn nachhaltig beschäftigt.

Frankie spielt in einem abgelegenen Provinzstädtchen im Süden der Vereinigten Staaten; *Die Blütezeit der Miss Jean Brodie* in einer Edinburgher Privatschule für Mädchen. Anne Franks *Tagebuch* beschreibt das Leben untergetauchter Juden in Amsterdam während des 2.Weltkriegs. Schauplatz von *Romeo und Julia* ist die Stadt Verona im Zeitalter der Renaissance, und *Überredung* spielt gegen Ende der Napoleonischen Kriege in England. Die Texte haben nicht nur verschiedene Schauplätze, sondern unterscheiden sich auch hinsichtlich ihrer Atmosphäre, ihrer Entstehungszeit, ihres Genres und nicht zuletzt des Geschlechts ihrer Autoren. Eines jedoch haben diese verschiedenartigen Werke gemein: sie alle thematisieren den Übergang des Mädchens von der Kindheit zum Erwachsenenalter, und jedes von ihnen vermag auf seine Weise zum besseren Verständnis dieses Übergangs beizutragen.

Es ist offensichtlich, daß die Reihenfolge, in der ich die Texte hier aufgeführt habe – und in der ich sie untersuchen werde – die Chronologie ihrer Entstehung verletzt. Sie entspricht statt dessen, beginnend mit der 12jährigen Frankie, dem Alter ihrer Protagonistinnen. Miss Brodies Schülerinnen sind 10 Jahre alt, als sie ihrer bemerkenswerten Lehrerin erstmals begegnen, und 15, als sie beginnen, ihre eigenen Wege zu gehen; ich werde mich mit der Phase um ihr 13. Lebensjahr beschäftigen, in der sowohl ihre Beziehungen zu Miss Brodie als auch ihre Freundschaften untereinander am intensivsten sind. Anne Frank bekam ihr Tagebuch zum 13. Geburtstag geschenkt. An diesem Tag verfaßte sie ihren ersten Eintrag; den letzten schrieb sie im Alter von 15 Jahren. Julia Capulet ist knapp 14. Anne Elliot, die Protagonistin aus *Überredung*, ist 27, in ihren Gedanken aber voll und ganz von einer Entscheidung in Anspruch genommen, die sie mit 19 Jahren getroffen hat. In Annes Fall möchte ich die Veränderungen betrachten, die sich zwischen ihrem 20. und dem 27. Lebensjahr – d. h. dem Ausgang der Adoleszenz – entwickeln.

Mit Bedacht habe ich keine Texte ausgewählt, die erkennen lassen, daß ihr Verfasser über Kenntnisse der psychoanalytischen Theorie verfügt: 2 der Werke entstanden bereits, als Freud noch gar nicht geboren war. Ich setze in dieser Arbeit einfach voraus, daß ein Werk, welches seine Leser in allen Epochen findet – und zwar nicht nur historisch oder literaturwissenschaftlich interessierte –, offenbar zeitlose Merkmale der psychischen

Realität abbildet und eben aufgrund dieser Eigenschaft in der Lage ist, die Phantasie des Lesers in seinen Bann zu schlagen.

Im *Wintermärchen* lamentiert der Schäfer:

> Ich wollte, es gäbe gar kein Alter zwischen zehn und dreiundzwanzig, oder die jungen Leute verschliefen die ganze Zeit: denn dazwischen ist nichts, als den Dirnen Kinder zu schaffen, die Alten ärgern, stehlen, balgen. – (3, III, Z.59–62)

Diese Worte wurden 1611 geschrieben. Shakespeares Schäfer charakterisiert die Zeit zwischen 10 und 23 Jahren als eine Phase intensivierter Sexualität, erhöhter Reizbarkeit und Aggressivität, als Phase, in der „die jungen Leute" Normen verletzen und die ältere Generation respektlos behandeln. Das moderne Publikum ist überrascht und muß lachen, denn ihm ist alles, was der Schäfer beschreibt, ganz vertraut – ebenso wie sein jammervoller Ton. Heute weist die Adoleszenz jedoch auch Merkmale auf, von denen der Schäfer noch keine Vorstellung haben konnte. In einer Epoche, in der die Standeszugehörigkeit keinerlei Veränderungen zuließ, in der es für die Frauen keine ökonomische Alternative zur Ehe gab und die Söhne den Beruf ihrer Väter übernahmen, sah „das Alter zwischen zehn und dreiundzwanzig" natürlich anders aus als in unserer Zeit mit ihrer beispiellosen Mobilität in all diesen Bereichen. Wenn wir heute von „Adoleszenz" sprechen, beziehen wir uns u. a. auch auf die psychischen Konsequenzen der Notwendigkeit, Entscheidungen zu treffen. Ich halte es für gerechtfertigt, in literarischen Werken eine Antwort auf die Frage zu suchen, welche psychischen Differenzen sich im Laufe der Zeit entwickelt haben – und welche Konstanten zu beobachten sind.[2]

Bevor ich mich aber diesen Werken zuwende, möchte ich den psychologischen Kontext meiner Analysen darstellen. Deshalb versuche ich zunächst, in groben Zügen die Erkenntnisse der psychoanalytischen Forschung und das daraus resultierende Verständnis der Adoleszenz als Lebensphase zu skizzieren.

---

[2] Die Frage, seit wann die Adoleszenz überhaupt als eine spezifische Lebensphase betrachtet wird, ist von den Historikern nicht einmütig beantwortet worden. Ariès (1975) sowie Demos u. Demos (1969) halten das Konzept für relativ jung. Stone (1977) hingegen bezeichnet die Annahme, daß die Adoleszenz als besondere Lebensphase nicht vor Ende des 19. Jahrhundert wahrgenommen wurde, als „schiere Phantasie der Historiker". Er zitiert aus der im späten 16. Jahrhundert verfaßten Autobiographie Thomas Wythornes: „Im Anschluß an die Jahre der Kindheit (0–15) beginnt das als Adoleszenz bezeichnete Alter, das bis zum 25. Lebensjahr dauert. [...] Zu allen Zeiten haben Cupido und Venus sich größte Mühe gegeben, die Gemüter der jungen Leute in diesem Alter in Unruhe zu versetzen" (S. 512). Hinweise auf Charaktereigenschaften, die eine außerordentliche Ähnlichkeit mit dem Phänomen aufweisen, das wir als „Adoleszenz" bezeichnen, fanden andere Historiker in französischen Quellen aus dem 16. Jahrhundert, die das Leben in den Klosterschulen beschreiben (Davis 1971), in Berichten über junge Londoner Lehrlinge des 17. Jahrhunderts (Smith 1973) und über puritanische Jugendliche im Amerika des 18. Jahrhunderts (Hiner 1975).

In der psychoanalytischen Literatur nimmt die Adoleszenz einen außergewöhnlichen Platz ein. Hier ist ein hoffnungsvoller Ton zu vernehmen, der in den Darstellungen aller anderen Lebensphasen völlig fehlt und ein gewisses Maß an Freiheit von der gnadenlosen Determiniertheit durch die Vergangenheit verspricht. Dies ist die Zeit, in der die Auswirkungen früherer Erfahrungen modifiziert und sogar korrigiert werden können: All die Entwicklungen, die in der Adoleszenz erstmals zutage treten oder durch sie reaktiviert werden, ermöglichen neue Lösungen für alte Konflikte. Die Welt wird größer und ist nicht länger auf die Familie begrenzt, in die man hineingeboren wurde, ohne sie sich ausgesucht zu haben. Die Adoleszenz eröffnet neue Möglichkeiten; in dieser Phase kann das Individuum mit Alternativen experimentieren, bevor es selbst den Bereich seiner Möglichkeiten einengt, indem es jene Verpflichtungen übernimmt, die für sein Erwachsenenalter bestimmend sein werden.

Häufig ist es eine turbulente Zeit, aber man hat gerade die Unruhe der Adoleszenz in der Regel mit Respekt betrachtet. Diese Einstellung wird in dem folgenden, einer klassischen Arbeit Anna Freuds entnommenen Zitat deutlich:

> Unberechenbarkeit und Unverläßlichkeit gehören meiner Ansicht nach zum Bild des normalen Jugendlichen. Während der Dauer der Pubertät kann der Jugendliche nicht anders: Er wehrt seine Triebregungen ab, gibt ihnen aber auch nach; er vollbringt Wunder an Selbstbeherrschung, ist aber auch ein Spielball seiner Gefühle; er liebt seine Eltern und haßt sie zugleich; er ist gleichzeitig in voller Revolte und voller Abhängigkeit; [...] er hat mehr künstlerisches Verständnis, ist idealistischer, großzügiger und uneigennütziger als je vorher oder nachher; aber er ist auch das Gegenteil: egoistisch, selbstsüchtig und berechnend. Zu jeder andern Lebenszeit würden innere Widersprüche dieser Art Symptome eines krankhaften Zustands sein. In der Pubertät haben sie eine andere Bedeutung. Sie sind nicht mehr als ein Hinweis darauf, daß es Zeit braucht, eine für das erwachsene Leben brauchbare Persönlichkeit aufzubauen, daß das Ich nach Lösungen sucht, sie aufnimmt und wieder verwirft und zögert, endgültige Entscheidungen zu treffen. (1958, S. 1767 f.)

Neueren Arbeiten zufolge liegt zuweilen auch ein sanfterer Übergang noch innerhalb der Grenzen der „Normalität“ (Offer 1969; Offer u. Sabshin 1984).[3] Dennoch ist die Unruhe während der Adoleszenz nicht zwangsläufig

---

[3] Solnit (1983) hat sich mit dem Konflikt zwischen den unterschiedlichen Betrachtungsweisen auseinandergesetzt: der Auffassung, die in diesem Zitat exemplifiziert wird und sich auf die klinische Beobachtung beruft, und der Sichtweise jener Forscher, die bei den von ihnen untersuchten Jugendlichen eher einen sanfteren Übergang für typisch halten. Er weist darauf hin, daß in der klinischen Situation Aspekte des Seelenlebens – Träume, Wünsche, Ängste, Phantasien, private Bedeutungswelten – zutage treten, die sich durch Fragebögen, nicht-klinische Interviews oder durch die Beobachtung des äußeren Verhaltens der Jugendlichen natürlich nicht ergründen lassen. Jede Untersuchungsmethode hat ihre eigenen Vorteile, die unauflöslich auch mit ihren Grenzen verknüpft sind.

als Hinweis auf dauerhafte psychische Schwierigkeiten zu betrachten. Sie spiegelt u. U. auch nur die Tragweite der innerlichen sowie äußerlichen Veränderungen wider, die zu dieser Zeit aufeinandertreffen, und die Bedeutsamkeit der Entwicklungsaufgaben, die nun bewältigt werden müssen.

Eingeleitet werden die Prozesse der Adoleszenz bei Mädchen wie bei Jungen durch ein biologisches Ereignis – den Beginn der Pubertät.[4] Der Beginn der Pubertät, die dem Körper seine erwachsene Form verleiht, seine Größe und Konturen radikal verändert und bislang unbekannte sexuelle wie auch aggressive Triebe erwachen läßt, leitet die für die Adoleszenz charakteristische Dialektik ein – neue Möglichkeiten und neue Gefahren. Die sinnlichen, diffusen Sehnsüchte der Kindheit rücken nun stärker in den Mittelpunkt. Die Phantasien, die sich der Vorstellung nun aufdrängen, sind zugleich erregender und erschreckender als die früheren Wünsche: Darüber hinaus können diese Phantasien aufgrund der körperlichen Reifung nun auch eher realisiert werden. Der Heranwachsende muß fürchten, daß die neuen, stärkeren Triebe sich störend in die Beziehungen zu jenen Menschen eindrängen, die im Gefühlsleben des Kindes eine zentrale Rolle gespielt haben – seine Eltern. Aus diesem Grund macht der Beginn der Pubertät den Verzicht auf die Eltern als primäre Liebesobjekte erforderlich. Dies stellt eine der schmerzlichsten, aber auch eine der wichtigsten psychischen Aufgaben der Adoleszenz dar.

Jene Menschen, die im magischen Denken der Kindheit über Allwissenheit und Omnipotenz verfügten, müssen nun auf ein menschliches Maß reduziert werden. Skepsis tritt an die Stelle kindlicher Bewunderung; Verlegenheit an die Stelle des Stolzes; und häufig weicht der Respekt einer Geringschätzung. Die Plötzlichkeit und Intensität, mit der sich die kindlichen Gefühle gegenüber den Eltern in ihr Gegenteil verkehren können, zeigt, wie groß das Bedürfnis ist, Distanz zu schaffen, wo zuvor Nähe war. Dieses Bedürfnis liegt einem Großteil des Verhaltens zugrun-

---

[4] In der zeitgenössischen Diskussion wird häufig darauf hingewiesen, daß sich der Beginn der Adoleszenz wesentlich einfacher bestimmen lasse als ihr Ende. Offenbar ist dieses Problem nicht neu. Ein aus dem Jahr 1556 stammender Text, *Le Grande Propriétaire* de toutes choses, unterscheidet 7 Lebensalter des Menschen, die der Anzahl der Planeten entsprechen. Auf Kindheit und „pueritia“ (wörtlich: Knabenalter) folgt die Adoleszenz. Sie ist durch jene Merkmale charakterisiert, die wir heute als Manifestationen der Pubertät beschreiben würden: es ist das Alter, in dem der Mensch „zu der Größe heranwächst, die die Natur für ihn vorgesehen hat“, und er „groß genug ist, um Kinder zu zeugen“. Diese Phase beginnt – unmißverständlich – mit 14; ihr Ende zu bestimmen ist jedoch schwieriger. Vergeblich bemüht der Text aus dem 16. Jahrhundert ältere Autoritäten: Die Adoleszenz ende „laut Konstantins Viaticum mit dem einundzwanzigsten Lebensjahr, während sie laut Isidor bis zum achtundzwanzigsten Lebensjahr dauert ... sie erstreckt sich sogar bis zu dreißig und fünfunddreißig Jahren“ (zitiert nach Ariès 1975, S. 76).

de, an dem die ältere Generation Anstoß nimmt: der Verhöhnung der elterlichen Autorität, ja, im Grunde jeder Autorität – die „jungen Leute" haben, wie der Schäfer aus dem *Wintermärchen* klagt, für die Alten nur Spott übrig.

Der Rückzug von den Eltern wird, so notwendig er auch sein mag, von den Jugendlichen dennoch als gravierender Verlust empfunden. Man hat die Traurigkeit und den Schmerz, den er hervorruft, sogar mit den Gefühlen verglichen, die den Trauerprozeß begleiten (Root 1957; A. Freud 1958; Wolfenstein 1966) – ein vielsagender Vergleich, läßt er doch die Intensität des Kummers und das tiefe, subjektive Verlustgefühl erahnen. Rückblickend werden die Freuden und Annehmlichkeiten der Kindheit häufig mit einer idealisierenden Aura umkleidet. Wie im Trauerprozeß entwickelt sich eine heftige Sehnsucht nach der Vergangenheit, bevor die Unwiderruflichkeit ihres Verlustes schließlich akzeptiert werden kann.

Aber zwischen der metaphorischen Trauer der Adoleszenz und der wirklichen Trauer bestehen ganz wesentliche Unterschiede: Unter normalen Umständen ermöglicht die Anwesenheit der Eltern es dem Jugendlichen, das Verlustgefühl in erträglichen Graden zu halten. Zwei der belletristischen Werke, die ich untersuchen werde, nämlich *Frankie* und *Überredung*, geben Anlaß, die Auswirkungen des tatsächlichen Todes eines Elternteils auf das heranwachsende Mädchen zu betrachten. Das Bedürfnis der Heranwachsenden, sich von den Eltern loszulösen und gleichzeitig weiterhin ihren Beistand zu suchen, spiegelt sich in den wiederholten Zyklen von emotionalem Rückzug und erneuter Annäherung wider. Dieses zyklische Muster erinnert an das Verhalten des Kleinkinds, dessen Freude über seine gerade errungene Fähigkeit, die Welt selbständig zu erforschen, plötzlich in Angst und Hilflosigkeit umschlagen kann; sobald dies geschieht, kehrt das kleine Kind rasch zur Mutter zurück, um sich erst dann wieder fortzuwagen, wenn es getröstet worden ist und emotional „aufgetankt" hat (Blos 1967; Mahler, Pine u. Bergmann 1975).

In diesem Prozeß erleben Jugendliche nicht nur den Verlust der Eltern als realer Figuren der äußeren Welt; sie erfahren zudem einen innerlichen Verlust. Das Kind, dem die Eltern als überlebensgroße Gestalten erschienen waren, hatte sein Selbstwertgefühl auch aus der Teilhabe an ihrer Großartigkeit (die es selbst ihnen zugeschrieben hatte) bezogen. Wenn die Eltern nun von ihrem Podest heruntergeholt werden, sinkt entsprechend auch das Selbstwertgefühl des Heranwachsenden. Der mit diesem Prozeß unweigerlich einhergehende innerliche Verlust kommt in jenem subjektiven Gefühl der Leere und Nutzlosigkeit zum Ausdruck, das in den Dichtungen der Adoleszenz so häufig beschrieben wird.

Junge Menschen, die ihre Kreativität in ihrem späteren Leben nie wieder auf diese Weise entfalten werden, dichten, führen Tagebücher oder komponieren. Die Tatsache, daß das Subjekt dieser kreativen Schöpfungen so häufig das eigene „Ich" ist – meine Stimmungen, meine Überzeugungen, meine Unsicherheiten –, verweist auf die besondere Bedeutung, die sie für die Entwicklung haben. Da die kindlichen Bindungen an die Eltern allmählich gelöst werden, neue Beziehungen sich aber noch nicht konsolidiert haben, befindet der Heranwachsende sich in einer Übergangsphase, in der eine verstärkte Konzentration auf sich selbst ihm die Beziehungen zu anderen Menschen – vorübergehend und teilweise – ersetzen muß. Ein Tagebuch ist in dieser Phase ideal geeignet, sich mit allem, was das eigene Seelenleben beschäftigt, auseinanderzusetzen; im Zusammenhang mit Anne Franks Tagebuch werde ich die mannigfaltigen Funktionen, die es für das innere Leben erfüllt, ausführlicher betrachten.

Selbstverachtung und Grandiosität stehen während dieser Übergangsphase häufig nebeneinander oder sind so rapiden Schwankungen ausgesetzt, daß sie ein sonderbares Gefühl der Verwirrung und Diskontinuität hervorrufen, eine Art „Alice-im-Wunderland-Gefühl". Die Puritaner haben den Hang der Jugend zur Selbstverherrlichung klar erkannt: Sie betrachteten den „Stolz" als eine der beiden charakteristischen Sünden des Jugendalters (die zweite war die „Sinnlichkeit"). Beschreibungen aus dem 18. Jahrhundert, in denen es heißt, daß junge Menschen „zu Eigendünkel und Selbstverherrlichung neigen, eitlen Ruhm und größere Ehre und Achtung begehren, als sie verdienen"[5], kommen uns ganz vertraut vor; man könnte sie ohne weiteres in eine zeitgenössische Beschreibung des adoleszenten Narzißmus einfügen. Normalerweise läßt der Hang junger Menschen zur „Selbstverherrlichung" im Laufe der Zeit nach, wenn sie neue, außerfamiliäre Bindungen aufbauen, statt sich ganz auf das eigene Selbst zurückzuziehen.

Die Lösung der Bindungen an die Eltern setzt noch einmal die Suche nach neuen Beziehungen in Gang.[6] Zunächst wendet diese Suche sich typischerweise dem eigenen Geschlecht zu: In der frühen Adoleszenz gewinnt die Freundschaft eine nie dagewesene Bedeutung. Die häufig erotisch getönten, intensiven Beziehungen dieser Phase unterscheiden sich grundsätzlich von der relativ undifferenzierten Kumpanei der Präadoleszenz. Oft wird der Freund oder die Freundin idealisiert; denn Jugendliche versuchen unter anderem, das, was sie verloren haben, weil die Eltern in ihrer Wertschätzung gesunken sind, zu ersetzen. Nun ist es die Beziehung zum besten Freund oder zur engsten Freundin, in der der Heranwachsende sein Selbstwertgefühl stärkt, indem er an Eigenschaften teilhat, die der andere besitzt (oder die er ihm zuschreibt). Eine andere Form der

[5] Joseph Sewell, zitiert nach Hiner (1975), S. 261.

[6] Ich folge Blos' (1962) Darstellung der Subphasen innerhalb der allgemeinen adoleszenten Entwicklung, die m. E. sehr dazu beiträgt, Ordnung in die Unmenge an Beobachtungen über eine Phase zu bringen, die ihrem Wesen nach durch Verwirrung und Widersprüchlichkeit gekennzeichnet ist. Natürlich ist die klare Abgrenzung dieser Subphasen nur eine Abstraktion; im Leben fallen sie teilweise zusammen und gehen ineinander über.

idealisierten und erotisierten Bindung an das eigene Geschlecht ist die Schwärmerei, die das junge, adoleszente Mädchen zuweilen für eine ältere Frau entwickelt und die ich im Zusammenhang mit *Die Blütezeit der Miss Jean Brodie* erläutern werde.

In der mittleren Adoleszenz konzentriert sich die Suche nach neuen Beziehungen in aller Regel nicht mehr auf das eigene, sondern zunehmend auf das andere Geschlecht. Sobald der Körper geschlechtsreif wird, läßt das bedrohliche Wiedererwachen ödipaler – sexueller und rivalisierender – Leidenschaften den Verzicht auf die Eltern als primäre Liebesobjekte um so zwingender erscheinen. Diese definitive Abwendung kommt in der Geschichte von Romeo und Julia metaphorisch zum Ausdruck. Indem sie sich in den Menschen verlieben, der sie der eigenen Familie entfremden wird, übersetzen Romeo und Julia den der „ersten Liebe" innewohnenden psychischen Konflikt in Handlung. Unter alltäglicheren Umständen als den ihren ermöglicht die Entwicklung von außerfamiliären Beziehungen es dem Individuum, aus der Familie, in der es Kind war, herauszuwachsen und sich auf jene Familie hinzuentwickeln, in der es selbst einmal Vater oder Mutter sein wird. Dennoch kann man nicht darüber hinwegsehen, daß eine beträchtliche Anzahl sowohl männlicher als auch weiblicher junger Menschen enge homosexuelle Bindungen entwickelt und aufrechterhält. Die Fragen, welche Faktoren das Geschlecht der endgültigen Objektwahl bestimmen und wie die Entwicklungsziele der Adoleszenz im homosexuellen Kontext erreicht werden, lassen sich gegenwärtig nur unzulänglich beantworten. Es ist zu erwarten, daß eine veränderte gesellschaftliche Einstellung zur Homosexualität sich in einer verstärkten theoretischen und klinischen Auseinandersetzung mit diesen Problemen niederschlagen wird.

Bislang habe ich Prozesse beschrieben, die sich innerhalb des Individuums und innerhalb der Familie vollziehen, und dabei auch die ersten wichtigen außerfamiliären Beziehungen betrachtet, die sich in diesem kleinen Umfeld entwickeln. Die Beschreibung der Spätadoleszenz jedoch muß sich auf einem ganz anderen Boden bewegen, denn diese Phase stellt das Individuum nun zu einem größeren Segment der Gesellschaft in Beziehung. In dieser Zeit kristallisieren sich Entscheidungen heraus, die für das Erwachsenenalter bestimmend sein werden; das Individuum entwickelt konkretere Vorstellungen hinsichtlich seiner Berufswahl, seiner sexuellen Beziehungen und jener Werte, die in seiner Lebensweise zum Ausdruck kommen. Es ist – in unserer Kultur – die Zeit, „in der das Leben mit einer Vielfalt von widersprechenden Möglichkeiten vor ihm liegt" (Erikson [1959] 1973, S. 111). In Samoa erwachsen zu werden bedeutete, wie Margaret Mead es beschrieben hat, als Frau oder als Mann nun einfach das zu sein, was man sich ohnehin schon immer vorgestellt hatte. In Amerika erwachsen zu werden bedeutet – oder verspricht zu bedeuten –, daß man, wie Erikson meint, unter vielfältigen, einander widersprechenden Möglichkeiten *die*

Wahl hat.[7] Blos ([1962] 1975), der sich mit ähnlichen Problemen auseinandersetzt, begreift es als die wesentliche Aufgabe der Spätadoleszenz, sich Ziele abzustecken – und auch hier wiederum unter einer Vielzahl von Möglichkeiten auszuwählen. Er betont, daß die Berufswahl die Chance beinhaltet, frühere, bislang nicht vollständig gelöste psychische Konflikte zu integrieren: Aufgrund dieses Prozesses erlebt das Individuum die ausgewählten Lebensaufgaben als „sinnvoll, selbstverständlich, dringend und befriedigend" (S.154). Sobald diese Entscheidungen getroffen werden, geraten die Verpflichtungen des Erwachsenenalters ins Blickfeld, die Adoleszenz geht zu Ende.

Die Wahlmöglichkeiten – und erforderlichen Entscheidungen – der Frauen haben natürlich einen ganz anderen Charakter als die der Männer. Und während die psychoanalytischen Darstellungen der früheren Subphasen zwar ausdrücklich versuchen, die Erlebensweise beider Geschlechter zu erfassen, ist die Literatur über die späte Adoleszenz weniger ausgewogen. Der Aspekt der Wahlmöglichkeiten und Entscheidungen, der diese Phase zu einem so interessanten Gegenstand der Auseinandersetzung mit der männlichen Entwicklung gemacht hat, taucht in den Darstellungen der weiblichen Entwicklung kaum auf. Dies entspricht sicherlich den eingeschränkten Möglichkeiten, die sich den Frauen in der Vergangenheit boten. Unweigerlich aber nimmt die Beschreibung dieser Aspekte den Charakter einer Vorschrift an: Die Feststellung, daß das *Treffen von Entscheidungen* wesentlich für das psychische Wohlbefinden sei, wurde in bezug auf die weibliche Spätadoleszenz entschieden zurückhaltender vertreten. Am deutlichsten wird die Prämisse, auf der diese Ausklammerung beruht, vielleicht durch die Untertitel von Helene Deutschs klassischem 2bändigen Werk *Psychologie der Frau* vermittelt. Band 1 [der Originalausgabe] trägt den Untertitel „Girlhood" („Mädchenalter"), Band 2 den Titel „Motherhood" („Mutterschaft").[8]

Dieses Werk, das nach wie vor die umfassendste Betrachtung speziell der weiblichen Entwicklung darstellt, erschien 1944; aber auf der Grundannahme, daß das Leben sich unerbittlich vom Mädchenalter zur Mutterschaft entwickelt, beruhte bis vor einiger Zeit ein Großteil der Arbeiten, die sich mit der weiblichen Adoleszenz befaßten. Zeitgenössische Darstellungen setzen sich allmählich auch mit einem größeren Bereich an Möglichkeiten – und ihren psychischen Implikationen – auseinander.[9]

Die Frage, wie sich der spezifische Charakter der Erlebensweise des Mädchens auf seine Entwicklungsprozesse auswirkt, muß für jede Phase der

---

[7] Daß es in Amerika viele Menschen gibt, denen das Leben tatsächlich kaum Wahlmöglichkeiten bietet, wird in Eriksons Darstellung, die die Adoleszenz in privilegierten Segmenten der amerikanischen Gesellschaft beschreibt, gleichwohl deutlich. Die Analysen Kenistons (1968), Liftons (1970) und Lieberts (1971) konzentrieren sich v. a. auf spezifische historische Umstände im Zusammenhang mit der späten Adoleszenz.

[8] In die deutsche Ausgabe wurden diese Untertitel nicht übernommen. [A.d.Ü.]

[9] Vgl. das Panel (1976) der Konferenz der American Psychoanalytic Association sowie den von Sugar (1979) herausgegebenen Band.

Adoleszenz gestellt werden, nicht nur für ihren Ausgang, sondern auch für ihre Anfänge. Die Adoleszenz des Mädchens wie auch die des Jungen wird, wie ich gesagt habe, durch einen biologischen Vorgang eingeleitet, nämlich den Beginn der Pubertät. Dieser Vorgang aber gestaltet sich für das Mädchen ganz anderes als für den Jungen – und seine psychischen Auswirkungen unterscheiden sich m. E. in einer Weise, die bislang noch nicht umfassend herausgearbeitet worden ist. Wie nimmt das pubertierende Mädchen seinen Körper wahr? Wie erlebt es die Veränderungen seiner Form und Konturen, das Erwachen erwachsener sexueller Empfindungen? Welche Bedeutungen mißt das junge Mädchen dem Beginn der Menstruation bei? Dies alles sind Fragen, deren Beantwortung in der Regel jene pessimistische Beurteilung des weiblichen Körpererlebens widerspiegelte, die das Erbe Freuds darstellt. Ich habe bereits erwähnt, daß Freuds Ansichten schon Auseinandersetzungen innerhalb der Psychoanalyse entfachten, als er sie erstmals veröffentlichte. Mittlerweile wurden sie in zahlreichen Aspekten, die ich hier nicht wiederholen werde, angefochten.[10]

---

[10] Jede Phase der Auseinandersetzung innerhalb der Psychoanalyse wies interessante Facetten auf, und vielleicht möchte der Leser sich mit diesen umstrittenen Themen näher beschäftigen. Karen Horney (1924, 1926, 1932, 1933) ließ sich mit Freud auf eine Auseinandersetzung über eine Reihe grundsätzlicher Fragen ein und wurde von Ernest Jones (1927, 1933, 1935) in ihren abweichenden Ansichten unterstützt. Die lebhafte Debatte, die während der 20er und 30er Jahre innerhalb der Psychoanalyse geführt wurde, schlief später weitgehend ein, um dann in Reaktion auf die feministische Kritik der Gegenwart wiederaufzuleben. Während der Ruhephase zwischen den Stürmen aber verfaßte Clara Thompson eine Reihe von Aufsätzen (1942, 1943, 1950), in denen die Psychologie der Frauen erstmals unter Berücksichtigung ihrer realen sozialen und ökonomischen Situation betrachtet wurde. Nicht den Penis selbst, so behauptete Thompson, wünscht die Frau zu besitzen, sondern die Macht und die Privilegien, welche die Männer in unserer Gesellschaft genießen und für die das Geschlechtsorgan nur ein Symbol ist. In dieser Tradition unterscheidet Moulton (1970) eine Reihe möglicher Bedeutungen des „Penisneides", in denen familiäre Erfahrungen des Mädchens zum Ausdruck kommen. Es steht mittlerweile fest, daß Freud die Bedeutung von sozialen Einstellungen und Lernprozessen für die Gefühle, die die Mädchen in bezug auf sich selbst, gegenüber ihrem Körper und ihrer Mutter empfinden, unterschätzt hat.

Schafer (1974) hat eine luzide Kritik an Freuds Darstellung verschiedener wichtiger Themen vorgelegt. Auch andere Psychoanalytiker haben Freuds Konzeptualisierung der weiblichen Entwicklung in Zweifel gezogen: den angeblichen Verzicht auf die Masturbation in der Kindheit (Clower 1975), den Eintritt in die ödipale Phase (Parens, Stern u. Kramer 1976), das angebliche Nichtvorhandensein vaginaler Sensationen vor Beginn der Pubertät (Greenacre 1950; Kestenberg 1956; Barnett 1966) und die Vorstellung, daß die klitorale Sensitivität in der Pubertät verdrängt werden müsse, eine Auffassung, die mittlerweile als unhaltbar angesehen wird (Clower 1975). Im Lichte neuerer Beobachtungsstudien unterzieht Kleeman (1976) Freuds Ansichten über die weibliche Sexualität in der frühen Kindheit einer kritischen Einschätzung.

Von größter Bedeutung ist m. E. die Tatsache, daß Freud von vornherein die Möglichkeit ausschloß, daß Frauen an ihrem eigenen Genitale, *so wie es ist*, Gefallen finden könnten, sich an ihrem Genitale und ihrer Weiblichkeit erfreuen oder gar stolz darauf sein könnten – ein Aspekt, der in meiner Untersuchung eine sehr wichtige Rolle spielen wird. Vor diesem Hintergrund wurde die Menarche, das herausragende Ereignis der weiblichen Pubertät, zumeist beschrieben, als handele es sich um eine frische Wunde, die das Mädchen aufs neue in seinem Verletztheitsgefühl bestätigt, unter dem es zu leiden hatte, seit es als kleines Kind den Unterschied zwischen sich selbst und den Jungen entdeckte.

Aber die traditionelle Betrachtungsweise der frühen Entwicklung des Mädchens unterliegt tiefgreifenden Veränderungsprozessen, die auch eine Neubetrachtung seines Erlebens während der Adoleszenz erforderlich machen. In diesem erweiterten Kontext ergibt sich noch ein anderer Fragenkomplex: Wie gestalten sich die Beziehungen des Mädchens zu seiner Mutter und seinem Vater, wenn die Kindheitsbindungen im Laufe der Adoleszenz an Intensität verlieren? Zumeist beginnt das Leben des Mädchens wie auch des Jungen in der Beziehung zur Mutter, die sich allmählich zu einer tiefgreifenden, intensiven und komplexen Bindung entwickeln wird: anders als beim Jungen gilt die erste Liebe des Mädchens einer Vertreterin des eigenen Geschlechts. Auf welche Weise schlägt diese Asymmetrie sich in der Adoleszenz nieder? Wie beeinflußt sie die für die frühe und mittlere Adoleszenz charakteristische „Suche nach neuen Objekten"? Und wie wirkt sie sich auf die Entscheidungen aus, die das Mädchen gegen Ende seiner Adoleszenz treffen muß, wenn es die Weichen für das Leben stellt, das es als erwachsene Frau führen will?

Ohne Frage hat die weibliche Entwicklung der Psychoanalyse von Anfang an viel Verdruß bereitet. Freud griff das Thema auf und legte es wieder beiseite, setzte sich erneut mit ihm auseinander und war am Ende mit seinen eigenen Konzepten unzufrieden. Seine letzte umfangreiche Arbeit über diesen Gegenstand schließt mit den Worten: „Das ist alles, was ich Ihnen über die Weiblichkeit zu sagen hatte. Es ist gewiß unvollständig und fragmentarisch, klingt auch nicht immer freundlich. [...] Wollen Sie mehr über die Weiblichkeit wissen, so befragen Sie Ihre eigenen Lebenserfahrungen, oder Sie wenden sich an die Dichter [...]"[11]

Genau dies ist meine Absicht.

---

[11] Der Satz endet: „[...] oder Sie warten, bis die Wissenschaft Ihnen tiefere und besser zusammenhängende Auskünfte geben kann" (1933, S. 145).

2. Präadoleszenz: *Frankie*

Carson McCullers berühmter Roman *Frankie*[1] [*The Member of the Wedding*] ist ein eigenartiges und unvergeßliches Werk. Die Handlung spielt zur Zeit des 2. Weltkriegs am Rande einer kleinen Stadt in den Südstaaten; doch alles, was anderswo in der Welt geschieht, übt auf die Belange der 3 Protagonisten einen nur geringfügigen Einfluß aus. Diese 3 Hauptpersonen sind ein 12jähriges Mädchen namens Frankie Addams, die schwarze Köchin Berenice Sadie Brown, die ein leuchtendblaues Glasauge und ein trauriges, dunkles Auge besitzt, und John Henry, Frankies 6 Jahre alter Vetter. Frankies Vater, eine Nebenfigur des Romans, ist ein geistesabwesender und in sich gekehrter Mensch, der darüber hinaus die meiste Zeit in seinem Juweliergeschäft in der Stadt verbringt. Ihre Mutter lebt nicht mehr. Wegen der drückenden Hitze haben Frankie, Berenice und John Henry sich den Sommer über in der Küche aufgehalten, deren Wände mit den „närrischen, kindischen Zeichnungen" des kleinen Jungen bedeckt sind, und sich immer wieder dasselbe erzählt, bis ihre Worte sich „fast zu reimen begannen und seltsam klangen". Der Schauplatz dieses Romans, dessen Personen der alltäglichen Erfahrung entrückt scheinen, bleibt dem Leser mit all den Eigentümlichkeiten einer südlichen Provinzstadt im Gedächtnis haften; nichtsdestoweniger läßt die Einprägsamkeit dieses Werks vermuten, daß seine Themen über diese lokalen Besonderheiten hinausreichen. Mir geht es in diesem Kapitel darum, jene charakteristischen Motive zu untersuchen, die mit Frankies Alter und der Entwicklungsphase, in der sie sich befindet, zusammenhängen.

Man hat die Adoleszenz als „2. Individuationsprozeß" bezeichnet (Blos 1967), der mit der Individuationsphase der frühen Kindheit vergleichbar ist. Diese Analogie gibt Anlaß zu einigen Überlegungen. In den ersten 3 Lebensjahren wächst das Kleinkind allmählich aus einem subjektiv als Einssein mit der Mutter empfundenen Zustand heraus und entwickelt sich zu einem individuierten Kind, das unabhängig von der Mutter handelt und empfindet.[2] In den ersten Jahren entwickelt das Kind ein konstantes und

[1] Zitiert wird nach der von Richard Moering besorgten deutschen Übersetzung, Zürich, Diogenes Verlag, 1965.

[2] Margaret Mahler und ihre Mitarbeiter haben diese frühkindlichen Entwicklungen für die Zeit von der Geburt bis zum Alter von knapp 3 Jahren beschrieben. Der allgemeine Prozeß, in dem die innere Repräsentanz des „Selbst" sich allmählich von der „Mutter"-Repräsentanz differenziert, wird als „Separation/Individua-

verläßliches inneres Bild der Mutter, so daß es von ihrer körperlichen Gegenwart und ihren Verrichtungen allmählich unabhängiger wird. Später, während der Adoleszenz, besteht die Aufgabe in einer emotionalen Loslösung von dem, was nun zu *inneren* psychischen Repräsentanzen und *inneren* Beziehungen geworden ist; dieser Loslösungsprozeß ermöglicht es dem Individuum schließlich, neue Bindungen außerhalb der Familie zu entwickeln.

Vor allem zu Beginn der Adoleszenz wird die Separation besonders intensiv erlebt, da die radikalen, mit der Pubertät einhergehenden Veränderungen eine Entfremdung von dem bislang so vertrauten eigenen Körper verursachen und das Erwachen neuer Triebe den Verzicht auf die Eltern als primären Liebesobjekten erforderlich macht. Zu Anfang hat der Heranwachsende an einer „ungeheuren Last des Unausgesprochenen" in Gestalt verwirrender, bislang unbekannter körperlicher Sensationen und einsamer Phantasien zu tragen, die er nur widerwillig preisgibt, was sein Gefühl der Fremdheit und Isolation noch intensiviert (Harley 1971). Darüber hinaus wird er in den labilen, unsicheren Beziehungen dieser Phase u. U. von Freunden im Stich gelassen, so daß er reale Verluste erlebt, die das Verlustgefühl, das er in bezug auf die Eltern empfindet, noch verstärken. Die neuerliche Erfahrung von Separation und Verlust löst häufig regressive Sehnsüchte nach jenem Verschmelzungszustand aus, der dem ersten Individuationsprozeß voranging.

In „jenem grünen und verrückten Sommer", in dem sie 12 Jahre alt ist, hat Frankie Addams das Gefühl, „ganz allein" zu sein: „Sie gehörte zu keinem Klub noch zu sonst was auf der Welt." Die nun einsetzenden körperlichen Veränderungen, die wachsende Entfremdung von ihrem Vater, der Verlust von Freundinnen, die bereits in die Geheimnisse der Sexualität eingeweiht sind – all diese Veränderungen haben zur Folge, daß sie sich immer einsamer und ängstlicher fühlt. Als ihr älterer Bruder ankündigt, daß er in Kürze heiraten wird, entwickelt Frankie eine Phantasie, um diesen Verlust und das wachsende Gefühl der Getrenntheit zu verleugnen: Sie wird sich ihrem Bruder und seiner Braut anschließen, für immer bei ihnen bleiben und mit ihnen an jeden Ort der Welt gehen. Sie wird zur Hochzeit dazugehören: *„Sie sind das Wir von mir."* Angesichts der neuerlichen Verlusterfahrung macht ihre Phantasie die Separation überhaupt zunichte; Frankie strebt zurück zu jener ersten Phase des Lebens, in der es nur ein „Wir" und noch kein getrenntes „Ich" gibt. Erst als die

---

(Fortsetzung Fußnote 2)

tion" bezeichnet. (Das Wort *Mutter* meint in diesem Zusammenhang die leibliche Mutter oder die für die Versorgung des Kindes primär verantwortliche Person.) Die Entwicklung dieses Prozesses und die Subphasen, die ihn konstituieren, werden bei Mahler (1963) sowie Mahler, Pine u. Bergman (1975) ausführlich erörtert. Zu weiteren Überlegungen bezüglich des Vergleichs zwischen den beiden Phasen vgl. Schafer (1973) und Esman (1980).

Unmöglichkeit dieser regressiven Lösung offenkundig wird, findet Frankie eine adaptive Lösung. Am Schluß kann sie die Ängste, die mit ihrer neuen Getrenntheit verbunden sind, überwinden, indem sie eine intensive Freundschaft zu einem anderen Mädchen entwickelt.

Mit Hilfe dieser neuartigen primären Beziehung, der hingebungsvollen Freundschaft, entwickelt sich Frankie von der Präadoleszenz zur frühen Adoleszenz. Die Bedeutsamkeit dieser Entwicklung besteht darin, daß sie nicht nur eine künstlerische Lösung Carson McCullers und eine persönliche Lösung für Frankie darstellt, die man als Reaktion auf die individuellen Besonderheiten ihrer Geschichte verstehen könnte; sie repräsentiert darüber hinaus ein zentrales Thema der Anfangsphasen weiblicher Adoleszenz. Im Fortgang der Erzählung spiegelt die Persönlichkeit Frankies Gefühlszustände und innerliche Konflikte wider, die für diesen Übergang charakteristisch sind – und sich hier, im epischen Kunstwerk, herauskristallisieren.

Frankies Alter wird uns exakt mitgeteilt, denn dieses Alter und die damit einhergehenden Veränderungen sind für sie selbst von großer Wichtigkeit.

> Sie stand vorm Spiegel und hatte Angst. Der ganze Sommer war voller Angst gewesen für Frankie; und eine bestimmte Angst konnte sie sogar in Ziffern aufs Papier schreiben. Sie war in diesem August zwölf Jahre und zehn Monate geworden. Sie war 1,67 m groß und trug Schuhgröße 40. Im vergangenen Jahr war sie 10 cm gewachsen; wenigstens kam es ihr so vor. Selbst wenn sie mit achtzehn Jahren aufhören würde zu wachsen, hatte sie immer noch fünf Jahre und zwei Monate zum Wachsen vor sich. Das bedeutete, daß sie dann nach Adam Riese 2,74 m sein würde, wenn es ihr nicht irgendwie gelang, ihr Wachstum zu verlangsamen. Und was würde eine Dame von 2,74 m sein? Eine Abnormität! (S. 29 f.)

Schon jetzt empfindet sie ihr eigenes Bild im Spiegel, der über dem Ausguß in der Küche hängt, als verzerrt, so daß sie sich von diesem Anblick schnell abwendet.

Die Frankie, die wir zu Beginn des Romans kennenlernen, ist mit ihren kurzen Hosen und ihrem Klubhemd ein halber Junge. Sie kleidet sich wie ein Junge, trägt die Haare wie ein Junge und hat sich selbst einen Jungennamen verpaßt. Um sich die Zeit an den langen Augustnachmittagen zu vertreiben, träumen Frankie, Berenice und John Henry davon, wie die Welt aussähe, wenn sie selbst sie einrichten könnten. In John Henrys Welt würde es Limonade regnen, in Berenice' Welt gäbe es keine „Trennung nach Farben unter den Menschen". Frankie jedoch hatte es so eingerichtet, „daß die Leute jeden Augenblick sich aus Jungens in Mädchen und umgekehrt verwandeln konnten, wie sie gerade Lust hatten". Die Mühelosigkeit, mit der sie sich selbst zu diesem Zeitpunkt abwechselnd als weiblich oder männlich begreifen kann, wird darin deutlich, daß sie sich entweder in einen spanischen Schal hüllt oder ein Fußballtrikot anzieht, wenn sie in die Stadt geht – während ihre Freundin mit der gleichen Selbstverständlichkeit die andere Tracht anlegt. Als die „Große Ausstellung" aus Chattahoochee in die Stadt kommt, fühlt Frankie sich unwiderstehlich von jenem Wesen in der letzten Kabine angezogen, das halb Mann und halb Frau ist, ein Hermaphrodit, „ein wissenschaftliches Wunder. Er bestand aus zwei ganz verschiedenen Hälften; die linke war ein Mann, die rechte eine Frau. Links trug das Wesen ein Leopardenfell, rechts einen Büstenhalter und ein Flitterröckchen. Die eine Gesichtshälfte trug einen dunklen Bart, die andere war geschminkt und gepudert. Die beiden Augen waren traurig und sonderbar" (S. 31). Frankie ist fasziniert, hat aber auch Angst vor dem Hermaphroditen: das geheime Band, durch das sie sich mit diesem Geschöpf verbunden fühlt, dessen abnorme Spaltung ihre eigene widerspiegelt, verstört sie.

Indem sie sich betont jungenhaft gibt, versucht Frankie etwas zu verleugnen, was die einsetzenden pubertären Prozesse täglich deutlicher zutage treten lassen: sie wird allmählich zur Frau. Von dieser Erkenntnis will sie nichts wissen, und deshalb wendet sie sich von ihrem „verzerrten" Bild im Spiegel ab. Die Angst, die sie davor hat, groß zu werden, kommt zum Ausdruck, wenn sie den Gang der Zeit aufzuhalten versucht, indem sie sich an ihren 6jährigen Vetter klammert und regressiv bei ihm und Berenice in der anheimelnden Atmosphäre der Küche Zuflucht sucht. In der Stille der Küche erzählen sich die 3 in jenem August immer wieder dasselbe: angesichts der ihr aufgezwungenen Veränderungen sehnt Frankie sich nach eben dieser Eintönigkeit und Wiederholung.

Warum, könnte man fragen, hat Frankie solche Angst davor, eine Frau zu werden? Von ihrer Mutter erfahren wir nur, daß sie „an dem Tag, an dem Frankie geboren wurde", starb, so als ob es zu schrecklich wäre, den Zusammenhang – daß ihre Mutter nämlich an den Folgen der Geburt starb – auszusprechen. Wie könnten die bewußten und unbewußten Phantasien eines Mädchens aussehen, dessen Mutter bei seiner Geburt gestorben ist? Ein anderer literarischer Text, eine Geschichte, die sich eine junge, 18jährige Frau ausdachte, deren Mutter 8 Tage nach ihrer Geburt an Komplikationen gestorben war, liefert uns einige Hinweise. Diese Tochter ist Mary Shelley, und ihre Geschichte ist der Roman *Frankenstein* – eine Horrorgeschichte über ein Monstrum, das seinen Schöpfer vernichtet. In Mary Shelleys Schilderung, wie der Wissenschaftler aus Knochen, die er in Beinhäusern gesammelt hat, und Körperteilen, die aus Grabplünderungen stammen, in einer trüben Novembernacht das Monstrum erschafft, wird die unauflösliche Verbindung zwischen Tod und Geburt deutlich. Der Wissenschaftler, Frankenstein, läßt seine Kreatur augenblicklich im Stich, nachdem er sie unter „widerwärtigen Umständen" aus „Unflat" geschaffen und ins Leben gerufen hat. Mit den folgenden Greueltaten des Monstrums rechtfertigt Frankenstein seine Flucht vor ihm, aber der Darstellung zufolge, die das Monstrum selbst von den Ereignissen gibt, übt es mit den Morden gerechte Vergeltung an seinem Schöpfer, der es „verstoßen und verlassen" hat und, zur Einsamkeit verdammt, in die Welt hinausschickte. Die allgemein zu verzeichnende Verwirrung über die Identität Frankensteins – häufig wird der Name des Wissenschaftlers seinem Geschöpf zugeschrieben, das jedoch in Wahrheit namenlos bleibt –, spiegelt die Ambiguität des Textes wider, der den Leser im unklaren läßt, wer das Opfer und wer das Monstrum ist: der Vater, der sich zu seiner Verantwortung nicht bekennt, oder das verlassene Kind?

Von ähnlichen Verwirrungen wird Frankie heimgesucht. Indem sie zur Welt kam, hat sie ihre Mutter „getötet". Ihre eigene Entwicklung war, von Beginn ihres Lebens an, destruktiv. Nun ist sie 12 Jahre alt, ihre Entwicklung beschleunigt sich plötzlich und treibt sie, was ihre Rechenkünste ihr bestätigen, einem entsetzlichen Schicksal entgegen – vorausgesetzt, sie findet nicht irgendeine Möglichkeit, „ihr Wachstum zu verlangsamen". Dazu aber ist sie nicht imstande. Als die Pubertät ihren Körper allmählich in den Körper einer Frau verwandelt, wird der unaussprechliche Zusammenhang nichtsdestoweniger wahrgenommen. Aufgrund der unbewußten Gleichsetzung, die die Geschichte ihrer Geburt nahelegt, geht sie, indem sie zur Frau wird, zugleich dem Tod entgegen. Mit der Pubertät entwickelt sich die Fähigkeit zu erwachsener weiblicher Sexualität und zur Fortpflanzung, und diese Fähigkeit erfüllt Frankie mit Angst vor ihren tödlichen Konsequenzen.

Die Erzählung spiegelt diese unbewußten Gleichsetzungen wider. Die Beschreibung des Frühlings, in dem Frankie pubeszent wird, vermittelt eine von Gewalt und abruptem Verlust geprägte Atmosphäre, die sich in der verblüffenden Wortwahl niederschlägt:

> April kam ganz plötzlich, und das Grün der Bäume war grell und leuchtend. Die blassen Wistarias blühten überall in der Stadt und ließen leise ihre Blüten fallen; und irgendwie stimmten die grünen Bäume und die Aprilblüten Frankie traurig. Sie wußte nicht, weswegen sie traurig war; aber diese Traurigkeit machte ihr klar, daß es das beste wäre, die Stadt zu verlassen. (S. 35)

Das Erwachen des Frühlings spiegelt in diesem Jahr das Aufblühen ihres eigenen Körpers wider. Die „Plötzlichkeit" des Frühlings, sein „grelles und leuchtendes Grün" suggerieren, daß sich etwas Neues und Unkontrollierbares Bahn bricht, das Frankie in sich selbst wahrnimmt; das leise Fallen der Blüten macht ihr Angst. Die in ihr erwachten Phantasien vermitteln ihr das Gefühl, fliehen zu müssen.

Einerseits hat Frankie Angst vor dem, was die Zukunft ihr bringt; andererseits macht es sie traurig, die Sicherheit und vertrauten Freuden und Annehmlichkeiten der Vergangenheit zu verlieren. Metaphorisch zeigt sich dies darin, daß sie aufgrund ihrer Körpergroße nicht mehr in der Weinlaube umhergehen kann, wie sie es früher getan hat, als sie noch kleiner war:

> Andere Kinder von zwölf Jahren konnten aufrecht drinnen herumgehen und sich amüsieren – sogar erwachsene Damen von kleiner Statur. Aber Frankie war zu groß; sie mußte draußen bleiben und konnte nur hineinspähen, genau wie die Erwachsenen. Sie starrte in das dunkle Gewirr der Weinblätter und atmete den Geruch von Staub und zerdrückten Beeren ein. Und wie sie so vor der Laube stand und es dunkel werden fühlte, fürchtete sie sich. Sie wußte nicht, warum; sie fühlte nur, daß sie Angst hatte. (S. 14)

Sie weiß nicht, was ihr Angst macht, so wie sie auch nicht wußte, weshalb sie traurig war. Doch wir dürfen vermuten, daß Frankie Trennung und Verlust in der Abenddämmerung, in der die Welt der Objekte mit einbrechender Dunkelheit allmählich dem Blick entschwindet, intensiver erlebt. Ganz unvermittelt bittet sie John Henry, die Nacht über bei ihr zu bleiben, und projiziert ihre eigene Angst und Einsamkeit auf ihn. Sie habe „schon lange genug von ihm", erklärt sie Berenice. „Aber ich glaube, er hatte Angst. [...] Vielleicht meinte ich, er ist einsam. [...] Ich dachte, ich müßte ihn mal wieder einladen."

Sie selbst hat Angst. Das Wachstum, das sie nicht kontrollieren kann, wird auch zur Metapher für die anderen unkontrollierbaren Prozesse der Pubertät. „Nicht nur war sie nicht wert zu leben, sie war obendrein ein Verbrecher. Hätte das Gericht besser um sie Bescheid gewußt, würde man sie verurteilt und ins Gefängnis gesperrt haben. Aber Frankie war nicht immer ein Verbrecher und Taugenichts gewesen. Bis zum April dieses Jahres war sie ihr ganzes Leben lang genauso gewesen wie alle andern Leute" (S. 34).

Den ganzen Frühling und Sommer über hatte das Stadtgefängnis Frankie „geängstigt und beschäftigt", so daß sie sich fürchtete, vorbeizugehen. Sie hat das Gefühl, daß seine Insassen ebenso wie die Abnormitäten auf dem Jahrmarkt wissen, daß sie eine der ihren ist. „[...] und ihre Augen, die sie an die unheimlichen Augen der Mißgeburten auf dem Jahrmarkt erinnerten, schienen zu sagen: Wir kennen dich" (S. 181). Obgleich das allererste unbewußte „Verbrechen", das sie zu einer der ihren macht, darin besteht, daß sie den Tod ihrer Mutter verursachte, gibt es nun weitere „Verbrechen": Sie hängen mit den Veränderungen zusammen, die in ihrem Körper vor sich gehen, über die sie bewußt nachgrübelt und die Schuldgefühle in ihr auslösen. Sie hat sich an irgendeinem sexuellen Spiel mit Barney MacKean beteiligt, und nun überfällt sie jedesmal, wenn sie daran denkt, eine „krampfartige Übelkeit im Magen". „Sie haßte Barney und wollte ihn töten. Wenn sie nachts allein in ihrem Bett lag, überlegte sie, ob sie ihn niederschießen oder ihm ein Messer zwischen die Augen stechen sollte." Das Ausmaß ihrer „Sünde" ist dem Leser ebenso unklar wie Frankie selbst; erst am Ende des Buches erfahren wir, daß alles, was geschah, sich auf eine „scheußliche Unterhaltung hinten in der Garage" beschränkte. Sie hat aus der Auslage von „Sears & Roebuck" ein Messer mit 3 Klingen gestohlen; sie hat den Revolver ihres Vaters aus der Schublade geholt und ihn abgefeuert. Auch diese kleinen Diebstähle nehmen in ihren Grübeleien immer größere Ausmaße an. Sie war „ein Verbrecher geworden": Ihre sexuellen wie auch aggressiven Impulse, denen sie nun ausgesetzt ist, schaffen nicht nur eine Distanz zu anderen Menschen, sondern entfremden sie auch ihrem früheren Selbst.

Auf welche Weise die körperlichen Veränderungen der Pubertät das vertraute Körperbild aufbrechen, kommt nirgendwo eindrucksvoller zum Ausdruck als in dem folgenden Abschnitt:

> Es war das Jahr, in dem Frankie begann, über die Welt nachzudenken, die sie sich nicht so rund vorstellte wie den Schulglobus, wo die einzelnen Länder sauber getrennt und verschieden gefärbt waren. Die Welt kam ihr riesig und zersprungen vor und drehte sich mit einer Geschwindigkeit von fünfzehnhundert Kilometer die Stunde. Ihr Geographiebuch war überholt; die Länder hatten sich verändert. (S. 35)

Der Globus ist Frankies Körper; das sauber getrennte und verschieden gefärbte Geographiebuch der Latenzphase kann ihn nicht mehr angemessen beschreiben. Dieses Buch ist in der Tat überholt, denn die pubertären Veränderungen beginnen ihren Körper – und mit ihm ihr Selbstgefühl – zu verwandeln.

Frankies Erleben konzentriert sich auf das mit dem Beginn der Pubertät so häufig einhergehende Gefühl der Einsamkeit und des Verlustes – auf die neuerliche Trennungserfahrung. Das Erwachen bislang unbekannter Impulse und Phantasien macht eine größere Distanzierung zwischen den Eltern und dem Kind erforderlich. Das auf diese Weise hervorgerufene Verlustgefühl läßt sich erahnen, wenn Frankies Vater ihr plötzlich mitteilt, daß sie nun zu groß sei, um in seinem Bett zu schlafen, und deshalb allein oben in ihrem Zimmer übernachten müsse. „Sie nahm's ihrem Vater übel, und beide sahen sich von der Seite an. Sie mochte nicht länger zu Hause bleiben" (S. 38).

Die Sexualität trennt sie auch von anderen Mädchen – Mädchen, die etwas älter und in sexuellen Fragen erfahrener und kenntnisreicher sind:

> Es gab in der Tat ein Klubhaus in der Nachbarschaft, aber Frankie gehörte nicht zu den Mitgliedern. Die Mitglieder waren Mädchen von dreizehn und vierzehn Jahren, einige waren sogar fünfzehn. Samstagabend kamen die jungen Leute zum Tanzen. Frankie kannte alle Mitglieder und war bis zu diesem Sommer, gleichsam als jüngeres Mitglied, überall mit dabei gewesen. Jetzt aber hatten sie diesen Klub, und sie war nicht Mitglied geworden. [...] „Die dummen Fratzen!" sagte sie noch einmal. „Und außerdem erzählen sie gemeine Lügen über verheiratete Leute. Wenn ich an Tante Pet und Onkel Eustach denke! Oder an meinen eigenen Vater! Solche gemeinen Lügen! Ich möchte wissen, wofür sie mich eigentlich halten." (S. 20f.)

Die älteren Mädchen sind in die Geheimnisse der Sexualität bereits eingeweiht, ihr Wissen ist eine Schranke, die Frankie die Mitgliedschaft verwehrt; sie muß die sexuelle Realität, einschließlich der Sexualität ihres Vaters, noch verleugnen, und dieses Bedürfnis schließt sie aus dem Kreis dieser Mädchen aus. Darüber hinaus ist ihre beste Freundin weggezogen, eine weitere Widerspiegelung der dauernden Umbrüche, denen die Beziehungen in diesem Alter unterworfen sind. Berenice hingegen hat noch immer ihre vertrauten Freunde, die sie abholen und deren Gegenwart Frankies Isolationsgefühl noch intensiviert. Sogar ihre Katze läuft auf der Suche nach sexuellen Abenteuern und einer Freundin davon: „Es kommt mir so vor, als seien alle weggegangen und hätten mich im Stich gelassen".

Der Frühling und Sommer, in dem sie 12 ist, sind für Frankie eine Jahreszeit voller Verluste, und in jedem dieser Verluste schwingt das zentrale Ereignis ihres Lebens, der Tod der Mutter bei ihrer Geburt, mit. Als ihr Bruder seine Heirat ankündigt, ist ihr Verlassenheitsgefühl vollkommen. Obwohl Jarvis bereits die vergangenen 2 Jahre bei der Armee in Alaska verbracht hat, wird seine bevorstehende Heirat zum Brennpunkt aller Verluste, die sie bislang erlitten hat. Für Frankie besitzen ihr Bruder und seine Braut keine persönlichen Eigenschaften, keine Individualität: vor ihrem inneren Auge erscheint ihr das Gesicht ihres Bruders wie ein „heller Glanz", und die Braut ist „ebenso gesichtslos". Eindeutig ist nur das Gefühl, daß alle Welt sie verlassen hat:

> Frankie schloß die Augen, und obwohl sie sich nicht genau vorstellen konnte, wie sie aussahen, fühlte sie doch, wie die beiden sie im Stich ließen. Sie konnte genau fühlen, wie sie im Zug saßen und sich immer weiter entfernten. Die beiden waren nun mal ‚die beiden' und sie war ‚sie selber' und saß nun im Stich gelassen hier in der Küche. (S. 45)

Sie versucht, den Schmerz zu verleugnen, indem sie sich ganz darauf konzentriert, mit einem großen Fleischermesser einen Splitter aus ihrem Fuß herauszuschneiden. Voller Stolz, „die härtesten Füße der Stadt" zu besitzen, beteuert Frankie zwar mit leicht gespielter Tapferkeit: „Außer mir hält das niemand aus", gesteht ihre Verletzlichkeit jedoch schon bald ein: „Ich fühl mich, als wäre mir bei lebendigem Leibe die Haut abgezogen."

Ihre Verleugnungsversuche schlagen fehl. Aufgrund der mit der Pubertät einhergehenden kumulativen Verlusterfahrungen ist Frankie „ganz allein" auf der Welt. In der Präadoleszenz gibt es für diese Verluste noch keinen Ersatz, und so flüchtet sie sich in ihre Phantasie. Damit hat sie sich immer trösten können. Die Alchimie ihrer Einbildungskraft verwandelt ihre streunende Katze in einen Perser, die Motten an ihren Fenstern in Schmetterlinge. Um der Angst in ihrem Innern zu entrinnen, begibt sie sich in ihren Tagträumen weit fort aus ihrer Stadt. Eingeschlossen in der Provinz, hält sie eine Muschel ans Ohr und hört den Ozean. In der drückenden Hitze des Alabamasommers träumt sie von Alaska und Winter Hill und beobachtet fasziniert das Rieseln der Schneeflocken in dem von ihr so geliebten Briefbeschwerer.

Als die bevorstehende Heirat ihres Bruders das Verlustgefühl zur Unerträglichkeit steigert, flüchtet sich Frankie in eine sorgfältig ausgestaltete Phantasie: Sie wird gemeinsam mit ihrem Bruder und seiner Braut durch die ganze Welt reisen, jetzt und für alle Zeiten.

> Ihr Bruder und seine Braut waren jetzt schon längst in Winter Hill. [...] Die langen hundert Kilometer machten sie nicht trauriger und nicht einsamer als die Tatsache, daß jene beiden zusammen waren und sie mit sich allein und getrennt von ihnen. Während dieses traurige Gefühl sie quälte, kam ihr plötzlich ein erleuchtender Gedanke; und mit einer fast lauten Stimme sagte sie zu sich selber: *„Sie sind das Wir von mir."* (S. 63; Hervorhebung i. Orig.)

"Sie sind das Wir von mir." Dieser Vorstellung liegt Frankies Wunsch zugrunde, die panische Angst vor der Getrenntheit zu lindern, indem sie auf einen undifferenzierten Zustand regrediert, in dem es ein „Ich" noch nicht gibt. Frankie befriedigt diesen Wunsch vorübergehend, als sie auf Berenice' Schoß sitzt und „die weichen großen Brüste an ihrem Rücken, den breiten Bauch und die warmen kräftigen Schenkel" an ihrem Körper fühlt. Sie verlangsamt ihre Atmung, um gleichzeitig mit Berenice ein- und auszuatmen, so daß beide, eng aneinandergelehnt, „nur noch einen Körper" bilden. Die gleiche Sehnsucht spiegelt sich in ihrem Wunsch wider, ihr Blut für die im Krieg kämpfenden Soldaten zu spenden. „Sie fürchtete sich nicht vor Deutschen oder vor Bomben oder vor Japanern. Sie fürchtete sich, weil man sie nicht mittun ließ in diesem Krieg und weil es ihr so vorkam, als habe sich die Welt irgendwie von ihr getrennt." Wenn ihr Blut sich mit dem der Soldaten vermischt, wird sie im wörtlichen Sinn Teil ihrer Körper sein und auf diese Weise ihre Getrenntheit aufheben.

In Frankies Phantasie, sich ihrem Bruder und der Braut anzuschließen, bilden sie zu dritt eine Einheit, die keine Trennung mehr zuläßt. „Nie war ihr die Welt so nahe gewesen" als in dem Augenblick, in dem sie vor ihrem inneren Auge „plötzlich ihren Bruder, seine Braut und sich selber, alle drei", sah, „wie sie unter dem kalten Himmel von Alaska am Meer entlanggingen, dessen grüne eiserstarrte Wellen sich am Strande auftürmten. Sie kletterten einen Gletscher hinauf, der blaß und kühl in der Sonne glänzte; sie waren alle drei durch ein Seil verbunden, und Freunde riefen ihnen von einem andern Gletscher auf ‚Eskimo' ihre Namen zu, die so wohltönend mit J und A begannen" (S. 106). Frankie betrachtet ihren Bruder und seine Braut nicht als Mann und Frau, die eine sexuelle Beziehung miteinander verbindet, sondern als ein einziges, undifferenziertes Wesen. Als sie die Phantasie entwickelt, sich ihnen anzuschließen, bilden sie zu dritt kein Dreieck, sondern eine symbiotische Einheit. Das Seil, das sie – wie die Nabelschnur, die einzige Verbindung, die je zwischen Frankie und ihrer Mutter bestand – für immer aneinander bindet, bringt ihr symbiotisches Verlangen zum Ausdruck. In ihrer kindlichen Logik sind die 3 überdies durch die Magie des Namens miteinander verschmolzen: Ihr Bruder heißt Jarvis, seine Braut Janice, beide Namen beginnen also mit den Buchstaben J A. Folgerichtig nimmt Frankie nun einen Phantasienamen an, der sie mit den beiden verbinden wird: „F. Jasmine".

Die phantasierte Regression auf einen Zustand frühkindlicher Einheit nimmt ihr die Angst vor Trennung und Alleinsein. Nun fürchtet sie sich nicht länger:

> Und als die alte Frage sich meldete: wer sie sei und was sie in dieser Welt wolle und warum sie gerade jetzt hier stehe – da fühlte sie keine Angst und wartete nicht vergebens auf Antwort. Endlich wußte sie, wer sie war, und wußte auch, wohin sie gehen wollte. Sie liebte ihren Bruder und seine Braut, und sie gehörte mit zur Hochzeit. Alle drei würden sie in die Welt gehen und würden immer

zusammen bleiben. Und endlich, nach dem angstvollen Frühling und dem verrückten Sommer, hatte sie keine Angst mehr. (S. 69)

Bislang hat das Voranschreiten der Adoleszenz Frankie nur Trennung und Verlust beschert. Trost findet sie in einer Wiedergutmachungsphantasie, die ihr das frühkindliche Erleben der Mutterfigur zurückbringt. In dieser Verschmelzungsphantasie werden all die unvermeidlichen Trennungen des „2. Individuationsprozesses" verleugnet.

Dank der regressiven, angstlindernden Phantasie kann Frankie sich in mancherlei Hinsicht weiterentwickeln. Sie verläßt den Schutz der Küche, in der sie sich den ganzen Sommer über mit Berenice und John Henry aufgehalten hat, und marschiert in die Stadt: „Zum erstenmal fühlte sie sich nicht länger getrennt von der Welt, sondern einbezogen." Sie empfindet „einen neuen, schwer auszudrückenden Zusammenhang" mit jedem Menschen, den sie erblickt, einen Zusammenhang, den „man unmöglich beschreiben konnte". Dieser Zusammenhang entzieht sich der verbalen Repräsentation m. E. deshalb, weil er in einer Epoche des Lebens wurzelt, in der das Kind der Sprache noch nicht mächtig ist. Während Frankie durch die Hauptstraße des Städtchens läuft, fühlt sie sich „so frei wie ein Reisender, der zum erstenmal die Stadt besucht", denn sie gewinnt ihre Stärke aus der Beziehung zu dem idealisierten Brautpaar, an dessen projizierter Omnipotenz sie nun teilhat. Diese Idealisierung erinnert an das frühkindliche Erleben der Eltern (oder ihrer Ersatzfiguren), deren glorifizierte Bilder für das Wohlbefinden des Kindes selbst von unverzichtbarer Bedeutung sind. „Als sie so unter dem frischen blauen Himmel spazieren ging, empfand sie ein ganz neues Selbstbewußtsein voll Leichtigkeit und Kraft."

Nachdem sich die Phantasie herauskristalliert hat, daß sie zur Hochzeit dazugehören wird, betritt Frankie zum erstenmal den „Blauen Mond", ein Café – und ein Ort, der „für Kinder verboten war". Hier animiert sie einen jungen Mann zum Flirten. Ebenso wie ihr Bruder, der während der vergangenen 2 Jahre in der Armee war, ist der von ihr erwählte junge Mann Soldat. Was Frankie betrifft, so ist dies ein weiterer Versuch, ihren Verlust wiedergutzumachen. Der Soldat jedoch hat seine eigenen Pläne, so daß es Frankie unbehaglich zumute wird, bis sie schließlich angesichts seiner sexuellen Absichten in Panik gerät.

Dennoch interessiert sie sich erstmals für Berenice' Erzählungen über die Liebe. In der Vergangenheit hätte sie sich nur die Ohren zugehalten:

> Früher hatte Frankie sich über die Liebe lustig gemacht und behauptet, es sei ein Riesenschwindel, auf den sie nicht reinfalle. Sie erwähnte nie was davon in ihren Stücken und ging nie ins Kino, wenn eine Liebesgeschichte auf dem Programm war. Dafür ging sie regelmäßig zu den Samstagvormittagsvorstellungen, wo es dann Gangsterfilme, Kriegsfilme oder Cowboyfilme zu sehen gab. [...] Frankie hatte nie was von Liebe wissen wollen. Jetzt aber saß F. Jasmine mit gekreuzten Beinen am Tisch, wippte mit dem nackten Fuß auf dem Boden und nickte zustimmend zu dem, was Berenice sagte. (S. 147f.)

Es kommt jedoch ein Punkt, an dem Frankie plötzlich nicht mehr hören will, was Berenice zu sagen hat. Berenice spricht von der Liebe und berichtet auf ergreifende Weise vom Tod ihres ersten Ehemanns, Ludie Freeman. Frankie wird sofort bewußt, daß er „genau im selben Jahr und im selben Monat, in dem ich geboren bin", starb: Augenblicklich stellt sie einen Zusammenhang zwischen seinem Tod – ebenso wie dem Tod ihrer Mutter – und ihrer eigenen Geburt her. Anschließend schildert Berenice, daß sie jeden ihrer Ehemänner – die sich allesamt als trunksüchtig, verrückt oder böse entpuppten – heiratete, weil er sie auf irgendeine Weise an ihren geliebten Ludie erinnerte. Der erste hatte einen zerquetschten Daumen, genauso wie Ludie, der dritte trug Ludies Anzug. Im Grunde bezeugen Berenice' Erinnerungen die Endgültigkeit des Todes, die Unmöglichkeit, sich mit einem Menschen, der gestorben ist, wieder zu vereinen – gleichgültig, wie sehr man es sich auch wünschen mag. Frankie spürt, daß das, was Berenice sagt, etwas mit ihren eigenen Plänen in bezug auf die Hochzeit zu tun hat, und hält sich an diesem Punkt die Ohren zu, um nichts mehr hören zu müssen.

Die Erzählung selbst spiegelt Frankies unbewußte Ängste wider: Mit der – wenn auch noch so zögerlichen – Entwicklung ihrer Weiblichkeit und Sexualität tritt der Tod in die Handlung ein. Genau zu diesem Zeitpunkt stirbt Onkel Charles. Obgleich er nur eine Randfigur darstellte und mit Frankie nichts weiter zu tun hatte, ruft sein Tod Gedanken an die anderen Toten, die in ihrem Leben eine Rolle spielten, und an die furchtbare Möglichkeit des eigenen Todes in ihr wach:

> „Und wenn ich denke, wieviel Tote ich schon kenne, fühl ich auch einen Schauer. Schon sieben, und jetzt noch Onkel Charles."
>
> F. Jasmine steckte sich die Finger in die Ohren und schloß die Augen; aber der Tod war das nicht. Sie konnte immer noch die Hitze des Ofens fühlen und das Essen riechen. Sie konnte ein Rumpeln im Magen und das Schlagen des Herzens fühlen. Tote aber fühlen nichts, hören nichts, und sehen nichts: alles ist schwarz für sie.
>
> „Es muß schrecklich sein, wenn man tot ist", sagte sie und begann in ihrem Hochzeitskleid um den Tisch zu wandern. (S. 139)

Frankies Nachsinnen über die Toten, die sie „schon kennt" – bezeichnenderweise spricht sie im Präsens –, zeigt, daß die Toten in ihrer inneren Welt wirklich gegenwärtig sind und weiterleben.

Ihre Phantasie, sich ihrem undifferenzierten „Bruder-mit-seiner Braut" anzuschließen, repräsentiert z. T. die „Rückkehr zu dem verlorenen Elternteil" (Jacobson 1965), eine Phantasie, die sich bei Kindern, deren Mutter oder Vater gestorben ist, häufig beobachten läßt. Die Unwiderruflichkeit des Geschehens wird verleugnet; das Kind glaubt fest daran, daß die tote Mutter/der tote Vater noch lebt, und hofft beharrlich auf eine künftige Wiedervereinigung (Wolfenstein 1966, 1969). Wenn diese Hoffnung sich nicht erfüllt, kommt es zu bitterer Enttäuschung und Wut, so wie Frankie sie nach der Hochzeit erlebt, als sie wünscht, die ganze Welt möge „untergehen".

Doch bevor die Realität sich ihr mit Gewalt aufdrängt, lindert Frankie ihre Angst mit Hilfe einer Wiedergutmachungsphantasie. Der Unterschied zwischen Frankie im ersten Teil des Romans und F. Jasmine, wie sie sich im zweiten Teil nennt, besteht darin, daß F. Jasmine Trost in einer Phantasie gefunden hat, die die Trennung verleugnet. Sie benutzt eine dem frühen „Übergangsobjekt" analoge „Übergangsphantasie", die das Kind in die Lage versetzt, sich körperlich von der Mutter loszulösen, solange es sie symbolisch bei sich behalten kann (Winnicott 1953). So wird es Frankie mit Hilfe dieser Phantasie auch möglich, den Schutzraum der Küche zu verlassen, sich auf den Weg in die Stadt zu begeben und dennoch ein Gefühl des „Zusammenhangs" – wie sie selbst die Überwindung von Trennung und Verlust bezeichnet – zu verspüren.

Nun ist sie auf ihren Vater nicht länger böse, denn sie hat seinen Verlust durch eine Phantasie wiedergutgemacht. Neidisch ist sie weder auf die Soldaten noch auf die anderen Mädchen, die bereits 13, 14 oder 15 Jahre alt sind. „In den verflossenen Tagen dieses Sommers würde sie gewartet haben, ob man sie rufen würde, um ihr mitzuteilen, sie sei als Mitglied in den Klub gewählt worden [...]. Jetzt aber sah sie ihnen ruhig nach, und ohne alle Eifersucht" (S. 141). Sie kann die Jungenhaftigkeit, auf die sie bislang angewiesen war, ablegen und die Entwicklung zur Weiblichkeit zulassen. Der Name, den sie sich selbst gibt, ist der Name einer Blume. Es macht ihr Spaß, sich ein Organdykleid für die Hochzeit zu kaufen, und sie stellt sich vor, wie schön es wäre, anstelle ihres Jungenschnitts langes, blondes Haar zu tragen; sie wird baden und die braune Kruste von ihren Ellbogen abschrubben. Der partielle Übergang von der Jungenhaftigkeit zur Weiblichkeit spiegelt sich in ihrem Auftritt vor Berenice wider, der sie das neue Kleid, für das sie sich entschieden hat, vorführt – um ihren kurzgeschorenen Kopf hat sie ein silbernes Band geschlungen. Die einstweilige Unvollständigkeit dieses Übergangs findet einen Widerhall in der Hintergrundmusik dieser Szene: in der Ferne wird ein Klavier gestimmt, und die Tonleiter bricht, ohne je zur Auflösung zu gelangen, immer wieder nach dem 7. Ton ab.

Der Übergang kann erst wirklich vollzogen werden, wenn Frankie auf ihre regressiven Phantasien verzichtet. Natürlich nimmt sie an der Hochzeit nicht so teil, wie sie es sich vorgestellt hat. Jarvis und Janice fahren in die Flitterwochen und lassen Frankie, schluchzend und tobend, allein zurück. Sobald die Realität sich ihr gewaltsam aufdrängt und sie die Phantasie, mit den beiden zu verschmelzen, aufgeben muß, ist sie erneut den Qualen der Getrenntheit ausgeliefert: „Die alte Furcht des ganzen Sommers kam wieder: das Gefühl, sie sei von der Welt getrennt – und die verfehlte Hochzeit hatte dies Gefühl zu einem Entsetzen gesteigert" (S. 231).

Um diesem Entsetzen zu entrinnen, belebt sie aufs neue ihre Phantasien, aus der Stadt fortzulaufen, und hält sich wie früher sowohl männliche als auch weibliche Möglichkeiten offen. Sie wird entweder, als Junge verkleidet, nach New York fahren und zur Marine gehen oder sich in einen Zug nach Hollywood setzen und Filmstar werden. Ganz kurz überlegt sie auch, wegzulaufen und den Soldaten zu heiraten; aber Frankie schreckt vor der Sexualität zurück; ihre 3 ineinanderfließenden Erinnerungen – die Stille im Hotelzimmer des Soldaten, die scheußliche Unterhaltung mit Barney MacKean in der Garage und die Untermieter, die gerade miteinander schliefen, als sie, damals noch ein kleines Kind, in ihr Zimmer guckte („Mrs. Marlowe hat einen Anfall!") – machen ihr Angst. Diese realen und an sich bereits furchterregenden Erinnerungen sind Frankie bewußter als das, wovor sie sie zugleich schützen, nämlich den Folgen der Sexualität – dem Tod bei der Geburt. Die Sexualität löst nach wie vor allzu große Angst aus, und dennoch: „Sie wußte nur eines: daß sie unbedingt jemand finden mußte, mit dem sie gemeinsam fliehen konnte; denn sie sah ein, daß sie zuviel Angst hatte, um allein in die Welt zu gehen" (S. 228).

Die Lösung – und das charakteristische Merkmal der frühen Adoleszenzphase – besteht darin, eine Freundin zu finden.[3] Die Freundschaft ermöglicht ein Gefühl der Verbundenheit, das weder eine Regression auf einen Verschmelzungszustand darstellt noch bereits sexuellen Charakter trägt, sondern ein Voranschreiten der Entwicklung bedeutet. Frankie und Mary Littlejohn erfahren in ihrer Freundschaftsbeziehung wechselseitige Bestätigung und können ihr Erleben sowohl der Außenwelt als auch ihrer inneren Welten miteinander teilen. Gemeinsam lesen sie Gedichte und bestärken sich in ihren Zukunftsplänen: Mary will eine große Malerin werden und Frankie eine große Dichterin – oder „die erste Autorität in Radarfragen". Wieder ist die Zeit des Jahrmarktes gekommen, in diesem Frühling aber verzichtet Frankie auf einen Besuch im Abnormitätenzelt; den Mißgeburten fühlt sie sich nicht mehr verbunden, statt dessen fährt sie mit ihrer Freundin Karussell. Auf ihren Bruder ist sie nicht mehr wütend; er lebt in Luxem-

---

[3] Blos, Deutsch und Sullivan messen der engen Beziehung zu einem Jugendlichen des eigenen Geschlechts für diese Phase übereinstimmend eine zentrale psychische Bedeutung bei. Blos (1962) erörtert diese Beziehung im Kontext der Loslösung von den Eltern. Der Heranwachsende wählt sich jemanden zum Freund oder zur Freundin, der jene Eigenschaften besitzt, die er selbst gerne hätte – oder in der Regel auf den Freund/die Freundin projiziert –, so daß er dank seines Stellvertreters nun auch selbst über sie verfügt. Die frühere, kindliche Idealisierung der Eltern wird also auf die Freundin/den Freund übertragen, und der Heranwachsende fühlt sich durch die Beziehung bestätigt. Deutsch (1944) beschreibt die charakteristischen Eigenschaften der intensiven Freundschaft zwischen Mädchen und zeigt, auf welche Weise diese Beziehung hilft, die Schwierigkeiten der Frühadoleszenz psychisch zu bewältigen. Sullivan (1957) betont – und dies ist im Hinblick auf Frankie von besonderer Relevanz –, daß Verzerrungen der Selbstrepräsentanz in der Beziehung zur „besten Freundin" oder zum „Kumpel" korrigiert werden können, indem der/die Jugendliche sich selbst mit den Augen des Anderen wahrnimmt.

burg – ein hübscher Name, wie sie findet –, und sie hat vor, irgendwann mit Mary zusammen dorthin zu reisen. Ihre Freundschaft versetzt Frankie in die Lage, auf ihre regressiven Sehnsüchte zu verzichten und ihre weibliche Sexualität zu entwickeln: bald nachdem die beiden Mädchen einander kennengelernt haben, menstruiert sie zum erstenmal.

Durch die Beziehung zu ihrer Freundin entfremdet Frankie sich Berenice, ihrem Mutterersatz, und John Henry, dem kleinen Vetter, ihrem alten, jungenhaften Selbst. Wenn John Henry am Schluß des Romans stirbt, deutet sich in seinem Tod der Verzicht auf ihre jungenhafte Selbstrepräsentanz an. Berenice wird fortgehen, weil sie heiraten will: Frankie ist auf sie nicht länger angewiesen, um zu überleben, da sie nun selbständig wird. In der letzten Szene des Romans sind Frankie und ihr Vater mit Umzugsvorbereitungen beschäftigt. Im Alter von 13 Jahren verläßt Frankie das Haus, in dem sie ihre Kindheit verbrachte, die Küche, in der sie bei Berenice und John Henry Zuflucht vor dem schrecklichen Verlustgefühl suchte, das mit all den Veränderungen der Pubertät einherging. Frankie kann auf die Jungenhaftigkeit, mit der sie ihre weibliche Entwicklung verleugnete, und auf die regressive Verschmelzungsphantasie, mit der sie die panische Angst vor Getrenntheit und Verlust abzuwehren versuchte, verzichten. Erst die Freundschaft zu Mary versetzt sie schließlich in die Lage, sowohl den jungenhaften Namen „Frankie“ als auch den Phantasienamen F. Jasmine abzulegen und ihren eigentlichen Namen, Frances, zu akzeptieren.

3. Frühe Adoleszenz: *Die Blütezeit der Miss Jean Brodie*[1]

Nichts könnte von der bitteren Schmerzlichkeit, der wir in *Frankie* begegneten, weiter entfernt sein als Muriel Sparks kleines Meisterwerk *Die Blütezeit der Miss Jean Brodie* [*The Prime of Miss Jean Brodie*]. Geistreich, formvollendet, brillant und sarkastisch – ein Roman voller Komik und wunderbarer Merkwürdigkeiten. Er schildert eine Gruppe Edinburgher Schulmädchen und ihre Beziehung zu einer unverheirateten Lehrerin, einer charismatischen und exzentrischen Frau, die ihr Leben und ihre Phantasien eine Zeitlang beherrscht. Der Roman ist ein virtuoses Kunstwerk; erhöht wird sein Reiz überdies durch eine gewisse Ambiguität, die z. T. mit seiner Protagonistin, der beeindruckenden Miss Brodie, zusammenhängt, noch stärker aber mit der Präsenz der Autorin in ihrem Werk. Welchen Standpunkt vertritt sie gegenüber den von ihr selbst geschaffenen Charakteren? Ebenso wie die Autorin konvertiert eine der Romangestalten – die wichtigste Beobachterin und Kommentatorin des Geschehens – zum römischen Katholizismus. Auch als Nonne findet sie vor den Zweifeln, die sie quälen, keine Ruhe. Muriel Spark behandelt die Beziehungen zwischen Katholizismus und Calvinismus, zwischen einer übersteigerten Romantik und dem Faschismus; dies sind die Themen, mit denen die Kritiker sich in erster Linie auseinandergesetzt haben.[2]

Aber man kann *Die Blütezeit der Miss Jean Brodie* auch als eine großartige Darstellung zentraler psychischer Aspekte einer bestimmten weiblichen Entwicklungsphase lesen. Es mag wie ein aussichtsloses Unterfangen erscheinen, ein Werk psychoanalytisch untersuchen zu wollen, das uns über die ersten 10 Lebensjahre seiner Protagonisten praktisch überhaupt nicht informiert. Darüber hinaus ist die Erzähltechnik, wie ich zeigen werde, offensichtlich darauf angelegt, dem Leser die übliche „Identifizierung" mit den Romanfiguren zu erschweren. Nichtsdestoweniger schlägt uns das Werk in seinen Bann; die Welt, in die es uns hineinversetzt, ist die der frühen Adoleszenz. *Die Blütezeit der Miss Jean Brodie* läßt uns Einblick in das innere Leben der Mädchen nehmen, in die Art ihrer Freundschaften zueinander und ihrer Bindung an eine Frau fortgeschrittenen Alters. Vor allem spiegelt der Roman das für diese Phase charakteristische Bewußtsein

---

[1] Zitiert wird nach der deutschen Übersetzung von Peter Naujack, Zürich (Diogenes) 1983.

[2] Siehe v. a. Lodges (1971) Erörterung der Beziehung zwischen technischen Aspekten des Romans und seinen religiösen und philosophischen Motiven.

„für die erotischen Wunder des Lebens" wider. Subtil vermittelt er den unverwechselbaren Charakter der erwachenden weiblichen Sexualität – die sich von der Sexualität der Jungen gänzlich unterscheidet. Das spezifisch *weibliche* Erleben gelangt in *Die Blütezeit der Miss Jean Brodie* zu meisterhafter Darstellung.

Frankie fand am Schluß des Romans eine Freundin. Diese Beziehung setzte ihrer Jungenhaftigkeit und der Einsamkeit der Präadoleszenz ein Ende. Eine ganz zentrale Bedeutung gewinnt die Beziehung zur Freundin während der anschließenden Phase, der frühen Adoleszenz, in der die wichtigsten Bindungen solche zum eigenen Geschlecht sind. Der erste Absatz des Romans versetzt uns mitten in die frühe Adoleszenzphase. Vor den Toren der Marcia-Blaine-Schule für Mädchen hat sich eine kleine Gruppe von Jungen versammelt – aber sie stehen hinter ihren Fahrrädern, mit denen sie auf diese Weise einen schützenden Zaun zwischen den Geschlechtern errichten. Während sie sich unterhalten, lassen die Jungen die Lenkstangen ihrer Räder nicht los, als wollten sie zeigen, daß sie jeden Augenblick wieder wegfahren können. Die Mädchen halten sich dicht beeinander. Die Szene vermittelt augenblicklich die Verlegenheit und wechselseitige Verunsicherung, die das Verhältnis zwischen den 2 Geschlechtern während dieser Phase bestimmen – die Jungen sind gewissermaßen auf dem Sprung und jederzeit bereit zu fliehen, was den Mädchen, die die Köpfe zusammenstecken, durchaus bewußt ist. Tatsächlich erscheint in diesem Augenblick Miss Brodie, die Jungen stieben auseinander, und wir treten in die ganz und gar weibliche Welt des Romans ein.

Schauplatz der Handlung ist das Edinburgh der 30er Jahre. Das Buch schildert das Leben einer kleinen Gruppe anfangs 10jähriger Mädchen, die von Miss Brodie auserwählt wurden, um sich unter ihrer besonderen Anleitung zur „crème de la crème" zu entwickeln. Miss Brodies Curriculum unterscheidet sich deutlich vom Lehrplan der Marcia-Blaine-Schule für Mädchen, an der sie unterrichtet, so daß sie ständig eine lange Divisionsaufgabe an der Tafel bereithalten muß – für den Fall, daß „ungebetene Gäste" auftauchen. An den Herbstnachmittagen, die die Mädchen im Schulgarten verbringen, halten sie ihre Geschichtsbücher aufgeschlagen in den Händen. „Inzwischen", kündigt Miss Brodie, gegen eine Ulme gelehnt, an, „werde ich euch von meinen letzten Sommerferien in Ägypten berichten... ich werde euch etwas über Gesichts- und Handpflege erzählen... von dem Franzosen, den ich im Zug nach Biarritz traf... und auch von den italienischen Gemälden, die ich gesehen habe" (S. 16). Noch immer halten die Mädchen ihre Geschichtsbücher bereit, doch sie lauschen Miss Brodies Erzählungen über ihren toten Liebsten, Hugh, der „wie ein Blatt im Herbst" eine Woche, bevor der Waffenstillstand ausgerufen wurde, auf dem Feld von Flandern fiel. Es hat sich mittlerweile herumgesprochen, daß die Mädchen aus der Brodie-Clique, wie sie genannt werden, infolge ihres sonderbaren Lehrplans

> von Buchman und Mussolini gehört hatten, von den Malern der italienischen Renaissance, von den Vorzügen der Reinigungscrème und der Gesichtsmilch für die Haut gegenüber einfacher Seife und Wasser, und daß sie das Wort ‚Menarche' kannten; Miss Brodie hatte ihnen die Einrichtung des Londoner Hauses des Autors von *Winnie the Pooh* beschrieben, das Liebesleben von Charlotte Brontë und auch ihr eigenes. Sie hatten von Einsteins Existenz erfahren und kannten die Argumente der Leute, die der Bibel alle Glaubwürdigkeit absprachen. Die Grundlagen der Astrologie waren ihnen vertraut, aber nicht das Datum der Schlacht bei Flodden oder der Name der Hauptstadt von Finnland. Alle Mädchen der Brodie-Clique, außer einem, rechneten mit mehr oder weniger richtigen Resultaten mit den Fingern, wie es auch Miss Brodie tat. (S. 6)

Miss Brodie, exzentrisch, überspannt und leidenschaftlich, eine echte Romantikerin, sprüht vor Vitalität, ganz im Gegensatz zu den knöchernen Jungfern, die in diesem Roman sonst noch eine Rolle spielen. Sie selbst macht auf diesen Unterschied aufmerksam, als sie ihren Schülerinnen ein Plakat zeigt, das im Büro von Miss Mackay, der Direktorin, hängt und mit dem Motto „Sicherheit geht vor" versehen ist. Miss Brodie erklärt ihren Mädchen, daß Sicherheit eben *nicht* vorgehe – „Güte, Wahrheit und Schönheit sind wichtiger". Sie setzt ihren Schülerinnen auseinander, daß ihre Erziehungsmethoden im Unterschied zu denen von Miss Mackay darin bestehen, das, was in den Mädchen vorhanden ist, „zutage zu fördern" (wie sie sagt, ist dies die eigentliche Bedeutung des Wortes *Edukation*, das sich aus *e* von *ex*, „hinaus", und *duco*, „ich führe", herleite). In Wahrheit jedoch stopft sie die Köpfe der Mädchen ständig mit ihren eigenen Ansichten voll. Selbstgefällig und herrschsüchtig trägt sie ihnen ihre persönlichen Meinungen vor, als handele es sich um feststehende Tatsachen. „‚Wer ist der größte italienische Maler?' ‚Leonardo da Vinci, Miss Brodie.' ‚Das stimmt nicht. Die Antwort lautet: Giotto; ich ziehe ihn allen anderen vor.'" Ihre innere Welt wird beherrscht von überlebensgroßen Gestalten – Anna Pawlowa, Cleopatra, Helena von Troja –, und beständig ermahnt sie ihre Mädchen, diesen Gestalten nachzueifern, beim Gehen die Köpfe hoch, hoch, hoch zu tragen, wie Sybil Thorndyke. In ihrer Art ist Miss Brodie durchaus anziehend; schließlich aber müssen wir entsetzt erkennen, daß ihre Heldinnenverehrung, ihr elitäres Denken und ihre Überzeugung, daß bestimmte Individuen über die gewöhnlichen moralischen Grundsätze erhaben sind, aus ihr nicht nur eine Romantikerin, sondern auch eine Faschistin machen.

Bevor ich den Roman eingehender auf psychologische Aspekte hin untersuche, möchte ich festhalten, daß bestimmte Techniken der Autorin uns als Leser fortwährend daran hindern, eine empathische Identifizierung mit den Charakteren im üblichen Sinn zu entwickeln. Hier wäre zunächst die Haltung, die die Autorin selbst den Romanfiguren gegenüber einnimmt, zu nennen. Sie betrachtet die Ereignisse ihres Lebens – und selbst ihr Sterben – mit kühler Distanz, die wir als Leser offenbar teilen sollen. Zweitens gibt es nur ein Mädchen, Sandy Stranger, in dessen Seelenleben wir einen tieferen Einblick nehmen dürfen. Auch das innere Leben von

Sandys bester Freundin lernen wir ein wenig näher kennen, die anderen Mädchen aber werden überwiegend von außen betrachtet, und jedes von ihnen zeichnet ein charakteristisches äußerliches Merkmal aus, ein Attribut, das es von den anderen unterscheidet. Jenny war die hübscheste, Eunice war berühmt für ihre akrobatischen Kunststücke, die sie mit elfengleicher Leichtigkeit hinzauberte, Monica erlangte Berühmtheit wegen ihres Jähzorns und ihrer Fähigkeit, schwierigste Mathematikaufgaben im Kopf zu lösen. Rose war berühmt, weil sie Sexappeal besaß. Sandy war berühmt, weil sie die Vokale so wohlklingend betonte (lediglich *bekannt* war sie wegen ihrer winzigkleinen Augen), und Marys Ruhm beruhte auf ihrer Schwerfälligkeit, die sie kaum je den Mund auftun ließ, so daß sie von jedem zum Sündenbock gemacht werden konnte. Wir erfahren beinahe nichts über die Familien der Mädchen oder über den Verlauf ihres Lebens vor Beginn der Erzählung. Und schließlich stellt sich Muriel Sparks Handhabung der Zeit einer Beziehung, wie wir sie normalerweise zu fiktionalen Charakteren entwickeln, entgegen. Sie spielt mit der Zeit, indem sie vor- und zurückspringt und unsere herkömmlichen Erwartungen an die Erzählstruktur zunichte macht. Und sie tut etwas, womit der Leser überhaupt nicht rechnet: Sie „verschenkt“ die Spannung des Romans, indem sie uns schon früh wissen läßt, welches der Mädchen Miss Brodie verraten wird.

Zu Beginn des Romans sind die Mädchen 16 Jahre alt, dann springt die Erzählung rasch zurück in ihr 10. Lebensjahr, in dem Miss Brodie sie in ihren Bann zog. Von nun an finden, auch wenn die Erzählung insgesamt vorangetrieben wird, immer wieder zeitliche Sprünge statt. Genau in dem Augenblick, in dem wir uns in die gegenwärtige Realität hineinversetzt fühlen, greift die Autorin entweder auf irgendein zukünftiges Ereignis voraus oder führt uns in die Vergangenheit zurück. Die Wirkung ist irritierend: Die Vor- und Rückwärtsbewegung macht die fiktionale Illusion zunichte. Aber die unerwarteten zeitlichen Sprünge sind einem Werk über die Adoleszenz in einzigartiger Weise angemessen: In keiner anderen Lebensphase sind Vergangenheit und Zukunft zugleich derart eindringlich gegenwärtig. In der Adoleszenz ist die progressive Entwicklung unweigerlich mit einer gewissen Regression auf frühere Phasen verbunden, damit die alten Konfliktlösungen auf einer neuen, besser angepaßten und altersangemessenen Ebene erneut bearbeitet werden können.

Die notwendige Loslösung von den Eltern setzt voraus, daß das idealisierte Elternbild des Kindes einer kritischeren Einschätzung Platz macht. In dem Maße aber, in dem die Eltern auf kleinere Dimensionen zusammenschrumpfen, verliert der Heranwachsende auch den Glauben an seine eigene Kraft und Stärke, so daß das innere Erleben in der frühen Adoleszenz häufig zwischen einem Gefühl der Überlegenheit und dem Gefühl innerer Leere oszilliert.

Ein Mensch wie Jean Brodie ist hervorragend geeignet, diese innere Leere auszufüllen. Dank ihres ungetrübten Narzißmus und ihrer Grandiosität bietet sie sich als überlebensgroße Gestalt an, die man lieben und der man nacheifern kann. Sie vertritt nicht nur kategorische Ansichten in ästhetischen und intellektuellen Fragen („Kunst und Religion kommen zuerst; dann Philosophie, und zum Schluß die Naturwissenschaften. Das ist die Reihenfolge der großen Dinge im Leben, die Reihenfolge nach ihrer Wichtigkeit"), sie weiß überhaupt immer, wie man sich richtig zu verhalten hat. Die Ärmel der Bluse aufzukrempeln ist unzivilisiert, das Fenster weiter als 15 cm zu öffnen ist ordinär. Sie beansprucht für sich selbst eine Autorität, an der sie ihre Mädchen teilhaben lassen möchte. Indem sie sich Miss Brodies – und Anna Pawlowas, Cleopatras usw. – erhabener Aura unterstellen, stärken die Mädchen ihren unsicheren Glauben an ihre eigene Macht und Stärke. In dieser Phase ihres Lebens kommt das Bedürfnis der Mädchen dem von Miss Brodie entgegen. In einer Phase, in der das in der Kindheit herrschende Gleichgewicht erschüttert und das Selbstgefühl verunsichert wird, erinnert Miss Brodie ihre Mädchen immer wieder daran, daß sie die „crème de la crème" und ausnahmslos „zukünftige Heldinnen" sind.

„Gebt mir ein Mädchen im beeinflußbaren Alter, und es ist mein fürs Leben", behauptet Miss Brodie und gibt damit ihr Wunschdenken zu erkennen, denn der normale Entwicklungsverlauf läßt das Bedürfnis nach einer Jean Brodie schwinden. Wenn sich aber zu Beginn der Adoleszenz die Bindungen an die Eltern allmählich lösen, ist das Bedürfnis ungeheuer groß, sie durch andere zu ersetzen. Für Mädchen ist dies eine Phase, in der die Freundschaft intensiver wird als je zuvor, und darüber hinaus die Zeit, in der sie für ein älteres Mädchen oder eine Frau zu „schwärmen" beginnen. Deutsch (1944) beschreibt solche Freundschaften unter klinischem Aspekt sehr ausführlich. Sie betont die Treue und Ausschließlichkeit, die der Freundin abverlangt werden, die gemeinsamen, vor anderen sorgfältig gehüteten Geheimnisse häufig sexuellen Inhalts, der die erotische Aura, die diese Beziehungen umgibt, noch intensiviert. Diese Geheimnisse stellen in einer Phase, in der reale Experimente noch allzu große Angst auslösen, eine Art Experimentieren in der Phantasie dar. Überdies wird durch den Austausch solcher Phantasien mit einem Angehörigen des eigenen Geschlechts das beruhigende Bewußtsein vermittelt, daß sexuelle Faszination und sexuelles Verlangen etwas Normales sind. In diesen geheimen Phantasien mögen Jungen eine Rolle spielen, leibhaftige Realität aber sind sie noch nicht. Das intensivste Interesse des Mädchens gilt während dieser Zeit anderen Mädchen und Frauen: seiner besten Freundin, der Clique, der es angehört oder von der es ausgeschlossen wird, einer Lehrerin, die es liebt oder verabscheut, oder irgendeiner Berühmtheit.

Die leidenschaftliche Beschäftigung mit Frauengestalten spiegelt die Tatsache wider, daß die psychischen Kämpfe des Mädchens sich weiterhin auf seine überaus starke Bindung an die eigene Mutter konzentrieren. Gefühle aus der allerersten Lebensphase werden wieder wach, in der die Omnipotenz, über die die Mutter in den Augen des ganz kleinen Kindes verfugte, sie nicht nur zu seinem ersten und wichtigsten Liebesobjekt werden ließ, sondern auch zum Objekt seiner Wut – über die Enttäuschungen, Frustrationen und Verlusterfahrungen, die der wachsenden Autonomie des Kindes innewohnen. Beide Seiten dieser intensiven Ambivalenz werden in der Adoleszenz reaktiviert (Blos 1980). Konfrontiert mit bislang unbekannten, für seine neuerworbene Entwicklungsstufe charakteristischen Ängsten sehnt sich das Mädchen danach, zu der beschützenden Mutter seiner Kindheit zurückzukehren. Dieses Verlangen ist jedoch mit eigenen Ängsten behaftet: die Regression auf eine frühere Phase ist mit der Gefahr verbunden, erneut von der Mutter verschlungen zu werden und auf diese Weise das eigene Selbstgefühl zu verlieren. Vor der archaischen Intensität dieser Bindung sucht das Mädchen Zuflucht in Beziehungen zu anderen Frauengestalten. Diese Beziehungen – zu Freundinnen, Lehrerinnen, litarischen und historischen Gestalten – bewahren Aspekte der ursprünglichen Bindung, aber in verschobener, abgemilderter und weniger bedrohlicher Form.

Eine Vielzahl anderer weiblicher Gestalten belebt die innere Welt des Mädchens zu Beginn der Adoleszenz, und die Welt in *Miss Jean Brodie* spiegelt diese subjektive Realität wider. Die Handlung spielt in einer Schule, die ausschließlich von Mädchen besucht wird. Aber auch die Lehrerschaft besteht zum größten Teil aus Frauen – der Direktorin, Miss Mackay; der Chemielehrerin, Miss Lockhart, die zu Beginn des Schuljahres jeder neuen Klasse in ruhigem Ton erklärt, sie könne mit dem Schießpulver, das sie in einem Glas in der Hand halte, die ganze Schule in die Luft sprengen, denke aber natürlich nicht im Traum daran, es zu tun; die hagere Miss Gaunt; die beiden Fräulein Alison und Ellen Kerr, die ganz in der Erinnerung an ihre verstorbene älteste Schwester leben; und Miss Brodie selbst. Es gibt nur 2 Lehrer an der Schule, und zwischen ihnen wird kein deutlicher Unterschied gemacht; sie haben ähnliche Namen und scheinen sich auf den ersten Blick ähnlich zu sehen. Es handelt sich um den einarmigen Mr. Lloyd und den kurzbeinigen Mr. Lowther. Die Schule wurde von einer Frau gegründet, unter deren Porträt in der großen Halle eine aufgeschlagene Bibel liegt; mit roter Tinte sind die Worte „Wem ein tugendsam Weib beschert ist, die ist viel edler denn die köstlichsten Perlen“ unterstrichen.

Männer treten in dieser Welt nur als Außenseiter in Erscheinung. In der Eingangsszene vor dem Tor der Mädchenschule hielten die Jungen die Lenkstangen ihrer Fahrräder umklammert, um jederzeit wegfahren zu können. In der Schlußszene befinden wir uns erneut in einer weiblichen Welt, nämlich in der des Klosters, in das Sandy sich, als sie Nonne wurde, zurückgezogen hat. Nun umklammert Sandy die Gitterstäbe ihrer Besucherzelle, während sie mit einem jungen Mann spricht, der sie interviewen möchte. Trotz all der Jahre, die vergangen sind, endet das Buch, wie es begann, in einer reinen Frauenwelt. Männer sind nur Randfiguren, lediglich Besucher, denen die Tore zu dieser Welt verschlossen bleiben.

Auch unter zeitlichem Aspekt betrachtet, tauchen Männer nur am Rande des Romans auf, nämlich in Verbindung mit den 2 Weltkriegen, die das Geschehen zeitlich umrahmen. Im 1. Weltkrieg verlor Miss Brodie ihren

Liebsten, Hugh „den Krieger", so daß sie ihn in ihrer Phantasie ungehindert erschaffen und neuerschaffen kann. Auf ähnliche Weise bietet ihr die Zeit vor dem 2. Weltkrieg Material, das sie mittels ihrer Einbildungskraft umformen und verwandeln kann. Nach einem Ferienaufenthalt in Italien kehrt sie, voll glühender Bewunderung für Mussolini, nach Edinburgh zurück. Später wird sie Franco und Hitler verehren und die arme Joyce Emily – ein Mädchen, das neu in der Schule ist und leidenschaftlich gern in die Brodie-Clique aufgenommen werden möchte – in den Tod schicken: Emily Joyce fährt nach Spanien, um für Franco zu kämpfen, und kommt bei einem Eisenbahnunglück ums Leben.

Miss Brodie selbst ist ein frühadoleszentes Mädchen geblieben, das die Männer im großen und ganzen noch immer in den ungefährlichen Bereich der Phantasie verbannt. Dies stellt in der Tat einen wesentlichen Aspekt der Bindung zwischen ihr und ihren Schülerinnen dar. Sie teilen das Bedürfnis, Männer in die Sphäre des Unwirklichen zu verweisen. In einer frühen Szene bittet Miss Brodie Sandy, ein Gedicht vorzutragen – es wird ihnen zum Schluß des Tages guttun, ihre wohlklingenden Vokale zu hören. Das Gedicht, das Miss Brodie auswählt, ist Tennysons Ballade *The Lady of Shalott*[3]. Sie wird auf dieses Gedicht noch einmal zurückkommen, um es selbst, mit halbgeschlossenen Augen und zurückgelehntem Kopf, zu rezitieren. Hingerissen, mit offenem Mund, hört Jenny zu, während Sandy es in ihre Tagträume einflicht. Ich möchte nun die Beziehung dieses Gedichts zu den von mir bislang erläuterten Aspekten untersuchen.

Bis zu der Strophe, die Miss Brodie Sandy rezitieren läßt, hat die Dame von Shalott auf einer Insel in dem Fluß, der nach Kamelott, dem Sitz von König Artus, fließt, ein zufriedenes Leben geführt und gehorsam die Anweisung befolgt, ihre Augen niemals direkt auf Kamelott zu richten. Sie sieht das Leben nur so, wie ihr Spiegel es ihr zeigt.

Jungfraun, die wie Rosen blühn,
Äbte, die auf Mäulern ziehn,
Schäferbuben, stark und kühn,
ein Pag' auch wohl in Karmoisin –
  das alles wallt nach Kamelott.
Und oft gesprengt in langer Reih
kommen die Ritter zwei und zwei:
Sie hat keinen Ritter wert und treu,
  die Dame von Shalott.

Allein auf ihrer Insel, ohne einen Ritter, der ihr in Treue zugeneigt ist, führt die Dame von Shalott ein zufriedenes Leben und webt in ihr magisches Tuch mit bunten Farben die Schatten der Welt, die im Spiegel erscheinen.

---

[3] Die Ballade wird im folgenden nach der Übersetzung Ferdinand Freiligraths zitiert. A.d.Ü.

Ihr innerer Friede gerät jedoch ins Wanken, als sie dort ein Bild erblickt, das ihr die Sexualität zwischen einem Mann und einer Frau zeigt:

> Dann, wenn der Mond durch Wolken bricht,
> fällt noch auf Liebende sein Licht;
> „Ich bin halb krank von Schatten!" spricht
> die Dame von Shalott.

Restlos erschüttert wird ihr Seelenfrieden, als sie den kühnen Ritter Lancelot zu Gesicht bekommt. Er wird in mehreren aufeinanderfolgenden Strophen beschrieben und ist von einer Feuer- und Lichtmetaphorik umgeben – „brennend", „funkelnd", „leuchtend", „blitzend", „flammend" usw. Seine Pracht, die im Kristallspiegel aufstrahlt, erweist sich als unwiderstehlich. Diese Stelle soll Sandy auf Miss Brodies Bitte hin rezitieren:

> Sie fuhr empor vom Webstuhl jach,
> sie tat drei Schritte durchs Gemach,
> sie sah die Lilie blühn im Bach,
> sie sah dem Helm, der Feder nach,
> sie sah hinab auf Kamelott.

Und um die Strophe, von der Sandy nur den Anfang vorträgt, zu vervollständigen:

> Das Tuch zerriß – was bebte sie?
> Der Spiegel barst – sie sank aufs Knie.
> „Nun wird der Fluch mich treffen!" schrie
> die Dame von Shalott.

Indem sie sich von ihrem Spiegel abwendet und die blendende Gestalt Sir Lancelots direkt betrachtet, zieht die Dame von Shalott den geheimnisvollen Fluch auf sich und stirbt.

Miss Brodie und ihre jungen Schülerinnen hören in der Ballade ein Echo ihrer eigenen Angst widerhallen, die Welt der Phantasie zugunsten der Realität zu verlassen und auf eine Haltung narzißtischer Selbstgenügsamkeit zu verzichten. Die Ballade untermauert die panische Angst davor, heterosexueller Anziehung zu erliegen – der flammenden, brennenden, strahlenden Erscheinung Sir Lancelots. Sicherheit kann es nur geben, solange die Männer Schatten im Spiegel bleiben.

Ihre Angst vor den Männern als gefährlichen sexuellen Wesen erhält in einer Episode des Buches Nahrung, in der sich ein Mann gewaltsam in die Welt der Mädchen hineindrängt. Als Jenny alleine spazierengeht, entblößt sich ein Mann vor ihr. Sie rennt nach Hause, wo sie von lauter besorgten Verwandten umringt wird, die ihr heißen Tee einflößen und den Vorfall der Polizei melden. Etwas später am selben Tag erscheint eine Polizistin, um ihr Fragen zu stellen. Natürlich bietet das Ereignis aufregende Möglichkeiten genug, um für den Rest des Schuljahres für Gesprächsstoff zu sorgen. Aber während Jenny und ihre beste Freundin, Sandy, es immer und immer wieder rekapitulieren, gilt ihre höchste Aufmerksamkeit gar nicht dem Mann selbst und dem, was er entblößt hat. Dieses Thema legen sie schnell ad acta, indem sie sich darauf einigen, daß der Mann „eine entsetzliche Bestie" war. Es ist die Polizistin, die ihre Phantasie voll und ganz beansprucht. Rasch läßt Sandy all ihre Romanhelden und -heldinnen, die ihre Tagträume bevölkerten, im Stich und verliebt sich in die Polizistin, von der Jenny ausgefragt worden war.

Vor ihrem inneren Auge sieht sie das Bild der Sergeantin Anne Grey, wie sie die Polizistin zu nennen beschließt, „die in ihrer dunklen Uniform und mit ihren kurzgeschnittenen blonden Locken, die wie ein Saum rund um ihre Mütze liefen, äußerst vorteilhaft aussah. [...] Sergeantin Anne drückte dankbar Sandys Hand, und sie blickten einander in die Augen; ihr gegenseitiges Verstehen war zu tief, um in Worte gefaßt werden zu können" (S. 122). Folglich schrickt Sandy, wie es für die frühe Adoleszenz charakteristisch ist, vor dem sexuellen Reiz des Mannes und seiner Genitalien zurück, um sich statt dessen in eine sexuell getönte Beziehung zu einer Frau zu flüchten – einer Frau in einer beruflichen Position, die normalerweise Männern vorbehalten ist. Zu Zeiten der Sergeantin Anne gab es, wie der Text ausdrücklich betont, erst wenige Frauen im Polizeidienst. In ihrer Phantasie ist Sandy Sergeantin Annes rechte Hand. Gemeinsam haben sie „sich der Aufgabe geweiht, allen Sex in Edinburgh und Umgebung auszurotten" (S. 121).

Während Sandy den Sex in Edinburgh ausrotten will, ist ihr und den anderen Mädchen zugleich ungemein daran gelegen, daß er im antiken Griechenland oder am Hof von König Artus blüht und gedeiht – eigentlich überall da, wo er gefahrlos im Reich der Phantasie bleibt, so daß sie es schließlich doch wagen können, hinzusehen. Sandy und Jenny wollen noch einmal in das Museum gehen, wo Jenny einen griechischen Gott gesehen hat, der „völlig nackt" dastand. Die Mädchen sind sich augenblicklich einig, daß es wichtig ist, ihn noch einmal genauer zu betrachten, denn das gehört zu ihrer „Forschung" – ihre Bezeichnung für ihre unaufhörlichen Bemühungen, mehr über Sex zu erfahren. Es ist ihnen jedoch klar, daß sie nicht alleine werden hingehen dürfen, und so beschließen sie, Miss Brodie zu bitten, sie zu begleiten. Miss Brodie, dessen sind sie sicher, wird gar nicht bemerken, daß er nackt ist: „Sie wird seinen Dingerich einfach nicht sehen." Die Überzeugung der Mädchen, daß Miss Brodie „über diesen Dingen" steht, ist besonders auffällig, wenn man bedenkt, daß weitschweifende Phantasien über ihr Liebesleben einen großen Teil ihrer „Forschung" ausmachen.

Eine der bezauberndsten Eigenschaften der *Blütezeit der Miss Jean Brodie* besteht darin, die Art des sexuellen Interesses, das Mädchen in der frühen Adoleszenz entwickeln, anschaulich und überzeugend zu schildern. Die frühe Adoleszenz erscheint als Phase, in der die Sexualität für die Mädchen eine ungemein wichtige Rolle spielt. In ihrem späteren Leben ist Sex nur noch eine Sache unter vielen, jetzt aber bedeutet er ihnen alles. Obgleich die Mädchen ihre Augen schließen, wenn sie mit Sex unmittelbar konfrontiert werden, sehen sie sonst überall sexuelle Bedeutungen. Die auf- und abtanzenden Nadelhalter der Nähmaschinen zwingen sie im Handarbeitsraum zu unkontrollierbaren Lachanfällen. Als Eunice ihnen in der Bibel die Stelle „Das Kindlein hüpfte in ihrem Schoß“ zeigt, beschuldigen Sandy und Jenny sie, „unanständig“ zu sein, und drohen, sie zu melden. Sie strafen Eunice, weil diese das Interesse deutlich artikuliert, das ihr gesamtes Leben beherrscht.

Die Sexualität hat in der frühen Adoleszenz der Mädchen einen ganz anderen Charakter als die der Jungen, und in diesem Roman findet das spezifisch *weibliche* Erleben seinen Niederschlag. Die Mädchen beschäftigen sich zwar in erster Linie mit Sex, dennoch aber bekunden sie angesichts der Frage, was Sex denn eigentlich ist, eine tiefe Verwirrung. Sie wissen, daß Sex offenbar dasjenige ist, was als Antriebskraft hinter den von ihnen – anschaulich und weitschweifig – phantasierten Ereignissen steht, und dennoch stellen sie sich selbst und einander beständig die Frage, *wie dieses Drängen sich anfühlt*. Jenny erklärt ihrer besten Freundin, daß es „wie ein Blitz aus heiterem Himmel“ über einen komme. „Es geschieht, ehe man sich's versieht“, setzt sie ihr auseinander; soviel hat sie in Erfahrung gebracht, als sie Gespräche über eine Angestellte ihres Vaters belauschte, die schwanger geworden war. Beide Mädchen aber fragen sich verwirrt, weshalb dieser „Reiz“, die „Begierde“, der „Drang“, bei ihr denn nicht verschwunden ist, als sie sich die Kleider auszog. In ihren Tagträumen, in denen sie neben dem Helden der *Entführung* die Hauptrolle spielt, kehrt Sandy immer wieder zu diesen unlösbaren Fragen zurück:

> Wenn sie nun im Laufe des Abends die Leidenschaft überkam, und sie sich zum Geschlechtsverkehr hinreißen ließen? Sandy sah im Geiste, wie es geschah, und das Schändliche des Bildes konnte sie nicht ertragen. Als Grund dagegen führte sie an, daß man doch sicher Zeit zum *Denken* hatte; man mußte aufhören zu denken, während man seine Kleider auszog; wenn man aber aufhörte zu denken, wie konnte man sich dann hinreißen lassen? [...] Und wenn die Leute sich voreinander ausziehen, dachte Sandy, dann ist das so unschicklich, daß ihre Leidenschaft einen Augenblick lang zurückgedrängt werden muß. Und wenn sie nur eine Sekunde lang an etwas anderes denken, wie können sie sich dann von ihrer Begierde hinreißen lassen? Wo doch alles so urplötzlich geschehen soll... (S. 64f.)

Um die geheimnisvolle *Begierde* irgendwie zu ergründen, belauschen die Mädchen die Gespräche der Erwachsenen, studieren Zeitungsberichte über Sexualverbrechen und konsultieren umfangreiche Nachschlagewerke. Etwas allerdings befragen sie nicht, nämlich ihr eigenes Erleben. Es ist klar, daß die Mädchen die ersten Regungen sexuellen Verlangens in sich wahrnehmen, doch sie können diese Gefühle noch nicht identifizieren. Ausnahmslos erklären sie ihre Absicht, niemals Geschlechtsverkehr haben zu wollen und einen keuschen Mann zu heiraten. Wo sie hinblicken, sehen sie Sex – in Miss Brodie, in Mr. Lloyd, dessen Frau gerade ein Baby bekommen hat, und in den auf- und abtanzenden Teilen der Nähmaschinen – ihre eigene Sexualität aber nehmen sie nicht wahr.

Die Macht, die das Leben der Mädchen beherrscht, übt eine magische Anziehungskraft aus und läßt sich zugleich kaum fassen. Worin besteht „die Begierde"? Wie lange hält sie an? Einem Jungen käme es gar nicht in den Sinn, solche Fragen zu stellen, die den Mädchen in dieser Phase unlösbar erscheinen. Für die Jungen ist es überhaupt kein Geheimnis, in welcher Form „die Begierde" sich äußert. Ihr ganzes Leben lang haben sie Erektionen gehabt, sie gesehen und gefühlt; mit Beginn der Pubertät kommt nun noch das Ejakulationserlebnis hinzu. Welche Konflikte die sexuellen Impulse dem Jungen auch immer bereiten mögen: die Impulse selbst sind unverkennbar. Die „Begierde" der Jungen äußert sich auf völlig eindeutige und unmißverständliche Art und Weise.

Zudem wird ihnen ihr persönliches Erleben durch die Sprache bestätigt. Die Masturbation des Jungen läßt sich mit Hilfe eines reichhaltigen umgangssprachlichen Vokabulars beschreiben. Im Gegensatz dazu existiert im Englischen *keine einzige* umgangssprachliche Bezeichnung für die Masturbation des Mädchens. Dieser Befund ist m. E. verblüffend und hat weitreichende Konsequenzen. Der pubertäre Junge, der zu masturbieren beginnt, begreift allein aufgrund der Tatsache, daß ihm eine Terminologie zur Verfügung steht, um darüber zu sprechen – oder auch nur nachzudenken –, daß er nicht der einzige ist, der masturbiert. Dem pubertierenden Mädchen wird eine solche Beruhigung nicht zuteil. Das Nichtvorhandensein eines umgangssprachlichen Vokabulars bedeutet, daß es für das Mädchen keine Möglichkeit gibt, auf zwanglose, scherzhafte Art und Weise zu erfahren, daß andere Mädchen auch masturbieren. Sein Geheimnis ist schlicht und einfach unaussprechlich.

Und die Sprache der Psychoanalyse spiegelt diesen Unterschied in der Regel wider. Die Metaphern nämlich, mit denen der Beginn der Pubertät – für beide Geschlechter – beschrieben wird, wurzeln im sexuellen Erleben des Mannes. Es ist ganz normal, von einem „Anfluten der Impulse", einem „Reifeschub" oder dem „Aufwallen der Triebe" zu sprechen. Da das adoleszente Mädchen seine erwachende Sexualität ganz anders erlebt, sind diese Metaphern nicht imstande, seine Wahrnehmung angemessen zu beschreiben.

Sandys und Jennys Verwirrung angesichts der Frage, was es mit der „Begierde" wirklich auf sich hat, zeigt, daß die neuen Gefühle, die sich im Mädchen regen, schwer zu lokalisieren sind und ihre Herkunft sich nicht genau feststellen läßt.[4] Sandy und Jenny betreiben ihre „Forschung" mit

[4] Eine andere meisterliche Darstellung der Rätsel, vor denen das Mädchen steht, findet sich in *Madame Bovary*. Flauberts Schilderung der 13jährigen Emma, die von ihrem Vater in einer Klosterschule untergebracht wurde (auch sie erlebt ihre frühe Adoleszenz in einer ganz und gar weiblichen Welt), läßt das Verschmelzen sexueller Sehnsüchte mit religiöser Hingabe deutlich werden:

„So lebte sie [...] in der lauen Atmosphäre der Schulstuben und unter den blassen Frauen mit ihren Rosenkränzen und Messingkreuzchen, und langsam versank sie

unermüdlichem Eifer und lassen sich nichts entgehen, was zur Aufklärung des Rätsels beitragen könnte. Folglich behalten sie Miss Brodies Sexualität und ihre Beziehungen zu den 2 Lehrern, die an der Schule unterrichten, besonders genau im Auge. Aus ihren Beobachtungen schließen sie zu Recht, daß Miss Brodie in Mr. Lloyd, den Kunstlehrer, verliebt ist. Aber sie „weist ihn zurück", weil er ein verheirateter Mann ist, und unterhält statt dessen eine Liaison mit Mr. Lowther, dem Gesangslehrer, der noch Junggeselle ist. Bevor sie sich diesen Sachverhalt zusammenreimen konnten, haben die Mädchen sich viele Male flüsternd und tuschelnd beraten. Gemeinsam verfassen sie eine fiktive Korrespondenz zwischen den Liebenden, die mit dem folgenden Brief von Miss Brodie an den Gesangslehrer endet:

> Mein einziger, köstlicher Gordon,
>
> Dein Brief hat mich tief bewegt, wie Du Dir sicher vorstellen kannst. Doch wehe, ich muß für immer Deinem Wunsch entsagen, Mrs. Lowther zu werden. Meine Gründe dafür sind doppelter Natur. Mein Leben ist meinen Mädchen geweiht, wie auch Madame Pawlowa berufen ist, und es gibt noch einen anderen im meinem Leben, dessen Liebe über alle Grenzen von Zeit und Raum der meinen antwortet. Es ist Teddy Lloyd! Ich habe nie intime Beziehungen zu ihm gehabt. Er ist mit einer anderen verheiratet. Eines Tages sanken wir im Zeichensaal einander in die Arme und erkannten die Wahrheit. Aber ich bin stolz darauf, daß ich mich Dir hingegeben habe, als Du kamst und mich nahmst, im Farnkraut auf dem Artussitz, während über uns das Gewitter tobte. Wenn ich in anderen Umständen bin, werde ich das Kind in die Hände eines ehrenwerten Schafhirten und seiner Frau legen, und wir können ruhig wie platonische Bekannte darüber reden. Von Zeit zu Zeit darf ich mir, sozusagen als Ausweg, weiterhin Beziehungen zu Dir erlauben, denn ich befinde mich in meiner Blütezeit. Wir können uns auch noch an vielen schönen Tagen im Fischerboot auf See den kühlen Wind um die Stirn wehen lassen. [...]
>
> Erlaube mir, Dir abschließend herzlich sowohl zu Deinem Geschlechtsverkehr als auch zu Deinem Gesang zu gratulieren.
>
> Mit zärtlichster Zuneigung
> Jean Brodie. (S. 130f.)

Der Brief ist eine wundervolle Mixtur aus Umschreibungen, wie sie sich in Zeitungsberichten über Sexualverbrechen finden, und dem erhabenen Stil romantisierender Romane. Die „intime Beziehung" findet in der Phantasie der Mädchen nicht etwa in einem gewöhnlichen Bett statt, sondern in

---

(Fortsetzung Fußnote 4)

> in den mystischen Traumzustand, der sich um die Weihrauchdüfte, die Kühle der Weihwasserbecken und den Kerzenschimmer webt. [...]
>
> Wenn sie zur Beichte ging, erfand sie allerlei kleine Sünden, nur damit sie länger im Halbdunkel knien durfte, die Hände gefaltet, das Gesicht ans Gitter gepreßt, unter dem flüsternden Priester. Die Gleichnisse vom Bräutigam, vom Gemahl, vom himmlischen Geliebten und von der ewigen Hochzeit [...] erweckten im Grunde ihrer Seele geheimnisvolle süße Schauer." (S. 54f.)

mythischem Rahmen. Es war auf dem „himmelanstrebenden Löwenrücken des Artussitzes, mit nur dem Himmel als Dach und Farnkraut als Bett", wo Gordon Lowther Miss Brodie „fand":

> „Sie nahm", hatte Jenny gesagt, als sie die Szene zuerst durchgesprochen hatten. „Sie nahm – nein, so nicht. Sie gab sich ihm hin."
> "Sie gab sich ihm hin", sagte Jenny, „obwohl sie sich liebend gern einem anderen hingegeben hätte."(S. 129)

Als sie sich diese Szene ausmalen, können die Mädchen es wagen, genauer hinzuschauen, denn die Episode ist romantisch verschleiert. Sie hatten damit begonnen, sich die Korrespondenz auszudenken, als sie die Affäre noch für ein Produkt ihrer Phantasie hielten. Nachdem ihnen allmählich klar geworden ist, daß das, was sie sich vorstellen, der Realität entspricht, beenden sie die Korrespondenz und vergraben sie in einem feuchten Loch, das sie in einer Höhle an der Küste finden.

Die unersättliche Neugierde der Mädchen auf Miss Brodies Sexualleben steht in auffallendem Gegensatz zu ihrer scheinbaren Interesselosigkeit, was die Sexualität ihrer Mütter betrifft. Als Jennys Mutter ein Baby bekommt, sehen sie sich zu keinem Kommentar veranlaßt; die Mädchen stellen noch nicht einmal „Betrachtungen über seinen Ursprung" an. Statt dessen konzentrieren sie sich mit voller Hingabe auf Miss Brodie. Keine Nuance ihres Verhaltens gegenüber den männlichen Lehrern entgeht ihrer Aufmerksamkeit.

Die eigene erwachende Sexualität ist der Grund dafür, daß das Mädchen in der frühen Adoleszenz die Sexualität der Eltern nicht verleugnen kann, sie ihm zugleich jedoch als etwas Undenkbares erscheint. Mit dem Erwachen seiner eigenen Impulse kann es sich nun auch eine genauere Vorstellung von der Sexualität seiner Mutter und seines Vaters bilden, als ihm dies als Kind möglich war. Gleichzeitig hat es Angst davor, daß dieses neue Wissen in erregende Phantasien einmünden wird. Auch diesen innerlichen Zustand bildet der Roman als äußerliches Geschehen ab. Mütter tauchen überhaupt nur einmal und nur für einen Augenblick auf: Sie schauen zur Tür herein, als Sandy und Jenny gerade Tee trinken. Mit einem „Blick voll unterdrückter Empörung" werden die 2 Mütter zum Rückzug veranlaßt, und so können die Mädchen die Liebesgeschichte von Miss Brodie und Hugh, dem Krieger, weiterspinnen.

Im Flüsterton spekulieren Sandy und Jenny, ob Miss Brodie mit Hugh jemals Geschlechtsverkehr hatte. Im Grunde können sie es sich nicht vorstellen: „Ihre Liebe stand über diesen Dingen." Sicher, Miss Brodie hat ihnen erzählt, daß sie und Hugh sich während seines letzten Urlaubs voll leidenschaftlicher Hingebung aneinanderklammerten, aber Sandy und Jenny bezweifeln, daß dies heißen soll, sie hätten tatsächlich ihre Kleider ausgezogen. Dieser Aspekt ihrer Forschung mündet in Sandys emphatische Beteuerung, daß sie keinen Geschlechtsverkehr haben möchte. Jenny teilt ihren Standpunkt. Sie hat die Absicht, einen keuschen Mann zu heiraten.

Die Aufmerksamkeit, die die Mädchen dem Sexualleben Miss Brodies unaufhörlich widmen, steht, wie bereits erwähnt, in auffallendem Kontrast zu ihrer scheinbaren Interesselosigkeit bezüglich der Sexualität ihrer Eltern. Wenn sie jedoch versuchen, sich wirklich vorzustellen, wie Miss Brodie Sex „verübt", mischt sich in ihr Wissen erneut die Ungläubigkeit. Aufgeregt berichtet Monica, sie habe gesehen, wie Miss Brodie und Mr. Lloyd sich im Zeichensaal küßten. Die anderen löchern sie mit Fragen und wollen alle möglichen Details wissen, die ihre Behauptung bestätigen – und das Bild für sie greifbarer machen – sollen. Aber obwohl Monicas Auskünfte keinen Zweifel an der Wahrheit ihres Berichts lassen, denken die Mädchen noch eine ganze Weile darüber nach, ob Miss Brodie wirklich imstande ist, zu küssen und sich küssen zu lassen. Ähnlich verhält es sich mit den imaginären Liebesbriefen von Miss Brodie und Mr. Lowther: die Mädchen können sich der Korrespondenz nur so lange widmen, wie sie glauben, daß sie alles selbst erfinden. Als sie nicht mehr umhin können, einzusehen, daß Miss Brodie *tatsächlich* eine Liaison mit Mr. Lowther hat, fällt es den Mädchen schwer, das, was sie wissen, auch zu glauben.

In Miss Brodie finden die Mädchen also ein Objekt ihrer ungemeinen Neugierde auf die Sexualität Erwachsener.[5] Und sie wird ihren Bedürfnissen

---

[5] Ähnliche Motive liegen Colettes klassischer Novelle *Claudine erwacht*, erstmals veröffentlicht im Jahre 1900, zugrunde. Claudine ist ein lebhaftes, vorwitziges, schelmisches Mädchen von 15 Jahren, das in einer französischen Kleinstadt aufwächst. Hintergrund ihrer Geschichte, die in der ersten Person erzählt wird, ist die Adoleszenz selbst: Sie und ihre Schulkameradinnen leben in einer kuriosen Übergangslösung, denn ihre alte Schule wird gerade abgerissen, das neue Gebäude aber ist noch nicht ganz fertiggestellt. Deshalb müssen sie vorübergehend im Kindergarten unterschlüpfen, bevor sie ihr neues Zuhause in Besitz nehmen können. Während dieser Übergangsphase wird kein Gebäude ihren Bedürfnissen wirklich gerecht, und so gerät ihr Leben durcheinander – aber es eröffnen sich auch unvorhergesehene Möglichkeiten.
Sie haben Gelegenheit, Einblick in das Leben ihrer Lehrer – und v. a. in ihr Sexualleben – zu gewinnen. Unaufhörlich lauscht und spioniert Claudine, „vergißt" Kleidungsstücke, um unerwartet in den Klassenraum zurückkehren und ihre Lehrer überraschen zu können. Ebenso wie es bei den Mädchen in *Miss Jean Brodie* der Fall ist, entspricht auch Colettes ungeheurem Interesse an ihren Lehrern eine scheinbare Interesselosigkeit gegenüber den Eltern. Ihrer Mutter wird in der Erzählung gerade ein einziger, nebensächlicher Absatz zuteil; ihr Vater taucht zwar von Zeit zu Zeit kurz auf, aber nur, um seine Ignoranz gegenüber seiner Tochter und eine totale Inanspruchnahme durch seine Schneckenforschung zu bekunden.
In der Geschichte, die Claudine erzählt, kommt keinerlei bewußtes Interesse an ihren Eltern zum Ausdruck, sondern vielmehr eine unersättliche Neugierde in bezug auf Elternfiguren – Lehrer, Hilfslehrer, die Schuldirektorin, einen Provinzgeistlichen –, insbesondere auf die Frauen. Die Tatsache, daß die Jungen gleich nebenan wohnen und man in die Fenster ihres Schlafsaals hineinsehen kann, vermag von diesem unermüdlichen Interesse kaum abzulenken. Claudine akzep-

ausgezeichnet gerecht. Sie befindet sich, wie sie ihnen immer wieder erzählt, in der Blüte ihres Lebens – und Miss Brodie in ihrer Blüte ist vitaler als jede andere Frau in der Welt der Mädchen. Als die Mädchen mit 17 Jahren zurückblicken, müssen sie „letzten Endes und ohne jede Einschränkung zugeben, daß Miss Brodie auch als Frau ein wirklich außerordentliches Exemplar ihrer Gattung war. Ihre Augen blitzten, ihre Nase war kühn gebogen, ihr Haar war noch immer braun und fiel in natürlichen Wellen in ihren Nacken" (S. 209).

In entscheidender Hinsicht aber ist Miss Brodie in der Frühadoleszenz, die ihre Mädchen gerade durchlaufen, steckengeblieben. Dies macht einen wichtigen Aspekt ihrer Bindung an ihre jungen Schülerinnen aus. Wie ein adoleszentes Mädchen ist sie in erster Linie mit sich selbst beschäftigt. Das Eintauchen in die eigene Phantasie ist normalerweise ein vorübergehendes Charakteristikum dieser Phase. Jenny und Sandy vergraben ihre imaginären Liebesbriefe schließlich, aber Miss Brodie lebt weiterhin in der Welt ihrer Einbildung. Sie ist zahllosen Schwärmereien ergeben. Sie ist leidenschaftlich, aber nur in bezug auf Phantasiegestalten. Rose Stanleys Vater, ein reicher und gutaussehender Witwer, hat sofort Interesse an Miss Brodie bekundet, sie aber hält ihn für „ziemlich triebhaft veranlagt". Die Männer, die sie liebt, sind der tote Hugh und der einarmige Mr. Lloyd, der verheiratet ist und 6 Kinder hat. Im Laufe der Zeit schmückt Miss Brodie die Hugh-Geschichte mit Aspekten ihres gegenwärtigen Lebens aus. Sie webt ihre Affäre mit dem Musiklehrer wie auch ihr Verlangen nach dem Kunstlehrer in die Geschichte ein, so daß die 3 Männer miteinander verschmelzen. Nun heißt es, der vor langer Zeit gestorbene Hugh habe sie zuweilen in einem kleinen Fischerboot mit auf See genommen. (Der Musiklehrer lebt in einem kleinen Ort an der Küste.) Manchmal sang Hugh, und dann wieder versank er in Schweigen, stellte seine Staffelei auf und malte.

Miss Brodie gibt Mr. Lloyd einen Korb und beginnt statt dessen – aus Pflichtbewußtsein, wenn nicht sogar aus einer Märtyererinnenhaltung heraus – eine Liaison mit dem Junggesellen Mr. Lowther. Obwohl sie mit Mr. Lowther schläft, ist ihre Beziehung zu ihm bar jeder Leidenschaft. Miss Brodie ist mütterlich und herrisch und widmet sich mit Hingabe ihrem

---

(Fortsetzung Fußnote 5)

tiert die Aufmerksamkeiten eines jungen Mannes mit einer Mischung aus Amüsiertheit und Verachtung, ihr leidenschaftliches Verlangen aber gilt Aimée, ihrer hübschen, jungen Lehrerin. Aimée jedoch wird von ihrer eigenen Liebhaberin, der Direktorin, eifersüchtig bewacht, die gleichzeitig auch eine Affäre mit dem Schulinspektor des Bezirks unterhält (der wiederum Claudine streichelt und hätschelt, wann immer er einen Vorwand dazu findet). Und so geht es fort und fort. Die Erzählung schildert Dreiecksbeziehungen sämtlicher Konstellationen, heterosexueller wie homosexueller. Keine Liebe – ja, kein Verlangen – wird erwidert. In der hier abgebildeten, inneren Welt des adoleszenten Mädchens ist, so scheint es, keine Befriedigung möglich. Aber es ist klar, wohin die Sehnsucht zielt.

Vorsatz, ihn zu mästen. Gehorsam arbeitet Mr. Lowther sich durch alle Gänge der Mahlzeiten hindurch, die sie ihm vorsetzt, während Miss Brodie die Mädchen, wenn diese sie in seinem Haus besuchen, über ihre eigentliche Liebe, Mr. Lloyd, ausfragt. Da er kleiner ist als Miss Brodie, schaut Mr. Lowther schüchtern zu ihr auf, in der Hoffnung, einen anerkennenden Blick zu ernten. Das Haus, in dem er lebt, ist noch ganz von der Anwesenheit seiner Mutter durchdrungen, die 4 Jahre zuvor gestorben ist. In dem Doppelbett, das er mit Miss Brodie teilt, ist er zur Welt gekommen.

Männer sind von Miss Brodies Beziehung zu ihren Mädchen ebenso ausgeschlossen wie von der frühen Bindung zwischen Mutter und Säugling. Sie verspricht den Mädchen: „Wenn der *Lord Lyon King of Arms*, der Wappenträger des Königs, mir morgen einen Heiratsantrag machte, ich würde ihn zurückweisen. Euch widme ich die Blütezeit meines Lebens." Und entsprechende Treue fordert sie von ihnen. Andere Interessen, welche die Bindung der Mädchen an sie schwächen könnten, fallen ihrer Verachtung anheim. Tatsächlich sind die Mädchen auf Miss Brodie nicht länger angewiesen, als sie in die mittlere Adoleszenz eintreten und andere Beziehungen aufbauen – ihre Individualität entfalten. Früher aber, in der Phase ihrer intensivsten Bindung, waren die Grenzen zwischen ihr und den Mädchen sowie zwischen den Mädchen selbst fließend. Optisch kommt dies in dem Gruppenporträt, das Mr. Lloyd von der Brodie-Clique malt, zum Ausdruck, „auf dem sie ihre Panamahüte alle auf verschiedene Art trugen; ein jeder Hut schmückte in magischer Transfiguration eine andere Miss Brodie, verkörpert von Rose, Sandy, Jenny, Mary, Monica und Eunice" (S. 200).

Ich habe die Sehnsucht der Heranwachsenden, ihrem Gefühl der Isoliertheit zu entrinnen, im Zusammenhang mit *Frankie* untersucht. Auch in *Miss Jean Brodie* kommt diese Sehnsucht, ebenso wie die Angst, die mit ihr einhergeht, zum Ausdruck. Als Miss Brodie mit den Mädchen einen Spaziergang durch das historische Edinburgh macht, dreht Sandy sich um und sieht plötzlich sich selbst und all die anderen Mädchen „als Glieder eines Körpers, dessen Haupt Miss Brodie darstellte". Dies Bild erschrickt sie, und Sandy versucht sofort, ihr Individualitätsgefühl wiederherzustellen. Sie empfindet ein spontanes Bedürfnis, nett zu Mary zu sein, dem Mädchen, das von Miss Brodie und den anderen beständig zum Sündenbock gemacht wird. Aber sie merkt, daß es noch erschreckender ist, sich abzugrenzen, und deshalb widersetzt sie sich dieser Versuchung,

> denn durch eine solche Handlung würde sie sich abseits stellen und einsam sein und in weit schlimmerem Sinne tadelnswert als Mary, die wenigstens zu Miss Brodies Kategorie zukünftiger Heldinnen gehörte, wenn sie auch offiziell stets als Sündenbock herhalten mußte. Um der gemeinsamen Sache willen sagte Sandy daher zu Mary: „Ich würde nicht mit *dir* gehen, wenn Jenny hier wäre." (S. 51 f.)

Sie hackt noch weiter auf ihr herum, bis Mary schließlich zu weinen beginnt. An diesem Punkt zieht Sandy sich in ihre Phantasie zurück und verwandelt die Unstimmigkeit mit Mary in eine Auseinandersetzung zwischen sich selbst und einem imaginären Ehemann. Auf diese Weise stellt sie in ihrer Phantasie eine heterosexuelle Situation her, die ihr als Zuflucht vor der Intensität ihrer Gefühle gegenüber einer Vertreterin ihres eigenen Geschlechts, insbesondere aber vor dem regressiven Verlangen und der panischen Angst, die es auslöst, dient.

Im Laufe der Zeit entwickeln sich die meisten Mitglieder der „Brodie-Clique" weiter. Als die Mädchen in die mittlere Adoleszenz eintreten, haben sie sich von Miss Brodie entfremdet. Auch ihre Bindungen untereinander sind nicht mehr so intensiv wie zuvor. Sie haben nun Freunde; sie entwickeln Interessen, die sie voneinander trennen; sie werden zu individuellen Persönlichkeiten. Eunice hat einen Freund, mit dem sie schwimmen und tauchen geht. Monica wird für ihre mathematischen Leistungen ausgezeichnet. Jenny probt ständig für irgendeine Aufführung der Theatergruppe ihrer Schule, und Rose erlangt eine gewisse Beliebtheit bei den Jungen, die vor dem Schultor neben ihren Fahrrädern stehen. Im Unterschied zur frühen Adoleszenz, als sie ständig miteinander tuschelten und flüsterten und Geheimnisse hatten, gibt es nun, als sie 15 sind, „schon vieles, das sie einander nicht erzählen".

Als einzige aus der Brodie-Clique unternimmt Sandy keine Lösungsversuche. Ihre primitive Identifizierung mit Jean Brodie bleibt bestehen. Als 18jährige hat sie eine Affäre mit Teddy Lloyd, in der sie Miss Brodies Verlangen als deren Stellvertreterin auslebt und gleichzeitig mit ihr konkurriert. Danach, in einem weiteren, verzweifelten Versuch, sich von ihr zu lösen, beschließt Sandy, Miss Brodies berufliche Laufbahn zu zerstören. Sie ist es, die Miss Brodie verrät, indem sie der Direktorin jene Information zukommen läßt, die es dieser ermöglicht, sie endlich zum Rücktritt zu zwingen. Ihren inneren Konflikt aber kann weder die Affäre noch der Verrat lösen: Sandy bleibt in einer ambivalenten Bindung an Jean Brodie gefangen. Sie konvertiert zum Katholizismus und nimmt damit Mr. Lloyds Glauben an, obgleich sie diesen Mann fallenläßt; sie fühlt sich von der römisch-katholischen Kirche angezogen, die Miss Brodie verabscheute – und in der sie, wie wir erfahren, eigentlich zu Hause gewesen wäre.

Und so schließt der Roman, wie er begonnen hat, in einer reinen Frauenwelt. Sandy ist Nonne geworden. Die Schlußszene des Buchs ruft die Eingangsszene in Erinnerung, in der die Jungen sich, vor den Toren der Mädchenschule, auf ihre Fahrräder stützten. Nun, im Kloster, unterhält sich Sandy durch das Gitter ihrer Sprechzelle hindurch mit einem jungen Mann, der sie interviewen möchte. Im Gegensatz zu den anderen Nonnen, die sich mit gefalteten Händen in die Dunkelheit der Zelle zurückziehen, wenn sie ihre seltenen Besucher empfangen, beugt Sandy sich vor und hält die Stäbe des Gitters umklammert. Der Besucher wurde durch die lobenden Kritiken angelockt, die Sandy für ihre Abhandlung „Die Transfiguration des Gewöhnlichen" erhalten hat. Unmißverständlich hat ihre Lehrerin diesem Titel ihren Stempel aufgeprägt. Nicht anders als den Jungen in der Eingangsszene bleibt auch diesem Mann die Welt der Frauen verschlossen; der Reichtum oder die Komplexität der Welt, die ihm den Zutritt verwehrt, entzieht sich seinem Verständnis. Naiv fragt er Sandy, welche Einflüsse sie in ihrer Jugend am stärksten geprägt haben, ob es ein Buch war, die Religion oder die Politik. Sandy erwidert schlicht: „Damals lebte eine Miss Jean Brodie in ihrer Blütezeit."

4. Mittlere Adoleszenz: *Das Tagebuch der Anne Frank*[1]

Das Tagebuch der Anne Frank ist ein außergewöhnliches, verblüffendes Dokument, ein historisches Zeugnis – die Chronik eines Lebens unter elenden und gefahrvollen Bedingungen in einer Zeit, deren Ereignisse uns auch heute noch verfolgen. Es ist auch ein Dokument über das innere Leben eines bemerkenswerten jungen Mädchens. Anne bekam das Tagebuch zu ihrem 13. Geburtstag geschenkt, und sie war 15, als sie ihren letzten Eintrag verfaßte. Die Umstände, unter denen diese Aufzeichnungen zustande kamen, sind wohlbekannt. Die Franks waren Juden, lebten in Holland und tauchten dort unter, um den Nazis nicht in die Hände zu fallen. Von holländischen Freunden unterstützt, lebten sie zusammen mit 4 anderen Personen 2 Jahre lang in einem Amsterdamer Versteck, das sich über einem Lagerhaus befand. 3 Tage, nachdem Anne ihren letzten Tagebucheintrag verfaßt hatte, stürmte die Gestapo das „Hinterhaus". Seine Bewohner wurden in Konzentrationslager verschickt. Anne starb 2 Monate vor der Befreiung Hollands in Bergen-Belsen. Sie war noch keine 16 Jahre alt.

Ihr Tagebuch, das die Gestapo neben anderen, auf dem Fußboden verstreuten Papieren im Hinterhaus zurückließ, nimmt unsere Vorstellungskraft gefangen. Dies liegt z. T. an Annes Bemühen, die Zeit, in der sie lebte, zu verstehen und zu begreifen, wie sie sich auf ihr eigenes Leben auswirkte – ein Versuch, der ihr allerdings nie vollständig gelang. Die Aufmerksamkeit des Lesers aber gilt v. a. Anne selbst. Ihr Tagebuch macht deutlich, daß sie ein ganz reizendes Mädchen war – klug, lebendig, neugierig, schalkhaft, humorvoll, leidenschaftlich. Sie hatte Spaß daran, Personen zu beobachten und zu beschreiben, so daß in ihrem Bericht über das Leben im Hinterhaus verblüffenderweise immer wieder eine humorvolle Komik aufschimmert. Sensibel nahm sie auch ihr eigenes, innerliches Erleben wahr, das sie feinfühlig und anmutig zu artikulieren vermochte.

Anne Franks Tagebuch beschreibt das Leben, wie es sich unter absonderlichen Umständen und zu einem einzigartigen Zeitpunkt der Geschichte abspielte. Dennoch überraschen diese Aufzeichnungen uns nicht allein durch ihre Außergewöhnlichkeit, sondern auch durch ihre Normalität. Wir sehen, wie sich selbst unter diesen Bedingungen die vertrauten Prozesse der adoleszenten Entwicklung entfalten. Anne erlebt die ersten Regungen

---

[1] Zitiert wird nach der von Anneliese Schütz besorgten deutschen Übersetzung, Frankfurt/Main (Fischer Taschenbuch Verlag) 1990, 1.Aufl. 1955.)

sexueller Wünsche, verliebt sich zum erstenmal und vertraut ihrem Tagebuch aufgeregt an: „Ich glaube, Kitty, daß wir hier im Hinterhause noch eine echte, große Liebe erleben.“ Mit Hilfe dieser Beziehung beginnt sie sich aus der kindlichen Bindung an die Eltern zu lösen. Sie war in der Lage, sich psychisch von ihnen zu trennen, selbst unter Bedingungen, die eine physische Trennung absolut unmöglich machten. Mit Anne Franks Tagebuch liegt uns, und das ist bemerkenswert, das Protokoll einer nicht bloß normalen, sondern einer gesunden weiblichen Entwicklung vor. Anne freute sich darauf, zur Frau zu werden, und genoß die allmähliche Veränderung ihres Körpers. Sie dachte über das Leben ihrer Mutter nach und stellte sich die eigene Zukunft ganz anders vor: sie war sich ihrer Begabung bewußt, und so trat ihr Wunsch, Schriftstellerin zu werden, zunehmend in den Vordergrund. Wir lesen Annes Tagebuch in dem Wissen, daß die historische Enwicklung ihr das Frausein, das ihr in der Vorstellung Freude bereitete - und Trost spendete - verwehrte.

Tatsächlich mag sich der innere Reichtum von Annes Tagebuch partiell den Umständen seiner Entstehung verdanken. Wenn sie ihre Geheimnisse mit einer Freundin hätte teilen können, hätte sie sich ihrem Tagebuch vielleicht weniger rückhaltlos anvertraut. Wenn sie in die Schule gegangen wäre und einen Kreis von Freunden und Lehrern um sich gehabt hätte, wären die Gefühle, die sie gegenüber ihren Eltern hegte, teilweise verschoben und abgemildert worden. Vielleicht hat die Tatsache, daß es ein Leben außerhalb einfach nicht gab, ihre Sensibilität für das innere Leben geschärft. Wie sie sich unter anderen Bedingungen entwickelt hätte, werden wir nie erfahren.

In diesem Kapitel werde ich zunächst den größeren Kontext erörtern, in dem Annes Tagebuch steht - ihre Reaktion auf die historischen Ereignisse und die besonderen Umstände, in denen sie lebte. Im 2. Teil werde ich Annes psychische Entwicklung während der Phase, in der sie ihr Tagebuch schrieb, erläutern. Zum Zeitpunkt ihres ersten Eintrags befindet sie sich an einem Übergangspunkt ihrer Entwicklung. Im Laufe der folgenden 2 Jahre gelangen Konflikte, wie sie für die mittlere Adoleszenz charakteristisch sind, zur vollen Entfaltung, um schließlich ihrer Auflösung entgegenzugehen. Im letzten Abschnitt werde ich die Bedeutung, die dem Tagebuch selbst für die Entwicklung zukommt - sein Verhältnis zu den spezifischen Bedürfnissen der Adoleszenzphase und zu früheren Vorstellungen und Phantasien des Kindes -, unter allgemeinerem Blickwinkel betrachten.

4.1 *Die Situation, in der das Tagebuch entstand*

Die Franks waren eine alte, deutsch-jüdische Familie. Beide Töchter, Anne und ihre 3 Jahre ältere Schwester Margot, wurden in Frankfurt/Main geboren, wo Otto Frank als Geschäftsmann arbeitete. Als Anne 4 Jahre alt war, emigrierte die Familie nach Holland, um der Verfolgung durch die

Nazis zu entgehen. Die Franks fanden in Amsterdam ein neues Zuhause, und Otto Frank, der sich wieder im Nahrungsmittelgeschäft etablieren konnte, wurde Direktor einer niederländischen Gesellschaft und Teilhaber eines Zweigunternehmens. Anne war knapp 11 Jahre, als die Deutschen die Niederlande überfielen und antijüdische Dekrete in raschem Tempo aufeinanderfolgten.

All dies aber bleibt auf den 1. Seiten des Tagebuchs im Hintergrund. Sie wurden einige Wochen, bevor die Familie untertauchte, verfaßt. Wir lernen Anne zunächst als umtriebiges Schulmädchen kennen – sie hat ein herzliches Verhältnis zu ihren Eltern, wartet gemeinsam mit den Klassenkameradinnen und -kameraden voller Spannung auf die Zeugnisse und nimmt allmählich auch wahr, daß sie bei den Jungen Beachtung findet. Diese frühen Einträge vermitteln eindrucksvoll, wie sehr Anne sich von Eltern und Freunden geliebt fühlte; sie strahlen ihre Fähigkeit wider, sich an anderen Menschen und an ihren eigenen intellektuellen Interessen zu erfreuen. Entzückt beschreibt sie die Geschenke, die sie zum 13. Geburtstag erhielt: außer dem Tagebuch selbst gab es Blumen, ein Gesellschaftsspiel, Süßigkeiten, Bücher. Sie freut sich über das Geld, das sie bekommen hat, weil sie sich nun „noch die griechischen und römischen Heldensagen" kaufen kann!

Anne ist ein temperamentvolles Mädchen und neigt zur Schalkhaftigkeit – im Unterschied zu ihrer Schwester Margot, von der sie mit einer Mischung aus Neid und Herablassung sagt, sie sei „nun einmal die Klügste, die Schönste und die Beste". Als Strafarbeit für ihr Schwatzen während des Unterrichts muß sie einen Aufsatz über das Thema „Eine Klatschbase" schreiben. Jeder, so stellt sie fest, kann in weit auseinandergezogener Schrift irgendeinen Unsinn zu Papier bringen; sie aber nimmt sich vor, „einen schlagenden Beweis für die Notwendigkeit zu finden, daß geschwatzt werden muß". Anne schreibt, sie habe lange nachgedacht, bis ihr plötzlich eine Idee kam und sie die aufgegebenen drei Seiten füllte. Sie argumentierte, daß das Schwatzen eine weibliche Eigenschaft sei und sie ihr Bestes tun wolle, um es unter Kontrolle zu halten; ganz abgewöhnen aber würde sie es sich nie können, da ihre Mutter ebenso viel redete wie sie selbst und an ererbten Eigenschaften „leider wenig zu machen" sei.

Annes Verspieltheit läßt uns beinahe vergessen, was auch sie selbst in den Hintergrund zu drängen versucht. In diesen ersten Einträgen schildert sie die Freuden und Sorgen ihres Schulmädchendaseins und in merkwürdig berührender Beiläufigkeit zugleich die antijüdischen Maßnahmen, die das Leben zunehmend überschatten. Im Plauderton erzählt sie, daß sie nach dem Pingpongspielen mit ihren Freunden gerne Eis essen geht – in einem der 2 Eisläden, die Juden noch zugänglich sind. In dem Eintrag, der schließlich der letzte sein sollte, bevor die Familie untertauchte, berichtet Anne, daß der Vater ihr geraten habe, ihre „Freiheit" zu genießen, solange es noch möglich sei. Am selben Tag erhielt ihre Schwester einen Deportationsaufruf von der SS. In jener Nacht verließen die Franks ihr Heim und flüchteten in das

Versteck über Otto Franks Geschäftsräumen, das er für diese Zeit vorbereitet hatte. Ihre Kleidung trugen sie in mehreren Schichten übereinander auf dem Leib, gerade so viel, daß sie keine Aufmerksamkeit erregten. Im Hinterhaus schloß sich ihnen bald eine andere Familie an, das Ehepaar van Daan mit dem 15 Jahre alten Sohn Peter, sowie eine 8. Person, Albert Dussel, ein Zahnarzt mittleren Alters.

Was den Leser ihres Tagebuchs unmittelbar beeindruckt, sind Annes Mut und Humor, Eigenschaften, die sie sich während der 2 Jahre, die sie im Hinterhaus verbrachte, zu bewahren vermochte. Als die Nahrungmittel im Laufe der Zeit knapp werden, kann sie selbst den gemeinsamen Anstrengungen, die Schimmelschicht von den Bohnen zu schaben und aus den Kartoffeln die verdorbenen Teile zu entfernen, noch komische Aspekte abgewinnen. In ihrer Schilderung dieser Tätigkeiten enthüllt jeder Beteiligte auf amüsante und einprägsame Art und Weise seinen Charakter. Sogar nach eineinhalb Jahren bringt sie es noch fertig, die Monotonie des Hinterhauslebens unterhaltsam zu schildern:

> Es ist nun schon so, daß, wenn einer von uns achten etwas erzählt, die anderen einfallen und die Fortsetzung selber machen können. Wir wissen im voraus die Pointe von jedem Witz, und außer dem Erzähler lacht keiner mehr darüber. Die verschiedenen Lieferanten der Ex-Hausfrauen, Metzger, Kaufleute und Bäcker, sind schon x-mal durchgedroschen, und ich wüßte überhaupt nichts, was es bei uns im Hinterhaus noch Neues geben könnte. Alles hat soooo'n Bart. ([14 Jahre, 7 Monate][2] S. 113)

Die ersten Einträge, die im Hinterhaus entstanden, lassen Annes Entschlossenheit erkennen, Angst und Niedergeschlagenheit zu bannen, indem sie den Verhältnissen irgendwie noch heitere Aspekte abzugewinnen versucht. Sie vergleicht ihre Situation mit einem Ferienaufenthalt „in einer etwas merkwürdigen Pension. [...] Unser Hinterhaus ist wirklich ein ideales Versteck. Wenn es auch feucht ist und ein bißchen krumm und schief, wird man doch wahrscheinlich kaum noch mal so etwas Komfortables in Amsterdam finden, vielleicht in ganz Holland nicht." Die übrigen Familienmitglieder können sich an die Glocke des nahegelegenen Westerturms, die jede Viertelstunde schlägt, nicht gewöhnen, aber: „Ich schon, ich finde es sogar sehr schön und besonders nachts hat es etwas Beruhigendes für mich." Anne benutzt das Schlagen der Glocke ebenso wie das Tagebuch, ihre getreue Freundin, um angesichts der überwältigenden Verlusterfahrung und Entwurzelung ein Element der Konstanz zu erschaffen.

Sie muß nur aus dem Fenster blicken, um zu sehen, welches Schicksal sie „draußen" erwarten würde:

---

[2] Um Annes Entwicklung möglichst genau verfolgen zu können, habe ich das Datum der Tagebucheinträge in das Alter, angegeben in Jahren und Monaten, übertragen, in dem sie sie verfaßte.

> Ich sehe es oft im Geiste vor mir: Reihen guter, unschuldiger Menschen mit weinenden Kindern, kommandiert von ein paar furchtbaren Kerlen, geschlagen und gepeinigt und vorwärtsgetrieben, bis sie beinahe umsinken. Niemand ist ausgenommen. Die Alten, schwangere Frauen, Kranke, Sieche... alles, alles muß mit in diesem Todesreigen! ([13 Jahre, 7 Monate] S. 47)

Was sie vom Fenster aus beobachtet, am Radio oder von ihren holländischen Freunden hört – die Trennung der Kinder von ihren Eltern beherrscht ihre Vorstellung. Wenn sie es wagt, über die Gefahren nachzudenken, die draußen lauern, ist diese Trennung das immer wiederkehrende Thema:

> Die Familien werden auseinandergerissen, Männer, Frauen und Kinder. Es kommt vor, daß Kinder, die von der Schule nach Hause kommen, ihre Eltern nicht mehr vorfinden, oder daß Frauen, die Besorgungen gemacht haben, bei der Rückkehr vor der versiegelten Wohnung stehen, die Familie ist inzwischen weggeführt. [...]
>
> Die Kinder hier laufen in einem dünnen Blüschen herum mit Holzschuhen an den bloßen Füßen, ohne Mantel, Mütze oder Handschuhe. Sie haben nichts im Magen [...] ([13 Jahre, 7 Monate] S. 53f.)

Und wieder: „Kinder irren umher und suchen zwischen den Trümmern nach ihren Eltern." Schließlich kann sie es zulassen, von der panischen Angst zu sprechen, die sie selber hat:

> Wenn ich abends im Bett bin, habe ich schreckliche Visionen. Dann sehe ich mich allein im Gefängnis ohne Vater und Mutter. Manchmal irre ich irgendwo herum oder unser Hinterhaus steht in Flammen oder sie kommen des Nachts, um uns wegzuholen. [...]
>
> Ich sehe uns acht hier im Hinterhaus, als wären wir auf einem lichten Stück blauen Himmels inmitten schwerer, dunkler Regenwolken. Noch ist unser Platz sicher, aber die Wolken werden immer dichter und der Ring, der uns noch von der nahenden Gefahr trennt, immer enger. ([14 Jahre, 4 Monate] S. 93f.)

Im Laufe der Zeit wurden die Lebensumstände im Hinterhaus beschwerlicher. Anne trug Kleider, aus denen sie längst herausgewachsen war, schlief in einem Bett, das mit Hilfe eines Stuhls, auf dem ein Kissen lag, verlängert wurde, aß Nahrungsmittel schlechter Qualität und geringer Quantität. Aber wenn sie sich ihre entbehrungsreiche Situation einmal in aller Deutlichkeit bewußt macht, fühlt sie sich schuldig, weil sie klagt und doch weiß, daß sie in einer weit besseren Lage ist als andere Menschen. Das Glück, das sie trotz allem noch hat, erzeugt aber selbst bereits Schuldgefühle: „Ganz schlecht finde ich mich, weil ich hier in meinem warmen Bett liege, während meine besten Freundinnen irgendwo draußen, vielleicht in Wind und Wetter, furchtbar leiden, vielleicht schon zusammengebrochen sind." ([13 Jahre, 5 Monate] S. 47)

Zunehmend konzentriert sich ihr Schuldgefühl auf ihre Schulfreundin Lies, die sie eines Abends beim Einschlafen vor sich sieht: „Sie stand vor mir in Lumpen gekleidet mit eingefallenem, magerem Gesicht. Mit großen Augen sah sie mich traurig und vorwurfsvoll an, als wollte sie sagen: ‚Anne, warum hast du mich verlassen? Hilf mir doch! Rette mich aus dieser Hölle!'" ([14 Jahre, 5 Monate] S. 96) Der gesamte Eintrag ist voller Selbstanklagen. Anne findet einen vorgeblichen Grund für ihre Selbstkasteiung, indem sie die gegenwärtige Situation, ihr Gefühl, Lies im Stich gelassen zu haben, in die Vergangenheit zurückverlegt. Sie denkt an die gemeinsamen Schultage, als Lies sich mit einer neuen Freundin zusammentat und Anne selbst sich im Stich gelassen fühlte. Sie schildert nicht, was damals geschah; aber was immer auch gewesen sein mag, es kann ihre ungeheuren Selbstanklagen mit Sicherheit nicht rechtfertigen. „Ich habe sie falsch beurteilt [...]. Manchmal dachte ich vorübergehend an sie, um dann sehr egoistisch wieder in meinen Vergnügungen oder auch in meinen Sorgen aufzugehen. Es war häßlich, wie ich gehandelt habe [...]. Es ist zu spät, ich kann nicht mehr helfen und nicht wiedergutmachen, was ich damals versäumte." Annes Schuldgefühle werden von ihrer eigentlichen Ursache, die in der Gegenwart begründet ist, verschoben: „O Gott, daß ich hier alles habe, was ich mir wünschen kann, und sie ist dem harten Schicksal ausgeliefert! Sie war mindestens so fromm wie ich, sie wollte immer das Gute. Warum bin ich denn ausersehen zu leben, und sie soll vielleicht sterben?" ([14 Jahre, 5 Monate] S. 96f.) Annes angstvolle Fragen bringen die Schuldgefühle des Überlebenden zum Ausdruck.

Doch ganz kann sie ihre Sehnsucht, sich wie jeder normale Teenager zu amüsieren, nicht unterdrücken: „Tanzen möchte ich, pfeifen, radeln, die Welt sehen, meine Jugend genießen, frei sein! Das sag ich *hier*, aber zeigen darf ich es nicht." Daß Anne solche Sehnsüchte hegte, ist kaum überraschend. Es überrascht allerdings, daß Anne selbst unter Bedingungen, die diese alltäglichen Vergnügungen unmöglich machten, die normalen Entwicklungsprozesse der Adoleszenz durchlief. Anhand ihres Tagebuchs können wir diese Prozesse von Tag zu Tag verfolgen.

4.2 Annes Aufzeichnungen

Daß die Tagebücher Heranwachsender uns einen einzigartigen Zugang zu ihrem inneren Leben ermöglichen, ist bekannt (Bernfeld 1927, 1931; Mack 1980). Im Jahre 1915 äußerte sich Freud in einem Brief über das Tagebuch eines jungen Mädchens, auf das man ihn aufmerksam gemacht hatte:

> Das Tagebuch ist ein kleines Juwel. Wirklich, ich glaube, noch niemals hat man in solcher Klarheit und Wahrhaftigkeit in die Seelenregungen hineinblicken können, welche die Entwicklung des Mädchens unserer Gesellschafts- und Kulturstufe in den Jahren der Vorpubertät kennzeichnen. Wie die Gefühle aus dem kindlich Egoistischen hervorwachsen, bis sie die soziale Reife erreichen [...] und vor allem, wie das Geheimnis des Geschlechtslebens erst verschwommen auftaucht, um dann von der kindlichen Seele ganz Besitz zu nehmen, wie dieses Kind unter dem Bewußtsein seines geheimen Wissens Schaden leidet und ihn allmählich überwindet, das ist so reizend, so natürlich und so ernsthaft

> in diesen kunstlosen Aufzeichnungen zum Ausdruck gekommen, daß es Erziehern und Psychologen das höchste Interesse einflößen muß. (Freud 1919 i [1915] S. 456)

Im großen und ganzen ließe sich über Annes Tagebuch das gleiche sagen. Das Tagebuch ergänzt unsere Untersuchung fiktiver Werke insofern, als es im Unterschied zu diesen nicht überarbeitet wurde und keine kunstvoll gestaltete Literatur darstellt. Es führt uns Annes spontane Überlegungen, Eindrücke und Gefühle vor Augen, die sie nahezu Tag für Tag und über einen Zeitraum von mehr als 2 Jahren festhält.[3]

Ich bin der Ansicht, daß das Tagebuch sich als ergiebiger Gegenstand der Entwicklungsforschung erweist, weil es nicht nur einen Hort der Geheimnisse darstellt, die der Heranwachsende sonst nur widerwillig offenbart, sondern auch ein Protokoll seines Gedankenflusses. Es gibt uns, ähnlich wie die klinische Situation, Gelegenheit, nicht nur den *Inhalt* der Äußerungen, sondern ebenso ihre *Assoziationsreihe* zu betrachten. Wir können verfolgen, in welcher Verbindung Gedanken, Gefühle und Impulse im Tagebuch auftauchen; wir können hergestellte Zusammenhänge, assoziative Verknüpfungen und Auslassungen sorgfältig prüfen. Wir können zurückblättern, um den Kontext zu untersuchen, in dem ein neuer Gedankengang erstmals zutage trat. Wir können Veränderungen – des Themas, Tons, der Stimmung und des Stils – festhalten, die möglicherweise Angstmomente signalisieren. Die Analyse der Struktur wie auch des manifesten Inhalts eines Tagebuchs ermöglicht es uns, die Entwicklung und Auflösung von Konflikten in ihrem zeitlichen Verlauf zu untersuchen.

Wie ich bereits erwähnte, bekam Anne das Tagebuch zum 13. Geburtstag geschenkt. Das erste Selbstporträt macht uns mit einem aufgeregten Kind bekannt, das am Geburtstagsmorgen mit kaum zu zügelnder Ungeduld darauf wartet, seine Geschenke auspacken zu dürfen: „Am Freitag wurde ich schon um sechs Uhr wach. Das war begreiflich, denn ich hatte Geburtstag. Aber so früh durfte ich noch nicht aufstehen und mußte meine Neugier noch bezähmen bis dreiviertel sieben. [...] Nach sieben Uhr ging ich zu den Eltern und dann mit ihnen ins Wohnzimmer, um meine Geschenke anzusehen und auszupacken. Dich, mein Tagebuch, sah ich zuerst, und das war sicher das schönste Geschenk." (S. 9). Im 2. Eintrag schildert sie ihre Geburtstagsfeier, und die bezaubernde Mischung, in der hier kindliche und adoleszente Interessen nebeneinander stehen, zeigt uns, daß Anne sich in einer Übergangsphase ihrer Entwicklung befindet.

---

[3] Das bedeutet natürlich nicht, daß das Tagebuch von jeder bewußten oder unbewußten Zensur frei ist. Auf der Phantasieebene ist es gleichzeitig ein intimes Bekenntnis und ein Dokument, das sich an ein unsichtbares Publikum richtet. Im 3. Teil dieses Kapitels werde ich die vielfältigen, zuweilen widersprüchlichen Bedeutungen betrachten, die das Tagebuch für seinen Verfasser besitzt.

> Sonntagnachmittag hatte ich Geburtstagsgesellschaft. Wir haben einen Film vorgeführt, „Der Leuchtturmwärter" (mit Rin-tin-tin), der meinen Freundinnen sehr gefallen hat. Wir machten viel Unsinn und waren riesig vergnügt. Es waren viele Buben und Mädchen da. Mutter will immer wissen, wen ich später einmal heiraten möchte. Ich glaube, sie würde sich schön wundern, wenn sie wüßte, daß es Peter Wessel ist, weil ich immer so harmlos tue, wenn sie davon anfängt. ([13 Jahre, 0 Monate] S. 9)

Zu Beginn des Tagebuchs ist Anne also noch so kindlich, daß ein Film über die Abenteuer eines Hundes ihr Vergnügen bereitet. Auch die Geburtstagsfeier am Nachmittag, zu der sich eine undifferenzierte Gruppe von Jungen und Mädchen versammelt, ist für die Latenzphase charakteristisch. Der plötzliche Wechsel des Themas legt jedoch nahe, daß die für die Latenzphase charakteristischen Interessen allmählich in den Hintergrund treten und die Aufmerksamkeit sich dem anderen Geschlecht zuzuwenden beginnt. Noch aber wird dieses Thema in die Zukunft verwiesen und in Form der kindlichen Frage „Wen werde ich heiraten?" zum Ausdruck gebracht.

Es ist bemerkenswert, daß Anne ihre Mutter hier im Kontext eines Geheimnisses einführt, das sie vor ihr hütet. Immerzu fragt die Mutter, wen sie heiraten will, aber Anne hat sie erfolgreich hinters Licht geführt. Warum legt Anne Wert auf die Feststellung, daß sie ihre Pläne vor der Mutter geheimhält? Peter Wessel, der junge Mann, den sie zu heiraten beabsichtigt, wird später in einem Traum wiederkehren, und in diesem Zusammenhang wird Anne mehr über ihn berichten. Er ist groß und schlank und älter als Anne. Die beiden hatten einen Sommer miteinander verbracht, aber er ließ sie fallen, weil er sie zu kindlich fand, und freundete sich mit einem Mädchen an, das in seinem Alter war und Annes heftige Eifersucht erregte. Die ödipale Aura, die diese Gestalt umgibt, läßt uns ahnen, weshalb Anne die Mutter über ihre wahren Absichten im dunkeln lassen will.

Unmittelbar nachdem sie das vor der Mutter gehütete Geheimnis erwähnt hat, wenden Annes Gedanken sich ihren Freundinnen zu. Ohne Überleitung schreibt sie, daß die beiden Mädchen, die viele Jahre lang ihre besten Freundinnen waren, sich nun von ihr abgekehrt haben. Die eine besucht eine andere Schule, und die zweite, Lies, ist mittlerweile mit einem anderen Mädchen enger befreundet: An ihre eigene Reaktion auf diesen Bruch wird Anne sich später voller Angst erinnern. Ihre Schilderung über den Verlust ihrer besten Freundinnen ist mehr als ein bloßer Tatsachenbericht. Im Kontext ihrer Assoziationen wird sie zur Metapher der Entfremdung, die Anne in bezug auf ihre Mutter wahrzunehmen beginnt. Obgleich sich deutlich zeigt – und noch deutlicher zeigen wird –, daß Anne selbst sich zurückzieht, lassen ihre Assoziationen nichtsdestoweniger darauf schließen, daß sie sich im Stich gelassen fühlt. Hier, auf den ersten Seiten des Tagebuchs, findet sich die erste Andeutung eines Themas, das im Laufe der Zeit immer wichtiger werden wird.

Das sexuelle Interesse, das die Jungen an ihr bekunden, findet in Annes Gefühlen noch keine Resonanz. Sie schildert, daß sie ihre „verliebten

Blicke“ nicht zur Kenntnis nehme und „vergnügt weiterradle“. Wenn die Jungen noch aufdringlicher werden, gibt sie ihnen zu verstehen, daß sie bei ihr an der „falschen Adresse“ sind: „Ich steige ab und erkläre, daß ich auf die Gesellschaft verzichte, oder ich bin sozusagen beleidigt und schicke sie glatt nach Hause.“ Der 13jährigen Anne sind die Beziehungen zu ihren Freundinnen am wichtigsten; die Jungen bleiben noch im Reich der Phantasie.

Anne macht das Tagebuch tatsächlich zu einer Freundin. Jeder Eintrag stellt einen Brief dar, beginnt mit „Liebe Kitty“ und ist mit „Anne“ unterzeichnet. In der Intimität ihrer Phantasie wird Kitty lebendig, so als sei sie eine wirkliche Freundin, die Anne mit dem, was sie ihr erzählt, überraschen, traurig stimmen oder sogar langweilen kann. Ich werde die Bedeutung dieses imaginären „Anderen“ im letzten Teil dieses Kapitels untersuchen; im vorliegenden Zusammenhang ist relevant, daß Anne ihre Freundschaft begründet, indem sie Kitty versichert, sie habe an Jungen keinerlei Interesse. Nachdem sie die Methoden beschrieben hat, mit denen sie ihre Annäherungsversuche abwimmelt, beschließt sie ihren Brief an „Kitty“ mit dem Satz: „So, nun ist der Grundstein für unsere Freundschaft gelegt, Kitty! Bis morgen!“

Die ersten Einträge lassen also vermuten, daß Anne sich zu Beginn des Tagebuchs an einem Übergangspunkt ihrer Entwicklung befindet. Zwar lassen sich noch Überreste der Interessen beobachten, die die Latenzphase charakterisierten; zugleich aber erlebt Anne als 13jährige bereits die ersten Konflikte der frühen Adoleszenz. Zu Anfang sind es Beziehungen zum eigenen Geschlecht, die emotional für sie die größte Bedeutung haben. Dies ändert sich im Laufe der 2 Jahre, die das Tagebuch umfaßt. Wir werden die Entwicklung des zentralen unbewußten Themas der mittleren Adoleszenz – das Wiederaufleben des Ödipuskomplexes und den Beginn seiner Auflösung – verfolgen und zugleich beobachten, daß die starke präödipale Bindung an die Mutter weiterhin zum Anlaß heftiger Konflikte wird. Die Bindungen an beide Eltern verlieren an Intensität, als Anne sich neuartiger, sexueller Empfindungen und Regungen bewußt wird und sich zum erstenmal verliebt. Seite für Seite können wir verfolgen, auf welche Weise diese neue Beziehung die Auflösung der für die mittlere Adoleszenz charakteristischen Konflikte einleitet.

Mit Annes Tagebuch verfügen wir über eine klassische Darstellung des Wiederauflebens ödipaler Leidenschaften. Sie betet ihren Vater an und kann ihre Mutter nicht ausstehen. Sie ist auch auf andere Frauen in seinem Leben eifersüchtig. Als Frau van Daan, die sich recht kokett gibt, mit ihm flirtet, „ihre ‚schönen' Beine“ zeigt und „versucht witzig zu sein“, kann Anne sich nicht beherrschen und weist sie schroff in ihre Grenzen. Auch wenn der Vater zärtlich zu ihrer Schwester ist, wird sie eifersüchtig:

> Ich habe sie lieb, weil sie nun einmal Mutter und Margot sind. Mit Vater ist das etwas ganz anderes. Wenn er Margot vorzieht, sie lobt, alles gut findet und

> zärtlich mit ihr ist, dann nagt etwas in mir. Denn Vater ist mein Alles! Er ist mein leuchtendes Vorbild, und ich liebe ihn wie niemand auf der Welt.

Der Absatz schließt: „Ich erwarte von Vater etwas, was er mir gar nicht geben kann. [...] Was ich mir wünsche, ist Vaters echte, wahre Liebe, nicht nur als Kind, sondern als der Mensch *Anne*" ([13 Jahre, 4 Monate] S. 41).

Es ließen sich noch zahlreiche Beispiele dieser Art anführen: „Mama hat mir heute morgen wieder eine große Predigt gehalten. Ich kann das nicht haben. Unsere Meinungen sind zu verschieden. Vater versteht es ganz anders, auch wenn er mal fünf Minuten böse ist" ([13 Jahre, 2 Monate] S. 26). „Krach mit der Mutter gehabt zum so und so vielten Male in der letzten Zeit! Wir verstehen uns oft nicht [...]. Ich habe eine ganz andere Natur als Mutter und Margot. [...] Wäre Vater nicht immer so geduldig, hätte ich die Hoffnung schon längst aufgegeben, mich zu bessern. Dabei sind die Wünsche der Eltern wirklich zu erfüllen" ([13 Jahre, 2 Monate] S. 31 f.). „Ich bin in allem genau das Gegenteil von Mutter, und so müssen wir aufeinanderprallen" ([13 Jahre, 4 Monate] S. 41). Anne ist sich sicher, daß sie selbst eine geeignetere und entgegenkommendere Ehefrau wäre als ihre Mutter.

In der Tat hat sie mit ihrem Vater vieles gemeinsam und fühlt sich von ihm geliebt, wenn auch nicht auf die Weise, wie sie es sich eigentlich wünscht. Zusammen lernen sie Englisch, brüten über Mathematikaufgaben, diskutieren über Bücher. Als das 2. Weihnachtsfest im Hinterhaus bevorsteht und es nichts mehr gibt, was man sich schenken könnte, verfassen sie in gemeinsamer Arbeit für jede Person ein kleines Gedicht, das sie im Schuh des Betreffenden verstecken. Aber als Anne versucht, mit dem Vater ein Bündnis gegen ihre Mutter zu schmieden, weist er ihre Bemühungen freundlich zurück. Er versteht, was Anne nicht verstehen kann – daß die Intensität ihrer Gefühle zu ihm sich im Laufe der Zeit mildern wird.

> Gestern war wieder ein schrecklicher Zusammenstoß. Mutter hat Pappi alle meine Sünden erzählt, aber sehr übertrieben. Sie hat geweint, ich natürlich auch, und ich hatte schon so schreckliche Kopfschmerzen. Ich habe Pappi nun auch gesagt, daß ich *ihn* viel lieber habe. Pim sagt, daß das auch wieder anders würde, aber ich glaube es nicht. ([13 Jahre, 3 Monate] S. 36)

Annes Einträge über die Mutter sind im ersten Teil des Tagebuchs eine Litanei von Anklagen. Selbst wenn diese etwas tut, was Anne eigentlich gefallen müßte, nimmt sie es nur zum Anlaß für sarkastische Äußerungen: „Liebe Kitty! Darf ich bekannt machen? Mama Frank, Vorkämpferin für die Jugend! Extra Butter für die Jugendlichen, zeitgemäße Jugendprobleme! Immer setzt Mutter sich für uns und Peter ein – und nach einer gehörigen Auseinandersetzung erreicht sie auch, was sie will" ([13 Jahre, 9 Monate] S. 58). Unmittelbar anschließend und scheinbar ohne Bezug zum Vorangegangenen kommen Anne dann die beiden Katzen in den Sinn, die in den nun von den „Untertauchern" bewohnten Räumlichkeiten gehaust hatten: „Wenn sie sich dann irgendwo trafen, gab es immer schwere Kämpfe." Das ist nun genau die Situation von Anne und ihrer Mutter: immer hatten sie gerade ihren „so und so vielten Krach“, einen „schrecklichen Zusammenstoß“. In dieser nervösen, labilen Atmosphäre kann die geringste Kleinigkeit eine Explosion auslösen.

Immer wieder kommt Anne darauf zu sprechen, wie sehr die Mutter sie enttäuscht hat, weil sie der idealisierten Gestalt ihrer kindlichen Vorstellung nicht mehr entspricht: „Vor meinem geistigen Auge sehe ich ein Mutter- und Frauenideal, aber davon finde ich nichts bei *ihr*, der ich den Namen Mutter geben muß.“ Sie versucht, sich innerlich von ihrer Mutter zu befreien, indem sie deren Einfluß verleugnet, ihre eigene Identifizierung mit ihr verleugnet, ja, ihr selbst die Mutterschaft abspricht: „Ich selbst muß meine Mutter sein. Ich habe mich von ihnen abgesondert, ziehe meine eigene Straße. Wer weiß, wo ich noch landen werde? [...] Ich muß mich selbst vervollkommnen, ohne Vorbild und ohne Hilfe, dann werde ich später stark und widerstandsfähig sein“ ([13 Jahre, 4 Monate] S. 41).

In den frühen Tagebucheinträgen sind Annes Äußerungen über die Mutter aus einem Guß, nämlich durchgängig kritisch. Doch es kommt eine Zeit, in der sie zurückblickt und sich über ihre eigenen Gefühle Gedanken macht. Als sie noch einmal nachliest, was sie in ihr Tagebuch geschrieben hat, erschrickt es sie zu sehen, daß ihre von der Mutter handelnden Einträge „beinahe jähzornig“ waren und „so voller Haß“. Zum erstenmal gibt sie zu, daß ihre Mutter auch versöhnende Eigenschaften hat und sie selbst an dem labilen Zustand, der zwischen ihnen besteht, nicht ganz unschuldig ist:

> Oft war ich wütend auf Mutter, bin es manchmal noch. Sie verstand mich nicht, das stimmt, aber ich verstand sie auch nicht. Ich bin ihr Kind, und sie ist gut und zärtlich zu mir. Da ich sie aber auch häufig in unangenehme Situationen gebracht habe, ist es verständlich, wenn sie mich dann ausschalt. Denn dadurch und durch alles andere, was sie durchmacht, mußte sie nervös und reizbar werden. Ich habe das nicht erkannt, war beleidigend, frech und ausfallend, und dann wurde sie traurig. So entstand ein Hin und Her von Mißverständnissen und Verdruß, und das war für uns beide nicht schön. Aber nun ist es vorbei! ([14 Jahre, 6 Monate] S. 101 f.)

Hier macht Anne ihre retrospektive Entstellung – ihre Überzeugung, daß alles schon immer so gewesen sei – rückgängig und erkennt an, daß es früher anders war und in der Zukunft möglicherweise anders sein wird. Sie bringt Reue über die Gefühle zum Ausdruck, die sie hegte, und erkennt abschließend ihren Trotz, wenn sie sich beruhigend versichert, „daß es besser ist, hier auf dem Papier zu schelten als Mutter ins Herz zu treffen“.

Wie läßt sich dieser plötzliche Umschwung erklären? Um den Kontext zu untersuchen, blättere ich einige Seiten zurück: was ging Annes gegenwärtigem Gefühlszustand voraus? Im dem zuvor verfaßten Beitrag hatte sie von ihrer Großmutter geschrieben, die nun tot ist: „Oma, liebe Oma! Zu wenig haben wir begriffen, was sie gelitten hat. [...] Immer war Oma lieb und gut, und niemals wäre einer ohne Rat und Trost oder Hilfe von ihr gegangen.

Was auch war, und war ich noch so ungezogen, Oma fand für alles eine Entschuldigung" ([14 Jahre, 6 Monate] S. 100). Diese Stimmung bleibt unverändert, wenn Annes Gedanken sich nun ihrer Freundin Lies zuwenden, die, so glaubt sie, vielleicht ebenfalls schon tot ist. Sie begreift, daß das mutmaßliche Schicksal der Freundin ebensogut ihr eigenes hätte sein können, klagt sich der Selbstsüchtigkeit und Feigheit an und glaubt, nicht zu verdienen, was Gott ihr gibt. Als ihre Gedanken sich auf den Verlust dieser 2 wichtigen weiblichen Gestalten konzentrieren, fühlt Anne sich beiden gegenüber schuldig; in diesem Kontext bekommt sie plötzlich Angst vor der Intensität des Zorns, den sie auf ihre Mutter empfand. Die Erfüllung ihrer zornigen Wünsche war eine nur allzu realistische Möglichkeit.

Mit dem nur wenige Tage später verfaßten Eintrag aber nimmt Anne ihre Litanei von Vorwürfen wieder auf. Sie gräbt eine alte Geschichte wieder aus und grübelt erneut über die Unzulänglichkeiten ihrer Mutter nach. Wieder mißt sie die Mutter an einem imaginären Ideal, und wieder stellt sie fest, daß diese ihm nicht gerecht wird („In meiner Vorstellung ist eine Mutter in erster Linie ein Mensch [...]").

Warum muß Anne ihre Rolle als zornige Kritikerin der Mutter so rasch wieder aufnehmen? Auch hier erweist sich die Abfolge ihrer Gedanken und Gefühle als aufschlußreich. Der Eintrag, in dem die Kritik an der Mutter neu auflebt, beginnt mit der Kitty zugedachten Ankündigung: „Heute muß ich Dir zweierlei *gestehen*" (Hervorhebung K.D.). Das erste *Geständnis* bezieht sich auf die Mutter – Anne setzt ihre Klagen fort. Von „dem zweiten zu sprechen, das mich selbst betrifft", kostet sie „viel Mühe". Es geht um das Erwachen sexueller Gefühle, und Anne bringt dieses Thema im Zusammenhang mit einem Artikel zur Sprache, den sie gelesen hat. Die Autorin dieses Beitrags schildert, in welcher Weise sich junge Mädchen mit den Veränderungen der Pubertät auseinandersetzen. Anne bemerkt dazu: „So ist es in letzter Zeit auch bei mir, und ich geniere mich jetzt auch vor Margot und den Eltern." Intuitiv nimmt sie also wahr, daß zwischen dem Heranreifen ihres Körpers und dem Bedürfnis, sich aus ihrer Familie zurückzuziehen, ein Zusammenhang besteht.

Freudig und mit Wohlgefallen spricht Anne über die Veränderungen ihres eigenen Körpers und fährt dann fort:

> Mitunter kann ich es des Abends nicht unterlassen, meine Brüste zu betasten und zu hören, daß mein Herz sicher und ruhig schlägt.
>
> Schon früher, ehe ich hierher kam, empfand ich unbewußt Ähnliches, denn einmal, als ich bei einer Freundin übernachtete, fragte ich sie, ob wir als Beweis unserer Freundschaft uns gegenseitig die Brüste befühlen wollten, aber sie weigerte sich. Ich fand es immer schön, sie zu küssen, und habe es auch getan. Jedesmal gerate ich in Ekstase, wenn ich eine nackte Frauengestalt sehe, z. B. eine Venus. Das ist etwas so Schönes, daß ich an mich halten muß, um nicht zu weinen!
>
> Ach, wenn ich doch eine Freundin hätte! ([14 Jahre, 6 Monate] S. 103f.)

Selten wurde das Erwachen der adoleszenten Sexualität mit solcher Sensibilität beschrieben. Dieser Textpassus markiert einen Wendepunkt in Annes Tagebuch und in ihrer Entwicklung.

Was uns v. a. auffällt, ist die Tatsache, daß die sexuellen Sehnsüchte, die Anne Kitty „gesteht", sich auf das Muttersymbol schlechthin – die Brüste – konzentrieren. Sie sind das Objekt sowohl ihrer masturbatorischen als auch ihrer homosexuellen Impulse. Unmittelbar anschließend wenden ihre Gedanken sich der Venus zu, deren nackte Gestalt so schön ist, daß es Anne schwer fällt, nicht zu weinen. Angesichts der ungeheueren Wirkung, die dieses zeitlose weibliche Idealbild auf Anne ausübt, fühlen wir uns an ihre unaufhörlich wiederholten Beteuerungen erinnert, wie weit ihre eigene Mutter diesem Ideal entfernt sei.

Der vorliegende Tagebucheintrag läßt aufgrund seiner unmittelbaren Verbindung der beiden „Geständnisse" vermuten, daß in Annes Zorn auf die Mutter, der hier mit voller Macht zurückkehrt, nicht nur die Eifersucht der ödipalen Rivalin zum Ausdruck kommt. Der Zorn dient der Abwehr. Er stellt einen Versuch dar, sich aus einer Bindung zu lösen, die von Anne nun, mit dem Aufwallen erwachsener Impulse, als eine homosexuell getönte Beziehung erlebt wird. Die beiden „Geständnisse", die Anne nebeneinanderstellt, haben einen inneren Zusammenhang. Das erste, das Wiedererwachen ihrer Wut auf die Mutter, ist ein Versuch, abzuwehren, was nichtsdestoweniger zutage tritt – die homosexuelle Sehnsucht, Anlaß und Inhalt ihres zweiten „Geständnisses".

Ungemein beeindruckend beschreibt Anne, ebenfalls in diesem Eintrag, ihre Reaktion auf die Veränderungen ihres Körpers. Dieser Text läßt den Leser die qualvollen Umstände, unter denen er geschrieben wurde, und das Schicksal, dem Anne schließlich zum Opfer fiel, vergessen. Er fühlt sich in Annes innere Welt hineingezogen:

> Es kostet mich viel Mühe, von dem zweiten zu sprechen, das mich selbst betrifft. Ich habe gestern einen Artikel von Sis Heyster gelesen über Erröten. Mir war, als spräche sie zu mir – obgleich ich nicht so schnell erröte. Aber alles andere ist wie für mich zugeschnitten. Sie sagt, daß ein Mädchen in den Entwicklungsjahren ruhiger und nachdenklich wird und sich mit dem Wunder beschäftigt, das sich mit und in ihrem Körper vollzieht. So ist es in letzter Zeit auch bei mir [...] Ich empfinde nicht nur das Seltsame der äußeren Veränderung, vielleicht mehr das, was sich da innen verwandelt. Gerade weil ich über das, was mich da bewegt, mit niemandem spreche, versuche ich, mir selbst darüber klar zu werden.
>
> Jedesmal, wenn ich unwohl bin – und das ist bis jetzt 3mal gewesen –, habe ich das Gefühl, trotz der Schmerzen, des Unangenehmen und Ekligen, ein süßes Geheimnis mit mir zu tragen. Trotz aller Beschwerden freue ich mich auf die Zeit, in der ich es von neuem fühle. ([14 Jahre, 6 Monate] S. 103)

In diesem Text verschafft sich die Freude über ihre künftige Weiblichkeit in einer regelrechten Hymne Ausdruck.

Die hier vermittelte Stimmung steht im Widerspruch zu den meisten psychoanalytischen Arbeiten über das Erleben des Mädchens, die in der

Regel die negativen Auswirkungen der Menarche – ihre regressiven und angstauslösenden Aspekte – hervorheben.[4] Annes Tagebuch lenkt unsere Aufmerksamkeit auf einen weiteren Aspekt dieses komplexen Ereignisses. Sie bezeichnet die Menstruation als ein „süßes Geheimnis" und schreibt, daß sie sich darauf freut, „es von neuem" zu fühlen. Natürlich repräsentiert ihre Darstellung nicht die unbewußte Phantasie, wie sie sich im Laufe der Zeit in der psychoanalytischen Situation zu erkennen gibt, sondern vielmehr das bewußte Erleben. Aber das Tagebuch bietet einen anderen Anhaltspunkt, der einer bewußten Kontrolle weniger unterworfen ist: Annes Sprache. Die Metaphorik, die sich in den sie selbst betreffenden Aufzeichnungen nun allmählich entfaltet, legt nahe, daß der Beginn der Menstruation mit einer tiefgreifenden Veränderung der psychischen Repräsentation ihres Körpers wie auch ihrer Selbstrepräsentanz verbunden ist.

Diese Veränderung deutet sich erstmals in dem Text an, in dem sie ihre Reaktion auf die Entwicklung ihres Körpers beschreibt. Ich habe diesen Abschnitt bereits in voller Länge zitiert, wiederhole hier jedoch einzelne Sätze und hebe bestimmte Stellen besonders hervor: „Man sagt, daß ein Mädchen in den Entwicklungsjahren *ruhiger und nachdenklich* wird und sich mit dem Wunder beschäftigt, das sich mit und *in ihrem Körper* vollzieht. [...] Ich empfinde nicht nur das Seltsame der äußeren Veränderung, vielmehr das, *was sich da innen verwandelt*. [...] Jedesmal, wenn ich unwohl bin [...], habe ich das Gefühl, *ein süßes Geheimnis mit mir* zu tragen" (S. 103). Ohne Zweifel wird Anne sich ihres Körperinneren nun stärker bewußt. In den folgenden Wochen und Monaten beschreibt sie das Erwachen sexueller Empfindungen. Ich werde dieses Thema später noch genauer verfolgen; im gegenwärtigen Kontext möchte ich nur auf die Formulierungen verweisen, in denen es zum Ausdruck kommt: „Ich fühle den erwachenden Lenz, fühle ihn in meinem ganzen Körper und in meiner Seele." „Ich habe [Peter] den ganzen Tag absichtlich nicht zuviel angesehen, denn wenn ich es tat, guckte er auch gerade, und dann hatte ich ein so herrliches Gefühl, das ich besser nicht zu oft haben sollte." „Dabei sah er mich mit einem warmen, sanften Blick an, so daß mir auch von innen ganz

---

[4] Deutsch (1944) widmete diesem Thema ein Kapitel ihres Werkes *Psychologie der Frau* und wies eine Vielzahl von Bedeutungen nach, die dieses Ereignis für ein Mädchen haben kann, um ihre Beobachtungen dann in der Feststellung zusammenzufassen, daß „die erste Menstruation meist als Trauma erlebt wird" (Bd. 1, S. 141). Darstellungen jüngeren Datums (z. B. Harley 1971; Ritvo 1976) halten an dieser Betonung häufig fest und verknüpfen die Menstruation mit früheren Kastrationsphantasien, Bestrafungsphantasien im Zusammenhang mit der Masturbation sowie mit Exkretionsphänomenen in Analogie zu urinalen und analen Funktionen. Eine Ausnahme bildet Kestenbergs (1961) Auffassung, daß sowohl das Körperbild als auch die Gedankenprozesse des Mädchens mit Beginn der Menstruation an Eindeutigkeit und Klarheit gewinnen. Vgl. in diesem Zusammenhang auch Hart u. Sarnoff (1971); Shopper (1979).

warm und sanft zumute wurde." „Wenn er mich ansieht, lacht oder mit den Augen zwinkert, ist es, als ginge ein Licht in mir auf." Und nachdem sie gemeinsam mit Peter ein Mozart-Konzert gehört hat, schreibt sie: „Ich kann nicht gut zuhören, wenn alle dabei sind, weil schöne Musik mich immer tief bewegt."

Das neue Bewußtsein für ihr „Inneres" zeigt sich nicht nur in sexuellen Zusammenhängen. Es durchdringt die gesamte Metaphorik, mit der Anne ihr verwandeltes Selbstgefühl nun beschreibt. In einer umfassenden Betrachtung ihrer eigenen Entwicklung stellt sie nach 1 1/2 Jahren im Hinterhaus fest, daß sie während ihrer Schulzeit eine ganz andere Anne war als jene, „die nun hier so vernünftig geworden ist". Sie vergleicht ihr früheres, immerzu nach außen orientiertes Selbst mit ihrem jetzigen Selbst, das wahrnimmt, was in seinem Innern vorgeht. Nun hat sie „das Glück in mir selbst und außen meinen Panzer von Oberflächlichkeit und Fröhlichkeit" entdeckt. Die immer wiederkehrenden Metaphern beziehen sich auf das Äußere und das Innere. Entsprechende Bilder benutzt sie auch, wenn sie ihre Entwicklung zur Frau beschreibt: „Ich weiß, daß ich eine Frau bin, eine Frau mit innerer Kraft und viel Mut." Einen Monat später schreibt sie: „Jeden Tag fühle ich, daß ich innerlich wachse". Und in dem Eintrag, der schließlich ihr letzter sein sollte, kehrt die gleiche Metaphorik wieder. Hier schreibt Anne, daß sie 2 Seiten habe; nach außen ist sie unbeschwert und fröhlich, das ist die „leichte" Anne; ihre andere Seite, die innere oder „schwerere" Anne, ist „schöner und besser".

> Ich weiß genau, wie ich sein möchte, wie ich auch bin... innen, aber leider bin ich es nur für mich allein. Und das ist vielleicht, nein, ganz sicher, der Grund, aus dem ich mich selbst eine glückliche Innennatur nenne und andere Menschen finden, daß ich eine glückliche Außennatur habe. Innen weist die reine Anne mir den Weg, äußerlich bin ich nichts anderes als ein vor Ausgelassenheit hüpfendes Geißlein ([15 Jahre, 1 Monat] S. 200).

Die „Innen/Außen"-Metaphorik, für die der spätere Teil des Tagebuchs zahlreiche Beispiele bietet, taucht in den 1. Monaten kaum auf. Nachdem Anne vom Beginn ihrer Menstruation und ihrer Vorfreude auf das „süße Geheimnis" berichtet hat, reflektieren die folgenden Tagebucheinträge auf vielfältige Weise ein erhöhtes Bewußtsein für ihr „Inneres".

Der Beginn der Menstruation liefert dem Mädchen den ersten greifbaren Beweis für die Existenz des unsichtbaren, nicht spürbaren Uterus – es kommt erstmals mit ihm in „Kontakt". Wir können die Menarche als ein Element in einer Reihe überaus wichtiger Erfahrungen betrachten, die dem Mädchen sukzessiv die *subjektive Realität* seiner inneren Geschlechts- und Fortpflanzungsorgane erkennbar werden lassen. In Annes Tagebuch beobachten wir den Beginn einer tiefgreifenden Veränderung der psychischen Repräsentanz des Körpers und, damit einhergehend, ihrer Selbstrepräsentanz, die sich in ihrem Sprachgebrauch unmittelbar niederschlägt.

In Annes Tagebuch ist der Beginn der Menstruation mit den ersten Regungen sexueller Gefühle verbunden. Nachdem sie Kitty mitgeteilt hat, daß sie nun menstruiert, beschreibt Anne ihren Wunsch, ihre eigenen Brüste und die einer Freundin zu berühren. Dieser Abschnitt endet mit dem verzweifelten Ausruf: „Ach, wenn ich doch eine Freundin hätte!" Die Frage, ob Anne unter normalen Lebensumständen zu diesem Zeitpunkt eine homosexuell getönte Freundschaft jener Art entwickelt hätte, wie sie für die frühe Adoleszenz charakteristisch ist, läßt sich nicht beantworten. Wie die Dinge lagen, war Peter van Daan die einzige Person ihres Alters, mit der Anne außerhalb der Familie Kontakt hatte. Und ihm wendet sie sich nun zu.

Am selben Tag noch – dem Tag also, an dem Anne über ihre sexuellen Sehnsüchte berichtete – fand sie einen Vorwand, um mit Peter alleine zusammzusein. Sie bot ihm an, ihm bei seinen Kreuzworträtseln zu helfen, und berichtet, daß sie einander an seinem Tisch gegenübersaßen, er auf dem Stuhl und sie auf dem Diwan. Über diese gemeinsam verbrachte Zeit schreibt sie:

> Es war mir jedesmal wunderlich zumute, wenn ich in seine dunkelblauen Augen sah und ihn mit seinem Lächeln um den Mund beobachtete. [...] Auf seinem Gesicht stand seine ganze Unsicherheit und Hilflosigkeit und doch gleichzeitig ein Anflug vom Bewußtsein seiner Männlichkeit. Diese Verlegenheit ließ mich ganz sanft werden und immer wieder seine Augen suchen. ([14 Jahre, 6 Monate] S. 104)

Man vergleiche diese Sätze mit Annes Schilderung ihres ersten Eindrucks von Peter, als die van Daans ins Hinterhaus einzogen: Ein „ziemlich langweiliger und verlegener Bursche von 16 Jahren, von dessen Gesellschaft ich mir nicht viel verspreche". Eine Woche später fiel ihr Urteil kaum positiver aus: „Peter ist auch nicht netter geworden. Er ist langweilig, faulenzt den ganzen Tag auf seinem Bett herum, tischlert mal ein bißchen und dann döst er wieder. Ein richtiger Döskopp!"

Nachdem sie Kitty ihren langen Besuch bei Peter geschildert hat, erzählt Anne, daß sie an jenem Abend im Bett noch über ihn nachgedacht habe. Rasch fügt sie hinzu: „Du mußt nicht denken, daß ich in ihn verliebt bin, davon ist keine Rede." Anschließend schreibt sie, daß sie in eben jener Nacht von Peter geträumt habe – nicht von diesem Peter, sondern von Peter Wessel, der weit weg ist und ihr nicht gefährlich werden kann:

> Heute morgen wurde ich schon vor sieben Uhr wach und wußte gleichzeitig ganz deutlich, was ich geträumt hatte. Ich saß am Tisch und mir gegenüber Peter... Wessel. Wir blätterten in einem illustrierten Buch. Der Traum war so deutlich, daß ich mich genau der Zeichnungen erinnern kann. Es ging auch noch weiter. Unsere Blicke begegneten sich, und lange sah ich in Peters schöne, sammetbraune Augen. Dann sagte Peter ganz sacht und leise: „Wenn ich das gewußt hätte, wäre ich schon längst zu Dir gekommen!"
>
> Brüsk drehte ich mich um, weil die Rührung in mir zu mächtig wurde. Da fühlte ich ganz sanft und zart Peters Wange an der meinen, und mir war so wohl,

ach, so wohl! Als ich wach wurde, glaubte ich, seine Berührung noch zu fühlen, und mir war, als hätten seine lieben, braunen Augen tief in mein Herz gesehen und darin gelesen, wie gern ich ihn hatte und daß ich ihn jetzt noch liebe. ([14 Jahre, 6 Monate] S. 104f.)

Annes Interpunktion – die Auslassungspunkte nach „Peter" stammen von ihr selbst – unterstreicht die Doppeldeutigkeit, die dieser Name in ihrem Traum besitzt. (Bezeichnenderweise setzte sie Auslassungspunkte auch hinter „mir war so wohl, ach, so wohl!")[5] In seinem manifesten Kontext transponiert der Traum ganz einfach Annes Erlebnis mit Peter van Daan vom vorangegangenen Nachmittag: Sie und „Peter" sitzen einander gegenüber, beschäftigen sich mit Büchern oder Zeitschriften, und ihre Augen begegnen sich auf eine Weise, die sie sexuell erregt. In ihrem Traum hat Anne den Wunsch, daß ihr Kontakt intensiver geworden wäre, sie seine Wange an der ihren gefühlt hätte, er mit seinen Augen tief in sie eingedrungen wäre.

Im übrigen Teil dieses Eintrags sowie in der anschließenden Aufzeichnung finden wir einige Assoziationen zu diesem Traum. Anne schreibt, daß das Bild von Peter sie an drei andere Traumbilder erinnere, die sie ebenso deutlich vor sich sah. Das 1. zeigte ihre Großmutter väterlicherseits, die ihr „eines Nachts [...] so deutlich [erschien], daß ich die Sammetfältchen in ihrer Haut zu sehen meinte". Danach sah sie die Großmutter mütterlicherseits, die als „Schutzengel" zu ihr kam. Das 3. Traumbild zeigte ihre Freundin Lies, „die für mich ein Symbol ist von all dem Unglück, das meine Freundinnen und die Juden betroffen hat".

Die 3 Gestalten, mit denen Peter in Annes Assoziationen verknüpft ist, sind wichtige Menschen, die sie geliebt hat – und bezeichnenderweise ausnahmslos weibliche Gestalten. Die beiden ersten, ihre Großmütter, stellen offensichtlich Mutterfiguren dar. Die erste erblickt sie so nah vor sich – sie meint, „die Sammetfältchen in ihrer Haut zu sehen" –, daß es sich, ähnlich der frühesten Wahrnehmung der Mutter durch den Säugling, eher um einen taktilen Eindruck als um ein visuelles Bild handelt. Die zweite Mutterfigur wird als beschützend und omnipotent erlebt. Das dritte dieser Traumbilder zeigt Annes beste Freundin, Lies, und wir wissen, daß die Beziehung zwischen den beiden im Laufe der Zeit problematisch geworden war. In den Schultagen hatte Anne sich von Lies im Stich gelassen gefühlt; nun hat sie das Gefühl, daß sie Lies im Stich gelassen hat und ein gefahrloses Leben führt, während Lies vielleicht tot ist. Nicht nur Wärme, sondern auch Eifersucht, Wut und Schuldgefühle kennzeichneten die Beziehung der beiden Mädchen.

Man kann jede dieser 3 weiblichen Gestalten als einen Aspekt der Mutterimago betrachten. Die Reihenfolge, in der sie in Erscheinung treten, nimmt sogar eine Entwicklungssequenz wieder auf. Die ersten beiden

[5] In der hier zitierten deutschen Ausgabe nicht enthalten. A.d.Ü.

Frauen verweisen auf die omnipotente, magisch-beschützende Mutter im ganz frühen Erleben des Säuglings, die dritte auf die Mutter der anschließenden Separationsphase, die zwangsläufig zum Objekt intensiver Ambivalenz wird. Als Anne im Begriff ist, sich zu verlieben, scheinen die Assoziationen zu ihrem Traum die Vorläufer dieser neuen Beziehung zu reaktivieren. In ihnen wird die starke, präödipale Mutterbindung wieder lebendig, die nun z. T. von dieser neuen Liebe abgelöst wird.

Die Einbeziehung der beiden Großmütter verknüpft die Gefühle, die Anne für Peter empfindet, nicht nur mit ihrer Mutter, sondern auch mit ihrem Vater. Der Leser wird sich erinnern, daß Peter Wessel bereits auf den ersten Seiten des Tagebuchs erwähnt wurde, nämlich in Annes Schilderung ihrer Geburtstagsfeier. Der Kontext, in dem er damals auftauchte, war ein Geheimnis, das Anne erfolgreich vor der Mutter hütete, nämlich ihre Absicht, ihn zu heiraten. Nun teilt Anne uns weitere Informationen über diesen jungen Mann mit. Er war „groß, schlank, hübsch gewachsen" und älter als sie: Obgleich sie einen Sommer lang unzertrennlich waren – „die erste Kinderverliebtheit kriegte mich zu packen" –, ließ er sie später fallen, weil er sie für ein „kleines Balg" hielt. Statt dessen „verkehrte [er] nur mit Mädels seines Alters, und mich grüßte er nicht einmal, aber ich konnte ihn nicht vergessen" und „war nie mehr verliebt". Anne war sehr eifersüchtig auf diese älteren Mädchen. Gleichaltrige Jungen bekundeten ihr Interesse, doch vermochte sie ihre Gefühle nicht zu erwidern, „im Gegenteil: während ich älter und reifer wurde, wuchs meine Liebe mit mir. Nun kann ich verstehen, daß Peter mich damals zu kindlich fand, und doch empfand ich es immer schmerzlich, daß er mich so schnell vergessen hatte" ([14 Jahre, 6 Monate] S. 106). Aus ihren Worten spricht die ganze Qual der ödipalen Sehnsüchte.

Der abwesende „Peter Wessel" aus Annes Traum ist somit als Verdichtung zu begreifen. Er ist erstens und ganz offensichtlich das Objekt sexueller Empfindungen, die Anne gegenüber seinem Namensvetter, Peter van Daan, zu entwickeln beginnt. Darüber hinaus jedoch verknüpfen ihre Assoziationen zu diesem Traum ihn mit beiden Eltern und lassen vermuten, daß die intensiven Gefühle, die sie für Mutter und Vater empfindet, auf ihn übertragen werden. Annes Beziehung zu Peter reproduziert in gewisser Weise diese familiären Bindungen und ermöglicht es ihr zugleich, den intrapsychischen Loslösungsprozeß von beiden Eltern einzuleiten.

Anne selbst betrachtet den Traum als Wendepunkt. In den folgenden Tagen konzentrieren ihre Phantasien sich auf den abwesenden Peter des Traums, dessen Bild aber bald durch den realen Peter der Gegenwart ersetzt wird. Nicht lange nach ihrem ausgedehnten Besuch in seinem Zimmer beginnt Anne einen Tagebucheintrag mit den Worten: „Etwas Merkwürdiges ist mir passiert." Das Ereignis – sie ist sich bewußt, daß das, was sie erlebt hat, diese Bezeichnung kaum verdient, dennoch aber hat es für sie eine herausragende Bedeutung – ist ein Gespräch mit Peter. Während er, Margot und Anne Kartoffeln schälten, wandte ihre Unterhaltung sich der im

Hinterhaus lebenden Katze zu, und Anne selbst stellte die Frage, ob sie männlichen oder weiblichen Geschlechts sei. Peter bot ihr an, es ihr zu zeigen, ein Angebot, das sie auf der Stelle annahm („Ich konnte meine Neugier nicht bezwingen"). Hier wird Peter, sonst scheu und passiv, zum erstenmal zu einer Autoritätsperson. Er dreht die Katze auf den Rücken, „machte kein langes Federlesen [...] und die Lektion begann: ‚Hier ist sein Geschlechtsteil, da sind lose Haare und da ist der Hintern'". Anne ist von Peters Sachlichkeit beeindruckt; nach dieser Demonstration seiner Fachkenntnis beginnt sie, ihn in einem anderen Licht zu sehen.

Nicht mehr lang, und Anne wird klar: „Kitty, ich bin wirklich wie eine Verliebte, die von nichts anderem sprechen kann als von ihrem Schatz. Peter ist aber auch wirklich ein Schatz." Sie macht in der Tat einen sehr verliebten Eindruck: „Von morgens früh bis abends spät denke ich an nichts anderes als an Peter. Ich schlafe ein mit seinem Bild vor Augen, träume von ihm, und wenn ich aufwache, ist es, als ob er mich noch ansieht" ([14 Jahre, 8 Monate] S. 124). In den folgenden Wochen und Monaten verzeichnet Anne minuziös jeden Kontakt – jedes Gespräch, das sie miteinander führen, jede Begegnung auf der Treppe. Durchaus prosaische Ereignisse sind erfüllt von intensivsten Empfindungen. Ihrem Tagebuch vertraut sie an:

> Dabei sah er mich mit einem warmen, sanften Blick an, so daß mir auch von innen ganz warm und sanft zumute wurde. Ich fühlte, daß er mir etwas Liebes tun wollte. Weil er aber keine großen Worte machen kann, legte er seine Gedanken in seinen Blick.
>
> Ich verstand ihn so gut und war ihm von Herzen dankbar. Jetzt noch bin ich froh, wenn ich an seine Worte und seinen Blick denke. ([14 Jahre, 8 Monate] S. 120)

Anlaß für diese Freude und Dankbarkeit – die Ursache ihres innerlichen, „warmen und sanften" Gefühls – war ein Lob, das er ihr spendete, weil sie aus dem Kartoffelvorrat die kleinsten Exemplare herausgesucht hatte, um sie Margot zum Geburtstag zu schenken.

Wie jeder verliebte Teenager erlebt auch Anne plötzliche Tränenausbrüche, weil sie glaubt, daß Peter sie vielleicht überhaupt nicht mag oder nur gelegentlich an sie denkt. Die Stimmungsschwankungen, die Erregung, die Ruhelosigkeit, die ausgelassene Heiterkeit – all die heftigen Gemütsbewegungen, die für die erste Liebe so charakteristisch sind, finden sich hier verzeichnet: „Ich fühle den erwachenden Lenz, fühle ihn in meinem ganzen Körper und in meiner Seele. Ich muß mich zwingen, ruhig zu bleiben, ich bin total durcheinander, bringe mich nicht dazu, etwas zu lesen, zu schreiben oder zu tun. Ich weiß nur, daß ich mich nach etwas sehne..." ([14 Jahre, 8 Monate] S. 117 f.).

Anne Franks Tagebuch beschreibt auf beispielhaft zeitlose Weise das Gefühl, zum erstenmal verliebt zu sein. Wie zahlreiche junge Liebende, entdecken Anne und Peter die Natur – obgleich sie nicht einmal vor die Tür gehen konnten:

Was gibt es Schöneres auf der Welt, als aus einem offenen Fenster hinauszusehen in die Natur, die Vögelchen singen zu hören, die Sonne auf Deinen Wangen zu fühlen und einen lieben Jungen in den Armen zu halten, schweigend dicht beieinander. Es kann nicht schlecht sein, denn diese Stille tut so gut. ([14 Jahre, 10 Monate] S. 162)

Die Wochen vergehen, und atemlos berichtet Anne von ihrem ersten Kuß. In ihrer grenzenlosen Erregung wendet sie sich an die „Liebste Kitty"[6] und beschwört sie, den gestrigen Tag „nie" zu vergessen, „denn er ist sehr wichtig für mein ganzes Leben". Sie und Peter saßen eng beisammen:

Oh, es war so herrlich, ich konnte nicht sprechen, nur diese Augenblicke genießen. Er streichelte ein bißchen ungeschickt meine Wange und meinen Arm, spielte mit meinen Locken und wir blieben so, die Köpfe dicht aneinandergeneigt. Das Gefühl, das mich durchströmte, Kitty, kann ich Dir nicht beschreiben. [...] Wie ich plötzlich die rechte Bewegung fand, ich weiß es nicht, aber ehe wir nach unten gingen, küßte er mich in mein Haar, halb auf die linke Wange, halb aufs Ohr. Ich rannte hinunter, ohne mich umzusehen und... warte mit Sehnsucht auf heute abend. ([14 Jahre, 10 Monate] S. 160f.)

Den nächsten Eintrag leitet Anne mit der Frage ein: „Glaubst Du, daß Vater und Mutter es richtig finden würden, daß ich auf einem Sofa sitze und mich mit einem Jungen abküsse, ein Junge von siebzehn und ein Mädel von beinahe fünfzehn?"

Die ganze Zeit über waren ihre Eltern innerlich beharrlich präsent. Am Morgen, nachdem sie von Peter geträumt hatte, schrieb Anne: „Als Vater mir heute morgen einen Kuß gab, hätte ich am liebsten laut gerufen: ‚Ach, wäre es doch Peter!'" Dies ist nur die erste einer Vielzahl assoziativer Verknüpfungen zwischen den beiden: „Peter ist auch ein Mordskerl, genau wie Vater!" Und als dieser aus einem Roman von Dickens vorliest: „[...] ich war im siebenten Himmel, denn ich saß bei Vater auf dem Stuhl und ganz dicht bei Peter". Später wird sie diesem jungen Mann versichern: „Und ich vertraue Dir, Peter, genau so und vollkommen, wie ich Vater vertraue". Annes adoleszente Liebe für Peter ist an die Stelle der Bewunderung getreten, die das junge Mädchen für den Vater empfindet: „Es ist ein viel angenehmeres Gefühl, wenn er mir etwas erklärt, als wenn er von mir etwas lernt. Ich fände es am schönsten, wenn er mir meistens überlegen wäre."

Aber auch wenn Annes Empfinden für Peter unmißverständlich den Stempel ödipaler Liebe trägt, ist es doch zugleich auch von ihrer früheren Liebe zur Mutter geprägt. Sie wendet sich mit Bedürfnissen an ihn, die zuerst in dieser Beziehung befriedigt wurden; ihr körperliches Verlangen ist Teil des Verlangens nach Geborgenheit, die der mütterliche Körper dem Kind vermittelt. Anne stellt fest, „daß Peter und ich gar nicht so verschieden sind, wie man bei äußerer Betrachtung meint" ([14 Jahre, 8 Monate] S. 124),

[6] In der deutschen Übersetzung beginnt auch dieser Brief mit der üblichen Anrede „Liebe Kitty". A.d.Ü.

und weiß auch den Grund für ihre Ähnlichkeit zu benennen: „Peter und ich vermissen alle beide eine Mutter.“ Seine Mutter ist allzu oberflächlich, während ihrer Mutter „das feine Gefühl“ fehlt, „mit dem eine Mutter alles versteht“. „Wir ringen beide mit unserem Innern. Wir sind noch zu unsicher und zu scheu und zart, um innerlich hart angepackt zu werden.“ Wenn jemand sie verletzt, versucht Anne, sich „irgendwie auszutoben“, während Peter sich still zurückzieht. Mittlerweile aber hat Anne den Eindruck, daß es sich dabei nur um verschiedene Formen handelt, das wahre Selbst zu verbergen. Ihnen beiden fehlt die Mutter, schreibt sie. Ich bin der Ansicht, daß Anne und Peter versuchen, das Verlorengegangene zurückzugewinnen, indem sie sich einander zuwenden.

Einige Wochen nach diesem Eintrag beschreibt Anne den „schönsten Abend, den ich seit unserem Hiersein verlebte“. Sie saßen im Dämmerlicht am offenen Fenster und unterhielten sich über ihre Entfremdung von den Eltern:

> Wir sprachen davon, daß wir beide unseren Eltern nicht volles Vertrauen schenkten, daß seine Eltern so gern sein Vertrauen besitzen möchten, er es ihnen aber nicht geben kann. Ich erzählte ihm, daß ich meinen Kummer im Bett ausheule, er aber geht auf den Speicher und flucht. [...] Über alles und noch was haben wir gesprochen, und er war gerade so, wie ich es mir immer gedacht hatte. ([14 Jahre, 9 Monate] S. 138)

Sie bekennen einander, daß sie sich anfangs, auf den ersten Eindruck, nicht ausstehen konnten. Das immer wiederkehrende Thema ist der Gegensatz zwischen ihrem ursprünglichen Gefühl, völlig verschieden zu sein, und dem jetzigen Empfinden, große Ähnlichkeit miteinander zu haben. In diesem Tagebucheintrag bezieht sich die abschließende Assoziation, ebenso wie es in anderen Einträgen mit demselben Thema der Fall ist, auf sexuelle Wünsche, in denen die Verschmelzungssehnsucht einen dem Erleben des Erwachsenen angemessenen Ausdruck findet.

Wenn Annes Liebe zu Peter von ihren früheren Beziehungen zu Vater und Mutter geprägt ist, ist sie doch zugleich auch in den Prozeß der Loslösung von den Eltern verwoben. Unterschwellig vollzieht sich ihr langsamer, stetiger Rückzug vom Vater, während sie, vordergründig betrachtet, mit all ihrer Leidenschaft ganz auf Peter konzentriert ist. Als der Vater ihr am Morgen nach ihrem Traum einen Kuß gibt, hätte sie „am liebsten laut gerufen: ‚Ach, wäre es doch Peter!‘“ Kurze Zeit später wird ihr bewußt, daß sie „ein so herrliches Gefühl“ bekommt, wenn Peter und sie sich ansehen, ein Gefühl, „das ich besser nicht zu oft haben sollte“. Und in welche Richtung schweifen ihre Gedanken unmittelbar anschließend? „Vater merkt, daß ich anders bin als sonst, aber ich kann ihm auch nicht alles erzählen. ‚Laßt mich in Ruhe, laßt mich allein‘, möchte ich ihnen immer sagen.“

Anne empfindet ihre Eltern nun als störend. Über ein Jahr ist vergangen, seitdem sie schrieb: „Denn Vater ist mein alles! [...] ich liebe ihn wie niemand auf der Welt." Und zum Vergleich ihre gegenwärtige Stimmung: „Mutter ist unausstehlich, Vater sehr lieb und dadurch noch unerträglicher". Sie haßt es, jedesmal gefragt zu werden, was sie vorhat, wenn sie auf dem Weg in Peters Zimmer ist. Sie klagt, daß jedes Buch, das sie liest, inspiziert wird – auch wenn sie unmittelbar darauf anerkennt, daß ihre Eltern nicht allzu streng sind. „Vor allem bei mir ist nicht alles ganz nach dem Sinn der Eltern, aber ich bin nicht mehr das kleine Kind mit Küßchen hier und Küßchen da und finde alle die Kinderkosenamen ein bißchen geziert. Kurzum, ich kann die liebevoll besorgten Eltern ganz gut eine Weile entbehren" ([14 Jahre, 9 Monate] S. 136).

Die „Eltern [...] entbehren": in den frühen Tagebucheinträgen war immer von „Mutter" und „Vater" als getrennten und ganz und gar gegensätzlichen Personen die Rede. Nun, da ihre Liebe zu Peter es ihr ermöglicht, sich von ihren leidenschaftlichen ödipalen Gefühlen zu befreien, kann sie es wieder ertragen, ihre Eltern als Paar wahrzunehmen. Häufig werden sie zusammen mit den anderen erwachsenen Bewohnern des Hinterhauses als ältere Generation in einen Topf geworfen: „Haben die diversen Eltern ihre Jugendzeit ganz vergessen?" „Wir" und „sie" sind nicht mehr länger ich/Vater vs. Margot/Mutter. Nun verlaufen die Fronten zwischen den Generationen: „Alles ist wieder in bester Ordnung, außer daß Margot und ich unserer Eltern ein bißchen müde werden. [...] wenn man in unserem Alter ist, möchte man auch einmal über sich selbst bestimmen und los von Mutters Rockschoß" ([14 Jahre, 9 Monate] S. 137). Die Beziehung zu Peter macht es Anne nicht nur möglich, ihren Vater an die Mutter abzutreten, sie „überläßt" ihn nun auch ihrer anderen Rivalin, Margot. Anne macht diese Geste in einem Brief an ihre Schwester, in dem sie ihre Sorge zum Ausdruck bringt, daß Margot auf ihre Beziehung zu Peter eifersüchtig ist. Margot versichert ihr, daß dies nicht der Fall sei: sie könne eine enge Beziehung nur zu jemandem entwickeln, der ihr intellektuell überlegen sei, und diesen Eindruck habe sie bei Peter nicht. Eine Beziehung zwischen Anne und Peter aber könne sie sich gut vorstellen.

So wie Anne z. T. aufgrund der Angst, die ihre Bindungen an die Eltern nun erfüllt, in die Beziehung zu Peter hineingetrieben wurde, sucht sie in diesen Bindungen Zuflucht, wenn die wachsende Vertrautheit zu Peter andere Gefahren deutlich werden läßt. Sie erschrickt vor der Möglichkeit, ihren sexuellen Impulsen freien Lauf zu lassen. Dieser Konflikt war von Anfang an vorhanden. Als sie über ihren Traum von Peter Wessel und die mit ihm verbundene sexuelle Erregung nachsann, hatte Anne ausgerufen: „Peter, nur Peter, den ich liebe von ganzem Herzen, mit ganzer Seele und aller Hingebung", aber sogleich warnend hinzugefügt: „jedoch – er darf nicht zudringlich werden und höchstens mein Gesicht berühren".

Anne ist sich des inneren Konflikts, den sie als „so eine Art Kriegszustand [...] zwischen meinem Verlangen und meinem Verstand" beschreibt, bewußt. Nachdem Peter sie zum erstenmal geküßt hatte, „rannte" sie die Treppe hinunter, „ohne mich umzusehen" – dann konnte sie es kaum erwarten, ihn wiederzusehen. Am folgenden Tag ergreift sie nacheinander für jede Seite ihres Konflikts Partei. Zunächst projiziert sie die Mißbilligung, die sie selbst empfindet, auf eine Reihe anderer Frauen:

> Ich weiß beinahe mit Sicherheit, daß Margot niemals einem Jungen einen Kuß geben würde, ohne daß dabei die Rede ist von Verloben oder Heiraten. [...] Auch Mutter hat sicher vor Vater nie einen Mann berührt. Was würden meine Freundinnen sagen, wenn sie wüßten, daß ich in Peters Armen lag, mein Herz an seiner Brust, meinen Kopf auf seiner Schulter und sein Kopf gegen den meinen?

Direkt danach macht sie Einwände gegen diese mutmaßliche Mißbilligung geltend:

> Oh Anne, welche Schande, aber ehrlich, ich finde es keine Schande. Wir sitzen hier abgeschlossen, abgeschlossen von der Welt und in Sorge, besonders in der letzten Zeit. Warum sollen wir, die wir uns gern haben, voneinander fern bleiben? Warum sollen wir warten, bis wir das passende Alter haben? [...] Warum soll ich dann nicht tun, was mein Herz mir sagt, und uns beide glücklich machen? ([14 Jahre, 10 Monate] S. 161)

Schließlich erkennt Anne, daß diese Ambivalenz ihre eigenen Zweifel zum Ausdruck bringt, und bittet ihre imaginäre Kitty um Rat: „Findest Du, daß es meine Pflicht ist, Vater alles zu sagen?"

Als die Küsse leidenschaftlicher werden, intensiviert sich ihr Konflikt:

> Immer wieder peinigt mich die Frage:
>
> „Ist es gut, ist es richtig, daß ich so nachgiebig bin, so leidenschaftlich, ebenso leidenschaftlich und voller Verlangen wie Peter? Darf ich als Mädel mich so gehenlassen?" [...] Ich habe Angst vor mir selbst, ich habe Angst, daß ich mich in meinem Verlangen zu schnell hingebe ([14 Jahre, 10 Monate] S. 165 f.).

Ebenso wie nach dem ersten, schüchternen Kuß beginnt der folgende Tagebucheintrag mit der Überlegung, ihrem Vater alles zu erzählen. Diesmal ist es Peter, dem sie ihren Wunsch zuschreibt: „[...] nach einem bißchen Hin und Her fand er es auch richtig". Nun ergreift sie die erste Gelegenheit, um ihren Vater in Kenntnis zu setzen: „Vater, Du verstehst sicher, daß Peter und ich, wenn wir zusammen sind, nicht mit einem Meter Abstand sitzen. Findest Du das schlimm?"

Wie es für Jugendliche in der Adoleszenz charakteristisch ist, hat Anne eine Möglichkeit gefunden, den Konflikt, der sich bislang in ihrem Innern abspielte, zu externalisieren. Und wie vorauszusehen war, meint ihr Vater, sie solle mit Peter nicht soviel Zeit alleine verbringen. Das ermöglicht es Anne, nun bedingungslos die andere Seite ihrer Ambivalenz zu vertreten. Ihr Vater hatte sie gebeten, Peter nicht in seinem Zimmer zu besuchen; diesem Wunsch zum Trotz erklärt sie Kitty gegenüber emphatisch: „Nein, ich gehe hinauf!!"

Der „Kriegszustand" ist kein innerlicher Kampf mehr; Er spielt sich nun zwischen Anne und ihrem Vater ab; jeder der beiden bringt darin einen

Aspekt von Annes eigenem Konflikt zum Ausdruck. Indem sie ihren Vater informierte, hat sie die Fronten eröffnet. Gleichzeitig ist es ihr gelungen, ihn erneut in ihre intimen Angelegenheiten zu verwickeln, indem sie ihn wieder als den autoritativen und Schutz gewährenden Vater der Kindheit in Anspruch nimmt.

Nachdem er Anne gebeten hat, nicht soviel Zeit mit Peter allein zu verbringen, schreibt sie ihrem Vater einen Brief voller Anklagen und Vorwürfe. Er schließt mit den Worten: „Es hat mich viel harte Kämpfe und viel Tränen gekostet, so selbständig zu werden wie ich jetzt bin. [...] ich werde meine Taten nicht zu bedauern haben, und ich werde handeln, wie ich es am richtigsten finde. Du kannst mich nicht mit Deiner Herzensgüte von oben fernhalten. Entweder verbietest Du mir alles oder Du vertraust mir durch dick und dünn. Nur lasse mich in Ruhe!" ([14 Jahre, 10 Monate] S. 179). Während sie scheinbar ihre Selbständigkeit behauptet, fleht Anne ihren Vater in Wahrheit an, seinem Verbot größeren Nachdruck zu verleihen. Indem sie Aspekte ihres eigenen Über-Ichs an ihn delegiert, versucht sie, sich aus ihrem inneren Konflikt zu befreien. Wenn ihr Vater die Seite des Verbots repräsentiert, kann sie sich auf der Seite ihrer Impulse sicher wähnen.

Doch die Spaltung selbst versetzt sie in Unruhe. Sie ist niedergeschlagen, als sie sieht, wie sehr ihr Brief den Vater verletzt hat, dessen Aussage er scharfsinnig in den Worten zusammenfaßt, sie fühle sich „zurückgesetzt oder alleingelassen". Anne erschrickt nicht nur vor der Möglichkeit, ihren sexuellen Impulsen freien Lauf zu lassen, sondern auch vor der Distanz, die sie zwischen sich und ihrem Vater errichtet hat. Reumütig nimmt sie die Vorhaltungen zurück, die sie in ihrem Brief formuliert hatte.

Letztlich bewirkt Annes vorwurfsvoller Brief eine Wiederannäherung an ihren Vater. Erschreckt sucht sie erneut Zuflucht in der Familie. Im nächsten Tagebucheintrag faßt sie den Entschluß, Kitty ausführlicher über ihren familiären Hintergrund zu informieren, und erzählt von der Kindheit beider Eltern. In dem darauffolgenden Eintrag klingt ein Echo des kindlichen Tons nach, den wir aus den ersten Seiten des Tagebuchs kennen. Sie hat eine Erzählung vollendet und sie „auf gutes Papier abgeschrieben". Es „sieht nun sehr hübsch aus. Aber ist es nicht sehr wenig für Vater zum Geburtstag?" Die Wiederannäherung an ihren Vater geht mit einer zunehmenden Desillusionierung in bezug auf Peter einher. „Er ist sehr lieb, aber mein Inneres habe ich schnell wieder verschlossen. Wenn er nun noch einmal das Schloß aufbrechen will, wird das Brecheisen sehr hart sein müssen!" Und eine Woche später: „Peter ist lieb und gut, doch ich darf nicht leugnen, daß viel an ihm mich enttäuscht." Von nun an taucht er in ihrem Tagebuch nicht mehr auf.

Nachdem sie ihr Interesse an Peter verloren hat, stürzt Anne sich vorbehaltlos in ihre intellektuellen Beschäftigungen:

Liebe Kitty!

Ich habe im Augenblick schrecklich viel zu tun, und so komisch das auch klingen mag, ich habe zu wenig Zeit, um meinen Berg von Arbeit zu bewältigen. Soll ich Dir einmal kurz erzählen, was ich vorhabe? Also: Bis morgen muß ich den ersten Teil der Lebensgeschichte von Galilei auslesen, da das Buch zur Bibliothek zurück muß. Gestern habe ich angefangen, aber ich kriege es aus. Nächste Woche will ich „Palästina am Scheidewege" und den zweiten Teil von Galilei lesen. Gestern habe ich den ersten Teil der Biographie von Karl V. beendet und muß dringend die vielen Notizen und genealogischen Daten, die ich herausgesucht habe, ausarbeiten. Dann habe ich drei Seiten mit Fremdwörtern aus den verschiedenen Büchern herausgeholt, die ich lernen werde. Nr. 4 ist, daß meine Filmstarsammlung in schreckliche Unordnung geraten ist und aufgeräumt werden muß. Da das aber mehrere Tage in Anspruch nehmen dürfte, Professor Anne aber, wie gesagt, in der Arbeit erstickt, wird das Chaos wohl noch eine Zeitlang Chaos bleiben. Dann warten Theseus, Ödipus, Peleus, Orpheus, Iason und Herkules darauf, daß sie an die Reihe kommen, da ihre verschiedenen Heldentaten wie bunte Fäden in meinem Kopfe durcheinander liegen. Auch Mykon und Phidias wollen behandelt werden, damit der Zusammenhang erhalten bleibt. Ebenso ist es mit dem Sieben- und Neunjährigen Krieg. Auf diese Weise werfe ich alles durcheinander. Was willst Du auch mit solch einem Gedächtnis anfangen! Stell Dir einmal vor, wie vergeßlich ich sein werde, wenn ich 80 bin! ([14 Jahre, 10 Monate] S. 176)

Dieser Textausschnitt ist ein bezauberndes Beispiel für die adaptive Abwehrfunktion der Intellektualität während der Adoleszenz. Das Verdrängte jedoch gibt sich in durchsichtiger Verkleidung zu erkennen, wenn Anne gleich darauf ihre biblischen Interessen erläutert: „Es dauert nicht mehr lange und ich komme zur Geschichte von der badenden Susanne! Und was bedeutet die Schuld von Sodom und Gomorrha! Es ist noch so schrecklich viel zu fragen und zu lernen!" Die badende Susanna – man wird sich erinnern – ist ein junges Mädchen, dessen Nacktheit von alten Männern bewundert wird.

Die Interessen, die sich in diesem atemlosen Text Bahn brechen, zeigen in erster Linie, daß Anne ihr Leben neu ordnen, es wieder in den Griff bekommen muß, nachdem sie sich von ihren Trieben hat mitreißen lassen. Darüber hinaus spiegelt ihr Arbeitspensum die Suche nach neuen Gestalten wider, die an den Platz treten könnten, der einst von den idealisierten Eltern der Kindheit eingenommen wurde. Wie viele Jugendliche ihres Alters sucht Anne nach überlebensgroßen Helden und Heldinnen, die ihre Eltern ersetzen könnten. Sie ist fasziniert von der Genealogie der verschiedenen europäischen Königsfamilien und verbringt Stunden damit, ihre Stammbäume auszuarbeiten. Sie zeigt auch Interesse für die Mythologie und liest voller Wißbegierde Bücher über die Götter und Göttinnen der antiken Welt. Nicht weniger interessant sind die Götter und Göttinnen der modernen Welt: Sie sortiert die Fotos von Filmstars, die sie gesammelt hat, und liest mit einer solchen Hingabe Filmzeitschriften, daß ihre Mutter im Scherz meint, Anne müsse, wenn sie das Hinterhaus verließen, die Filme gar nicht mehr ansehen, die sie verpaßt habe – sie kenne sie alle bereits aus der Lektüre. Diese Interessen hatten in der Phase, als Peter heroische Ausmaße annahm, keine Rolle mehr gespielt. Sobald er in ihrer Wertschätzung sinkt, kehrt Anne mit frischer Leidenschaft zu ihrem alten Interesse an Berühmtheiten, Göttern und Königshäusern zurück.

Die Rolle, die ihre Eltern in ihrer Kindheit für sie gespielt hatten, konnten sie nie wieder einnehmen. Obgleich Anne die Wiederannäherung an ihren Vater sucht, ist dies keine Rückkehr zu einem früheren Zustand. Annes Beziehung zu Vater und Mutter hat durch ihre „erste Liebe" eine unwiderrufliche Veränderung erfahren. In den letzten Einträgen sagt sie über ihre Mutter nur wenig: ihr Bedürfnis, auf sie zu schimpfen, ihr Bedürfnis, sie zurückzuweisen, ist kleiner geworden, da diese Bindung ihr nun weniger Angst macht. In einem der letzten Einträge sagt Anne von ihren – nun kollektiv angesprochenen – Eltern: „Mein Vater und meine Mutter haben mich sehr verwöhnt, waren gut zu mir und verteidigten mich, haben getan, was Eltern nur tun können." Weiterhin hängt sie zärtlich an ihrem Vater, aber „ihre Ideale" hat sie ihn „niemals teilen lassen". Schließlich irritieren sie auch seine Liebkosungen; sie erscheinen ihr „gemacht" und es wäre ihr am liebsten, wenn er sie für eine Weile ganz in Ruhe ließe.

Vieles hat sich in Anne im Laufe der vergangenen 2 Jahre verändert. Das Erwachen sexueller Gefühle und ihre Liebe zu Peter haben einen tiefgreifenden Wandel herbeigeführt, der nicht nur ihre Beziehungen zu Vater und Mutter, sondern auch ihr Selbstgefühl betrifft. Sogar innerhalb der Grenzen des Hinterhauses können wir das für die Adoleszenz charakteristische Vor-und-Zurück zwischen der Welt außerhalb der Familie und der Familie selbst beobachten. Die außerfamiliäre Welt bietet Zuflucht vor dem Konflikt, der sich mit dem Einsetzen der Pubertät in den Beziehungen zu den Eltern ausbreitet; gleichzeitig gewährt die Familie nun Zuflucht vor den Ängsten, welche die neuen Beziehungen wecken. Dieses wiederholte Vor-und-Zurück führt – unter normalen Bedingungen – schließlich zu einer qualitativ neuen Individualität und Autonomie.

4.3 Die Bedeutung des Tagebuchs in der Adoleszenz

Als ihre Familie die letzten Vorbereitungen trifft, bevor sie untertaucht, packt die 13jährige Anne eilig „das Nötigste" in ihre Schultasche – als erstes ihr Tagebuch. Warum war das Tagebuch zu diesem Zeitpunkt von solch entscheidender Wichtigkeit? Zum Teil beantwortet Anne diese Frage selbst; ich werde darüber hinaus versuchen, die Bedeutung zu erklären, die dem Tagebuch generell für die Entwicklung zukommt.

Nach dem Tagebuch packt Anne „Lockenwickler, Taschentücher, Schulbücher, einen Kamm und alte Briefe [ein]. Ich dachte ans Untertauchen und stopfte lauter unsinniges Zeug in die Tasche." Ihr eigener Kommentar zu dieser Auswahl: „Aber es tut mir leid, Erinnerungen sind mir mehr wert als Kleider." Anne mußte alles zurücklassen, was ihr in der Vergangenheit vertraut gewesen war, und blickte einer ganz und gar ungewissen Zukunft entgegen. Sie war von Tod und Zerstörung in nie dagewesenem Ausmaß umgeben. Angesichts dieser Verlusterfahrungen hatte sie v. a. das Bedürfnis, zu bewahren. Und was sie bewahren wollte, waren nicht Besitztümer, sondern die Vergangenheit selbst – Erinnerungen. Dazu ist das Tagebuch auf ideale Weise geeignet, denn es ermöglicht seinem Verfasser nicht nur, wie in einem Foto die äußeren Ereignisse, sondern sein inneres Erleben festzuhalten. In einer Zeit des Verlusts gewinnt das Tagebuch eine entscheidende Bedeutung, weil es die Möglichkeit bietet, etwas zu bewahren und auf diese Weise den Affekt, der mit dem Verlust einhergeht, in all seiner Intensität zu lindern.

Am gleichen Tag, an dem Anne das Tagebuch geschenkt bekam, hatte sie auf seine erste Seite die folgende Widmung geschrieben: „Ich hoffe, daß ich Dir alles anvertrauen kann, wie ich es bisher noch niemals konnte, und ich hoffe, daß Du mir eine große Stütze sein wirst." Von Beginn an stellt sie sich das Tagebuch also als den „Anderen" vor, zu dem sie eine Beziehung aufbauen will. Die Phantasie wird erklärt und weiterentwickelt, als Anne über ihre Gründe nachdenkt, das Tagebuch in Angriff zu nehmen. Der erste Grund ist, wie sie es formuliert, der Wunsch, ihr „Herz gründlich [zu] erleichtern". In diesem Zusammenhang fällt ihr ein Sprichwort ein, „Papier ist geduldiger als Menschen"; damit meint sie, daß niemand sie für das, was sie in ihrem Tagebuch offenbart, kritisieren wird. Aber schließlich kommt sie auf den eigentlichen Kern der Sache zu sprechen, den „Punkt, um den die ganze Tagebuch-Idee sich dreht", nämlich ihr Gefühl, keine richtige Freundin zu haben. Sofort fügt sie hinzu, daß die subjektive Empfindung dem äußerlichen Bild ihres Lebens nicht entspricht. „Ich habe liebe, gute Eltern, ich habe eine Schwester von 16 Jahren und alle zusammengerechnet wohl 30 Bekannte oder was man so Freunde nennt. Ich habe ein Gefolge von Anbetern, die mir alles von den Augen ablesen". Trotzdem aber gibt es niemanden, dem sie sich so nahe fühlt, wie sie es sich wünscht. „Darum das Tagebuch." Sie will „nicht, wie jeder andere, nur Tatsachen in mein Tagebuch schreiben, *sondern dieses Tagebuch meine Freundin selbst sein lassen*, und diese Freundin heißt: Kitty!" (Hervorhebung K.D.)

Annes Gedanken über den Sinn und Zweck, mit 13 Jahren ein Tagebuch zu führen, lassen die Vielzahl seiner Funktionen erkennen. Zunächst deutet sie die einfachste dieser Funktionen an: sie hat ein Bedürfnis, geheime Gedanken und Gefühle zum Ausdruck zu bringen, und dies kann im Tagebuch ohne Angst vor Kritik geschehen. Überdies wird das, was im Tagebuch Ausdruck findet, nichtsdestoweniger geheim bleiben; wie Anne bemerkt, ist Kitty sehr wohl in der Lage, ein Geheimnis für sich zu behalten. So ermöglicht das Tagebuch es der Heranwachsenden, sich relativ ungehindert zu offenbaren. Dieser Aspekt macht das Tagebuch zu einer einzigartigen Informationsquelle über das Seelenleben junger Menschen in der Adoleszenz.

Aber die Formulierung, daß die Jugendliche „sich offenbart", gibt das subjektive Erleben nicht korrekt wieder: Anne selbst drückt es mit den Worten aus, daß sie den Wunsch habe, sich ihrem Tagebuch „anzuvertrauen". Es stellt nicht nur ein Protokoll ihrer Eindrücke, Gedanken, Gefühle und Impulse dar. Das Tagebuch ist eine imaginäre „Andere", eine fiktive Persönlichkeit, welche die Jugendliche selbst erschafft und jedesmal ins Leben ruft, wenn sie das Tagebuch, wie es ihre Gewohnheit ist, in der 2. Person anspricht. Anne wendet sich an Kitty, als wäre diese eine reale Person, die über unerwartete Mitteilungen überrascht ist, sich über Unterhaltsames amüsiert oder sich langweilt, wenn ihr dieselben Dinge wieder und wieder berichtet werden. Nach eineinhalb Jahren im Hinterhaus schreibt Anne:

> Liebe Kitty! Heute morgen habe ich mich gefragt, ob Du Dir nicht vorkommst wie eine Kuh, die alle alten Neuigkeiten wiederkauen muß und, schon sehr gelangweilt von dieser einseitigen Kost, mit lautem Gähnen wünscht, daß Anne mal etwas Neues bringt. Ja leider, ich weiß, daß die ollen Kamellen schrecklich langweilig sind, aber Du kannst Dir vorstellen, wie sehr auch mich diese aufgewärmten Geschichten anwidern. ([14 Jahre, 7 Monate] S. 113)

„Du kannst Dir vorstellen", sagt Anne zu Kitty – als ob Kitty nicht ohnehin dieselben Vorstellungen hätte wie sie selbst. Für sie ist Kitty eine andere Person: „Wenn Du wüßtest, Kitty, wie es in mir bei diesen ewigen Schimpfereien kocht!" Diese imaginäre Kitty verfügt über eine ganze Skala affektiver Reaktionen: „Du kannst darüber lachen, wenn Du willst [...]" „Du wirst auch sehr erstaunt sein, wenn ich Dir jetzt sage, daß [...]" „Es ist vielleicht unterhaltend für Dich – für mich weniger – zu hören [...]". Und wieder: „[...] warum soll ich Dich noch anstecken, weil mir so elend zumute ist?"

Ich habe bereits festgestellt, daß das Führen eines Tagebuchs eine Möglichkeit darstellt, die mit einem Verlust verbundene Affektintensität zu lindern: Deshalb packte Anne als erstes das Tagebuch in ihre Schultasche, als sie das „Nötigste" zusammensuchte, bevor die Familie untertauchte. Meiner Ansicht nach erfüllt das Tagebuch diese Funktion nicht nur in bezug auf den überwältigenden Verlust, den die Geschichte Anne Frank auferlegte, sondern auch in bezug auf jenes Verlustgefühl, das einen ganz wesentlichen Bestandteil der normalen Adoleszenz darstellt, jenes schmerzhaften Prozesses, durch den die Jugendliche sich von ihren ursprünglichen Objekten löst. Aus diesem Grund werden Tagebücher während der Adoleszenz häufiger als in irgendeiner anderen Lebensphase geführt – und schließlich beiseite gelegt.

Indem sie ein imaginäres Wesen erschafft und ins Leben ruft, versucht die Heranwachsende, die Leere zu füllen, die entsteht, wenn die Eltern den Stellenwert verlieren, der ihnen in der Kindheit zukam, und neue Bindungen sich noch nicht konsolidiert haben. Während dieser Übergangszeit kommt es häufig zu einer Phase des gesteigerten Narzißmus, in der ein Rückzug ins Selbst und in eine innere Welt der Phantasie (vorübergehend und partiell) Beziehungen in der Außenwelt ersetzen muß. Blos ([1962] 1973) betrachtet das Tagebuch als Ausdruck dieses Übergangszustandes und weist ihm einen Platz „zwischen Tagtraum und Objektwelt, zwischen Einbildung und Realität" (S. 112) zu. In der Tat wird das Tagebuch dem Narzißmus und der kompensatorischen Grandiosität dieser Phase auf ideale Weise gerecht. Es stellt eine einzigartige Kommunikationsform dar: man muß nie zuhören, sondern nur selbst sprechen. Es ist ein literarisches Genre, dessen legitimes Subjekt das Selbst darstellt. Es reflektiert das schwankende Selbstwertgefühl der Adoleszenz – das Oszillieren zwischen Selbstverachtung und Selbsterhöhung –, und ist deshalb von so großer Bedeutung, weil es einerseits die Geheimnisse hütet, deren man sich schämt, andererseits aber eines Tages vielleicht auch veröffentlicht wird.

Die auf den Tagebuchseiten ins Leben gerufene imaginäre „Andere" hilft, die mit der Verlusterfahrung verbundene Depression abzuwehren. Dieses Bedürfnis war in Annes Fall aufgrund der Isolation, in der sie gezwungenermaßen leben mußte, besonders stark: Sie wandte sich vielleicht vertrauensvoller an Kitty, als sie es unter normalen Umständen getan hätte. Gleich im ersten Eintrag, den sie an jenem Tag verfaßte, als sie das Tagebuch geschenkt bekam, schrieb Anne, sie hoffe, daß es ihr „eine große Stütze" sein werde. In ihren späteren Aufzeichnungen klingt dieses Thema nach. „Mein ‚zu Tode betrübt' habe ich mir nun vom Herzen geschrieben". Und noch einmal: „Mit dem Schreiben löst sich alles, mein Kummer schwindet, der Mut lebt wieder auf. [...] *Im Schreiben kann ich alles klären*, meine Gedanken, meine Ideale, meine Phantasien" ([14 Jahre, 9 Monate] S. 150; Hervorhebung K.D.). In einer Phase, in der Gedanken und Stimmungen sich ständig verändern, ermöglicht das Tagebuch es der Heranwachsenden, Übergangszustände, die sich sonst verflüchtigten, einzufangen, etwas von ihrem innerlichen Erleben festzuhalten und ihm Dauer zu verleihen.

Dennoch ist das, was eingefangen wird, nicht nur ein innerlicher Zustand. In der imaginären Beziehung zum Tagebuch versucht der junge Mensch, Aspekte der früheren Beziehung zu den Eltern festzuhalten.[7]

---

[7] Anaïs Nin begann ihr berühmtes Tagebuch im Alter von 11 Jahren zu schreiben. Der Teil, der in ihrer Adoleszenzphase entstand und von einem Mädchen verfaßt wurde, das vollkommen anders war als Anne Frank, weist, was die Beziehung zum Tagebuch als einer imaginären Person angeht, nichtsdestoweniger Ähnlichkeiten auf. Das Tagebuch beginnt im Jahre 1914, einer ebenfalls durch Krieg und Entwurzelung geprägten Zeit, die für das junge Mädchen überdies eine Zeit persönlicher Verlusterfahrungen war. Ihr Vater, Komponist und Konzertpianist, hatte sich kurz zuvor von der Familie getrennt. Als sie beginnt, ein Tagebuch zu führen, ist Anaïs gerade im Begriff, gemeinsam mit ihrer Mutter und zwei Brüdern

(Fortsetzung Fußnote 7)

Barcelona zu verlassen und nach Amerika auszuwandern. Später schrieb sie, daß sie zu Anfang geplant hatte, ein Reisetagebuch zu schreiben, in dem sie ihrem Vater von allem, was sie erlebte, berichtete. Sie schrieb das Tagebuch für ihn und hatte vor, es ihm zu schicken. Im Grunde war es ein einziger Brief, der es ihm ermöglichen sollte, seine Familie in die Fremde zu begleiten. Sie kopierte ihre Briefe an den Vater ins Tagebuch. Anfangs sind es Briefe voller Hoffnung auf eine baldige Wiedervereinigung. Sie ist aufgeregt und ungeduldig und rechnet ganz sicher damit, daß er sie mit einem Besuch zu Weihnachten überraschen wird. Als aber Monate und Jahre vergehen, findet sie sich mit der Endgültigkeit ihrer Trennung allmählich ab und zieht sich immer mehr in einen melancholischen, verträumten Zustand und in ihre Einsamkeit zurück.

Anaïs fügte in das Tagebuch Briefe ein, die sie ihrem Vater schrieb, und diese Briefe enthalten selbst wiederum Zitate aus ihrem Tagebuch. Briefe und Tagebuch sind nicht voneinander zu unterscheiden – beide sind sie ergreifende Versuche, die verlorene Beziehung wiederherzustellen. Das Tagebuch aus der Adoleszenz (1914–19) aber war für sie nicht nur eine Möglichkeit, mit dem Vater zu kommunizieren; es war ein Vaterersatz. Ebenso wie Anne stellte Anaïs sich das Tagebuch als lebendigen Menschen vor. Sobald sie ein Notizbuch vollgeschrieben hatte, sagte sie ihm wie einer realen Person Lebewohl, bevor sie das neue begrüßte. Die wichtigste Eigenschaft dieser imaginären Persönlichkeit besteht für sie in ihrer Beständigkeit: anders als ihr Vater wird das Tagebuch sie nicht verlassen. Mit 12 Jahren verspricht sie, es niemals im Stich zu lassen, und verlangt umgekehrt das gleiche: „[...] versprichst Du mir, daß Du mein Herz immer für Dich behalten wirst, das ich Dir geschenkt habe" (S. 110). Und 6 Monate später heißt es erneut, sie werde ihr „Tagebuch doppelt lieben, denn von ihm werde ich nie verlassen werden". Mit 16 schreibt sie, es sei ihr „schönster Freund auf dieser Erde und auch der zuverlässigste, der ehrlichste" (S. 267).

Ebenso wie Anne, die sich immer davon überzeugen kann, daß „Kitty" außerhalb ihrer selbst existiert, hat Anaïs den glühenden Wunsch, dem Tagebuch Leben einzuhauchen. Das Tagebuch ist ein Brief an ihren Vater, ein Ersatz für ihn und das Baby, das sie ihm schenkt. Mit 16 schrieb sie:

> Wenn Du doch nur sprechen könntest, liebes kleines Tagebuch! Du weißt, daß es Bildhauer gibt, die eine Statue geschaffen haben, die lebendig wurde; daß es Menschen gibt, die aus Schnee ein Kind geformt haben, das zu leben begann. Jeden Augenblick warte ich auf eine kleine Bewegung, ein Lächeln, ich habe Dich erschaffen. Ach bitte, liebes Tagebuch, werde doch jemand! (S. 247)

Explizit findet die Gleichsetzung des Tagebuchs mit einem Baby Ausdruck in ihrer Bemerkung, daß sie ihren imaginären Brief an den Vater nie abgeschickt habe: Sie hat ihn „in seiner Wiege und seinem Grab" ruhen lassen.

Der Gebrauch des Tagebuchs als Träger moralischer Normen wird im Tagebuch der Anaïs Nin besonders deutlich. Sie versucht, ihr Verhalten an Vorschriften zu orientieren, die sie auf das Tagebuch projiziert. So schreibt sie mit 12 Jahren: „Ich bin voll von guten Vorsätzen und von guten Absichten, sie zu verwirklichen, und jedesmal, wenn ich dazu neigen werde, zu fehlen, wird mich mein Tagebuch und treuer Freund daran erinnern" (S. 91). Und ganz ähnlich mit 16: „Ich erinnere mich an Dinge, die ich nicht getan habe, um nicht der Scham ausgesetzt zu sein, sie niederschreiben zu müssen, aber wenn ich sie getan habe,

Ich habe betont, wie lebhaft Anne an ihre Fiktion glaubt, daß „Kitty" eine andere Person ist. Aber wenn sie schon eine andere Person ist, so verfügt sie doch über die einzigartige Eigenschaft, die Dinge nie anders als Anne selbst zu betrachten. Wie viele Jugendliche klagt auch Anne, daß man sie heute als empfindsame junge Frau und am nächsten Tag wie ein dummes, kleines Zicklein behandle, das von nichts eine Ahnung habe. „Ach, da erheben sich so viele Zweifel, wenn ich abends allein bin, oder auch tagsüber, zusammengepfercht mit all den Menschen, die ich schon nicht mehr sehen kann und die mir zum Halse heraushängen, weil sie mich und meine Probleme doch nicht verstehen. So komme ich doch schließlich immer wieder auf mein Tagebuch zurück" [13 Jahre, 4 Monate] S. 42). Das Tagebuch ist eine Freundin, die Annes Probleme im Gegensatz zu allen übrigen Menschen versteht. Anders formuliert, könnte man auch sagen, daß das Tagebuch ihre Getrenntheit eben nicht dadurch bestätigt, daß es die Dinge anders sieht als Anne. Die Fiktion, daß das Tagebuch eine andere Person ist, wird leidenschaftlich aufrechterhalten; dennoch ist diese andere Person, ebenso wie die Mutter der frühen Kindheit, mit dem Selbst ununterbrochen verbunden. In diesem Kontext ist es von entscheidender Bedeutung, daß die imaginäre Vertraute in den Tagebüchern heranwachsender junger Mädchen immer weiblich ist (Blos 1962).

Ich fühle mich an eine andere „Illusion" erinnert, die in einer Zeit der Trennung heraufbeschworen wird, nämlich an das Übergangsobjekt des Säuglings und Kleinkindes – den Teddybären oder eine weiche Decke, die das Kind in Abwesenheit der Mutter tröstet. Winnicott (1953) sah diese Übergangsphänomene in einem „Zwischenbereich des Erlebens", zwischen Phantasie und Tatsache, zwischen inneren Objekten und äußeren Objekten, zwischen Subjektivität und Objektivität. Genau diesen Bereich nimmt der imaginäre „Andere" des Tagebuchs ein. Es hat die Funktion, Trost und Beruhigung zu spenden, und erinnert damit an das, was Winnicott als die wesentliche Eigenschaft des Übergangsobjekts betrachtetet – seine Fähigkeit, den Säugling in Abwesenheit der Mutter zu trösten. Indem es Teil der Mutter wird, ermöglicht es die Trennung von ihr. Winnicott meint, daß Übergangsphänomene „die Frühstadien im Gebrauch der Illusion" darstellen, der das ganze Leben hindurch in Form der Kreativität erhalten bleibt.

(Fortsetzung Fußnote 7)

sehe ich sie, wie sie dastehen, unumwunden ausgebreitet mit der ganzen Wahrheitsliebe, die eigentlich *nicht* meinem Charakter entspricht, aber zu der *Du* mich zu zwingen weißt" (S. 26; Hervorhebungen im Original).

Andere Tagebücher aus der Adoleszenzphase, die den Leser vielleicht interessieren werden, sind *Das Tagebuch eines halbwüchsigen Mädchens* (1919), publiziert mit Freuds Brief, aus dem ich bereits zitiert habe, als Vorwort, sowie *The Diary of „Helena Morley"* (1893–95), das Tagebuch eines Mädchens aus einer kleinen brasilianischen Stadt, das von der Dichterin Elizabeth Bishop wunderschön ins Englische übersetzt wurde.

Annes Erfindung, „Kitty", erinnert auch an eine andere Schöpfung der Kindheit, nämlich an den imaginären Gefährten. Das kleine Kind ruft den imaginären Gefährten als Träger von Normen ins Leben, die es selbst noch nicht restlos internalisiert hat (Sperling 1954; Nagera 1969). In ähnlicher Weise erschafft Anne „Kitty", damit diese ihr Über-Ich stützt, so als ob diese imaginäre Persönlichkeit außerhalb ihrer selbst existierte und Normen verträte, die Anne zu befolgen hat. Im Anschluß an einen langen, zornigen Absatz über ihre Mutter bittet Anne „Kitty" inständig: „Verurteile mich nicht! Bitte verstehe, daß es mir auch einmal zuviel werden kann!" ([13 Jahre, 4 Monate] S. 42) Als ihr bewußt wird, in wie vielen Einträgen sie harte Kritik an ihrer Mutter geübt hat, fühlt Anne ein Bedürfnis, sich vor „Kitty" zu rechtfertigen: „[...] ich habe kein reines Gewissen, solange ich Dir nicht erklären kann, wie ich zu diesen Anklagen gekommen bin" ([14 Jahre, 6 Monate] S. 101). Und im Anschluß an eine lange, erregte Passage über ihre wachsende Vertrautheit mit Peter kommt Anne zu dem Schluß: „[...] ich muß mich bei Dir entschuldigen, Kitty, daß mein Stil heute unter dem sonstigen Niveau liegt" ([14 Jahre, 9 Monate] S. 139). Hier wird die auf „Kitty" projizierte Mißbilligung ihrer sexuellen Empfindungen, die sie geschildert hat, auf das Schreiben selbst verschoben. Wenn die innerlichen Kontrollen in der Adoleszenzzeit als weniger zuverlässig empfunden werden, wird in der Phantasie erneut eine äußere Person erschaffen: der fiktive „Andere" des adoleszenten Tagebuchs verkörpert – wie der imaginäre Gefährte des Kindes – Werte und Verbote, deren ursprüngliche Träger die Eltern waren.

Ich habe behauptet, daß die Heranwachsende durch die Erschaffung eines imaginären „Anderen" versucht, den Verlust wiedergutzumachen, der ein wesentliches Merkmal ihres Erlebens darstellt. In dieser imaginären Beziehung versucht sie, Aspekte der früheren Elternbeziehungen zurückzugewinnen und zu bewahren. Der imaginäre „Andere" des Tagebuchs wird als Person ins Leben gerufen, die den spezifischen Bedürfnissen der Adoleszenzphase entsprechen soll, eine Person aber, deren Herkunft sich auf frühere Illusionen zurückführen läßt, die das Kind sich selbst erschafft.

Das Tagebuch hat Anne Frank überlebt. Vier Monate, bevor das Hinterhaus von der Gestapo gestürmt wurde, schrieb sie in ihr Tagebuch: „Ich will noch fortleben nach meinem Tode. Und darum bin ich Gott so dankbar, daß er mir bei meiner Geburt schon die Möglichkeit mitgegeben hat, meinen Geist zu entfalten und schreiben zu können, um alles zum Ausdruck zu bringen, was in mir lebt" ([14 Jahre, 9 Monate] S. 150). Annes Wunsch wurde erfüllt; und so verfügen wir über ein bemerkenswertes Dokument weiblicher adoleszenter Entwicklung.

Das Wissen aber, daß Anne die Erfüllung der Weiblichkeit verwehrt wurde, bleibt uns bei der Lektüre des Tagebuchs unvergeßlich. Sie hat uns nur ein Versprechen hinterlassen, das seiner Vollendung harrte. Wie reich dieses Versprechen war und wie tragisch der Verlust, zeigt das, was sie uns gegeben hat.

5. Mittlere Adoleszenz: *Romeo und Julia*[1]

„Verleugne deinen Vater, deinen Namen“, fleht Julia, im Mondlicht auf ihrem Balkon stehend, Romeo an und fährt dann fort: „Willst du das nicht, schwör' dich zu meinem Liebsten,/Und ich bin länger keine Capulet!“ (II, 2, Z.35–38) Bei ihrer ersten Begegnung, auf einem Maskenball im Hause Capulet, den Romeo besuchte, haben die beiden sich kurz zuvor, am selben Abend, ineinander verliebt. Nun läuft Romeo, der sich zwischen den Obstbäumen verborgen hält, Gefahr, von Julias Angehörigen entdeckt und getötet zu werden, denn da er ein Montague ist, betrachten die Capulets ihn als Feind.

Die Szene, in der diese Verse gesprochen werden, gehört sicherlich zu den bekanntesten und beliebtesten der Literatur überhaupt. Julia steht auf ihrem Balkon, weiß zunächst gar nicht, daß Romeo sich in der Dunkelheit verbirgt, und sucht sich mit trügerischen Argumenten glauben zu machen, daß sein Name nicht Teil seiner selbst ist, so wie der willkürliche Laut, der die „Rose“ bezeichnet, kein Teil der Blume ist. Daß es sich hierbei um einen wunschgeleiteten Trugschluß handelt, beweisen die nachfolgenden Ereignisse. Aber Julia darf durchaus naiv sein: sie ist erst knapp 14. Und ihr Alter ist für unser Verständnis des Stücks so wichtig, daß es in den Eingangsszenen gleich 3mal erwähnt wird.

Als sie auf dem Balkon ihres Elternhauses steht, Romeo bedrängt, seinen Namen Montague abzulegen und ihm anbietet, ihrem eigenen abzuschwören, bringt Julia das wesentliche Merkmal der ersten Liebe zum Ausdruck: sie verlangt die Preisgabe der kindlichen Bindungen an die eigene Familie, die hier durch den Familiennamen repräsentiert werden. Eben diesen Anspruch macht Julia geltend, und Romeo pflichtet ihr bei: „Nenn' Liebster mich, so bin ich neu getauft“. In diesem Kapitel werde ich die Geschichte von Romeo und Julia als zeitlose Metapher jenes Konflikts interpretieren, der unauflöslich mit der ersten Liebe verbunden ist. Ich werde die Fabel von den beiden verfeindeten Veroneser Familien, deren Kinder sich „unwissentlich“ ineinander verlieben, als die *in Handlung übersetzte* zentrale *innere* Erlebensweise der Adoleszenz betrachten. Mit ihrer Liebe zum Feind der eigenen Familie inszenieren Romeo und Julia

---

[1] Zitiert wird nach der Übersetzung von August Wilhelm Schlegel, in: William Shakespeare, *Sämtliche Werke in 4 Bänden*, Bd. 4: *Tragödien*. Hg. v. Anselm Schlösser. Berlin, Weimar 1989.

seit Jahrhunderten den psychischen Konflikt, der das entscheidende Charakteristikum der adoleszenten Liebe darstellt: die erste Liebe ist zwangsläufig der Feind der eigenen Familie, denn diese Liebe schwächt die Intensität der frühen Bindungen.

Meine Untersuchung wird sich auf Julia konzentrieren. Wir lernen sie als ein Mädchen kennen, das sich im elterlichen Haushalt wohlfühlt. Wie in einer Zeitrafferaufnahme sehen wir sie in dem kurzen Zeitraum, den das Stück umfaßt, zur Frau werden: die freudige Offenheit, mit der sie ihrer erwachenden Sexualität begegnet, verleiht dem Drama einige seiner bezauberndsten poetischen Momente. Julia erscheint zum erstenmal auf der Bühne, als sie einer von ihrer Amme überbrachten Aufforderung ihrer Mutter Folge leistet. Die Worte, die sie an Gräfin Capulet richtet, sind die eines gehorsamen Kindes: „Hier bin ich, gnäd'ge Mutter! Was beliebt?" Ihre Frage ist signifikant, denn sie charakterisiert den Ausgangspunkt der psychischen Entwicklung, die ich durch den Verlauf des Stückes hindurch verfolgen werde. Zu Beginn fragt Julia nach Wunsch und Wille ihrer Mutter. Durch ihre Liebe zu Romeo wird sie sich ihrer eigenen Wünsche bewußt, sie lernt den Willen ihrer Eltern zu mißachten und ihm schließlich zu trotzen. Zwischen der ersten und der letzten Szene entfremdet Julia sich nach und nach sämtlichen Elternfiguren – ihrer Mutter, ihrem Vater, ihrer Amme und Bruder Lorenzo. Am Ende hat sie sich völlig aus den kindlichen Bindungen an ihre Familie gelöst und bewiesen, daß sie sowohl zu mutigem, selbständigen Handeln als auch zur leidenschaftlichen Treue in einer neuen Liebesbeziehung fähig ist.

Die emotionale Gewalt, mit der die Geschichte das Publikum nach wie vor zu fesseln vermag, zeigt, daß ihre Übereinstimmung mit der psychischen Realität der Menschen sich nicht auf die spezifischen zeitlichen und räumlichen Entstehungsbedingungen des Stücks beschränkt. Tatsächlich wurzelt die Geschichte von Romeo und Julia im Volksgut, und sie war bereits weithin bekannt, bevor Shakespeare sie für die Bühne bearbeitete. Auf der Grundlage dieser volkstümlichen Quelle wurde die Fabel im 15. und 16. Jahrhundert von einer ganzen Reihe europäischer Dichter novellistisch bearbeitet; in England erlangte sie beträchtliche Popularität, nachdem Arthur Brooke sie 1562 ins Englische übersetzt hatte. Brookes umfangreiche Verserzählung „The Tragicall Historye of Romeus and Juliet" stellt die wichtigste, vielleicht einzige Quelle des Stücks dar. Die sprachlichen Ähnlichkeiten mancher Stellen beweisen, daß Shakespeare sich eng an Brookes Epos orientierte; aber er modifizierte es auch, und zwar in einer Weise, die für meine Untersuchung relevant ist.

Zunächst änderte Shakespeare Julias Alter. In Brookes Epos ist sie 16, in einer anderen möglichen Quelle (William Painters *Palace of Pleasure*, 1567) 18 Jahre alt. Shakespeares Julia ist knapp 14, und in den Eingangsszenen wird auf dieses zarte Alter nachdrücklich hingewiesen. Ihre Amme teilt uns Julias Geburtsdatum sogar ganz genau mit: „Come Lammas Eve [Petri

Kettenfeier] at night shall she be fourteen".[2] Das Datum verdient an sich bereits Interesse. In der alten englischen Kirche wurde an Petri Kettenfeier, dem 1.8., seit alters her ein Erntefest begangen; man buk Brot aus dem ersten reifen Getreide und ließ es segnen. Folglich weckt nicht nur Julias zartes Alter, sondern auch ihr Geburtsdatum Assoziationen zu frühen Reifungsprozessen.

Ereignisse, die sich in Brookes Epos über Monate erstrecken, werden hier auf eine kurze Zeitspanne zusammengedrängt. Bei Brooke lernen Romeo und Julia sich zur Weihnachtszeit auf dem Maskenball der Capulets kennen. Danach wandert Romeo 1 oder 2 Wochen lang unter ihrem Balkon auf und ab, bevor die beiden zum erstenmal miteinander sprechen; Romeo tötet Tybalt am Tage nach Ostern – 3 Monate nach ihrer Heirat –, als dieser ihn zur Rede stellt. Shakespeare konzentriert diese Ereignisse auf nur 4 Tage und verleiht dem Stück mit dieser Verdichtung eine Atmosphäre der Dringlichkeit und Intensität, die dem innerlichen Zustand der jungen Liebenden entspricht. Vor allem aber verstrickt uns Shakespeare – im Gegensatz zu Brooke, der die Liebenden verurteilt – in eine durch tiefe Anteilnahme geprägte Beziehung zu Romeo und Julia. Brooke verkündet im Prolog seines Epos, was den Leser erwartet:

> Ein unglückseliges Liebespaar, das sich unzüchtiger Begierde ergibt, die Autorität und den Rat von Eltern und Freunden mißachtet [...] sich allen Gefahren aussetzt, um seiner Lust zu frönen [...] den ehrlichen Namen rechtmäßiger Ehe mißbraucht, der Schande erschlichener Ehekontrakte anheimgegeben in Sünde lebt, und schließlich, nach ehrlosem Leben, dem unglückseligsten Tod entgegeneilt.

Shakespeare hingegen läßt uns am *subjektiven Erleben* adoleszenter Leidenschaft teilnehmen. Dieses Erleben wird nicht nur durch die lyrischen Formen vermittelt, in denen Romeo und Julia ihrer Liebe Ausdruck verleihen – das gemeinsame Sonett bei ihrer ersten Begegnung, Julias Epithalamium vor der Hochzeitsnacht, das Tagelied bei ihrer erzwungenen Trennung. Nicht nur die lyrischen Formen, sondern die Geschichte selbst, der Aufbau der Tragödie, die im Sprachgebrauch festzustellenden Veränderungen, die Charakterisierung der Personen, die die Liebenden umgeben – in allem spiegelt sich das innere Erleben der Adoleszenz wider.

Romeo ist zu Beginn des Stücks bereits verliebt, allerdings nicht in Julia, sondern in eine junge Frau namens Rosalinde. Ganz in sich selbst versunken und dem Selbstmitleid erlegen, macht er bei seinem ersten Auftritt einen durchaus närrischen Eindruck. Er verleiht seiner Liebe in einer Reihe gesuchter Metaphern und Oxymora Ausdruck, die auf höchst konventionelle Weise der petrarkistischen Tradition verhaftet sind und vom elisabethanischen Publikum nur als Klischees verstanden werden konnten.

---

[2] Schlegel modifizierte diese Angabe in seiner Übersetzung und gab als Julias Geburtsdatum den Johannistag an, der am 24.6., dem Tag der Sommersonnenwende, gefeiert wird. A.d.Ü.

Nun dann: liebreicher Haß! streitsücht'ge Liebe!
Du Alles, aus dem Nichts zuerst erschaffen!
Schwermüt'ger Leichtsinn! ernste Tändelei!
Entstelltes Chaos glänzender Gestalten!
Bleischwinge! lichter Rauch und kalte Glut!
Stets wacher Schlaf! dein eignes Widerspiel! –
So fühl' ich Lieb', und hasse, was ich fühl'!
Du lachst nicht?
(I, 1, Z.173–180)

In diesen Versen lächelt Shakespeare über Romeo – und die literarische Tradition – und fordert uns auf, es ihm gleichzutun. Tatsächlich wird Romeo im Stück nicht nur von seinen Freunden Benvolio und Mercutio liebevoll verspottet, sondern auch von dem nachsichtigen Bruder Lorenzo, der, als ihm Romeo seine Liebe zu Julia erklärt, vorgibt, auf Romeos Gesicht noch Spuren der Tränen zu erblicken, die er um Rosalinde vergossen hatte. Diese schattenhafte Gestalt, über die wir im 1. Teil des Stückes einiges hören, erscheint gleichwohl nie auf der Bühne. Das Publikum ist auf seine Vorstellungskraft angewiesen, nicht viel anders als Romeo, denn Rosalinde ist weitgehend ein Geschöpf seiner eigenen Phantasie. Gezeigt wird uns jedoch, wie Romeos Umgebung auf seinen Gemütszustand reagiert. In seiner Sehnsucht nach Rosalinde ist Romeo der adoleszente Liebende, wie er von Außenstehenden wahrgenommen wird. Romeo und Julia hingegen zeigen uns, wie die Liebe in der Adoleszenz *empfunden* wird.

Indem er die Handlung auf nur 4 Tage zusammendrängte, hat Shakespeare dem Stück eine fieberhafte Intensität verliehen. Innerhalb dieser kurzen Zeitspanne leben die Liebenden auf jenen Gipfeln des Gefühls, die die Zeitwahrnehmung verändern. Julia ist mit der Zeit immer uneins und beschwört sie abwechselnd, schneller oder langsamer zu vergehen. Als sie auf die Amme wartet, die ihr Nachricht von Romeo bringen soll, hat sie das Gefühl, daß die Stunden unerträglich langsam vergehen: „Zu Liebesboten taugen nur Gedanken,/Die zehnmal schneller fliehn als Sonnenstrahlen". Vor ihrer Hochzeitsnacht beschwört sie den Tag, zu Ende zu gehen, und fleht die Nacht an, „schnell" hereinzubrechen. Und als Romeo sie nach der Hochzeitsnacht verlassen muß, versucht Julia verzweifelt zu glauben, daß es die Nachtigall und nicht die Lerche war, die sie hörten. Schließlich muß sie zugeben, daß es wirklich dämmert, und nun bestürmt sie Romeo, ihr häufig Nachricht zu schicken, denn „Schon die Minut' enthält der Tage viel". Die erwachsenen Personen des Stücks erleben die Zeit anders; sie raten zur Mäßigung der Gefühle. Gräfin Capulet, die glaubt, daß Julia um den Tod ihres Cousins weint, weist sie an, ihren Kummer in den Grenzen der Schicklichkeit zu halten. So ermahnt auch Bruder Lorenzo, den die Intensität ihrer jugendlichen Leidenschaft gefährlich dünkt, Romeo und Julia:

Drum liebe mäßig; solche Lieb' ist stät:
Zu hastig und zu träge kommt gleich spät.
(II, 6, Z.15–16)

In einem Schauspiel, das unsere Ohren in Sachen Liebe auf Paradoxon und Oxymoron eingestimmt hat, klingt sein Rat, „mäßig“ zu lieben, wie ein Widerspruch in sich selbst.

In diesem Stück gibt es eine Fülle von Charakteren, die die Überzeugung der jungen Liebenden, daß ihr Erleben beispiellos und einzigartig ist, rechtfertigen – „Der Narben lacht, wer Wunden nie gefühlt“, sagt Romeo z. B. in bezug auf Mercutio. Und Bruder Lorenzo gegenüber meint er: „Du kannst von dem, was du nicht fühlst, nicht reden“. Die Elternfiguren des Stücks spiegeln wider, wie die Heranwachsenden ihre Eltern wahrnehmen und in ihrer Phantasie repräsentieren. Die Amme, anfänglich eine scheinbar nachsichtige, mütterliche Gestalt, erweist sich, wie ich zeigen werde, in ihrer Beziehung zu Julia am Ende als eigennützig und neidisch, ja sogar grausam. Auf ähnliche Weise verwandelt sich die liebevolle Beschützerhaltung des Vaters gegenüber seiner Tochter in tyrannische Kontrolle, in willkürliche und launenhafte Machtausübung.

Julias Liebe zu Romeo wird eine andere mögliche Heirat, nämlich jene mit Paris, gegenübergestellt. Diese vorteilhafte Verbindung, die Julias Eltern favorisieren, auf die sie drängen und die sie schließlich zu erzwingen suchen, wird genauso dargestellt, wie sie einer Jugendlichen erscheinen muß – langweilig und inhaltsleer, eine bloße Formalität. Selbst das Loblied, das Gräfin Capulet auf Paris anstimmt, lebt von Metaphern und Bildern, die ihn uns eher fremd als sympathisch erscheinen lassen. Wenn sie ihn in einer ganzen Reihe von Verspaaren mit einem Buch vergleicht, will sie ihn eigentlich in ein schmeichelhaftes Licht stellen; doch ist es fürwahr ein mageres Lob, in diesem Drama der höchsten Leidenschaften mit einem Buch verglichen zu werden.[3] Als schließlich die Ereignisse der Katastrophe entgegeneilen und die Amme Julia drängt, Romeo nun zu vergessen und Paris zu heiraten („Ach, er ist solch ein allerliebster Herr!/Ein Lump ist Romeo nur gegen ihn“), da macht sie nicht etwa seine Tugenden und Vorzüge geltend, sondern offenbart weit eindrucksvoller ihre eigene Treulosigkeit. Für Paris ist ein solches Lob vernichtend.

Auch die Rolle des Paris geht auf eine Innovation Shakespeares zurück: im Vergleich zu Brookes Epos hat er sie wesentlich erweitert. Shakespeare führt Paris zu einem frühen Zeitpunkt in die Handlung ein, nämlich bereits in der 2. Szene des Dramas, in der er in dem Augenblick auf der Bühne

---

[3] Mercutio beleidigt Tybalt, wenn er von ihm sagt, er halte beim Fechten „Takt und Maß und Ton“ [„by the book“], und Julia verspottet Romeo zärtlich, als sie ihm vorwirft, „recht nach der Kunst“ [„by the book“] zu küssen. Erst als sie auf Romeo zornig ist, nachdem sie gehört hat, daß er ihren Cousin getötet hat, ahmt sie die Metaphorik ihrer Mutter nach: „War je ein Buch, so arger Dinge voll,/So schön gebunden?“ Und als die Liebenden es kaum ertragen können, sich zu trennen, stellt Romeo fest: „Wie Knaben aus der Schul', eilt Liebe hin zum Lieben,/Wie Knaben an ihr Buch, wird sie hinweggetrieben“ (II, 2, Z. 163 163). Bücher muß man erdulden; Leidenschaft ist etwas ganz anderes.

erscheint, als Romeo gerade abtritt. Bis zur Schlußszene in der Gruft, in der er Romeo herausfordert und von ihm getötet wird, ist Paris eine Gestalt, die keinerlei Veränderungen durchmacht und deren konventionelle, von den Eltern gern gesehene Brautwerbung der heimlichen Leidenschaft Romeos und Julias gegenübergestellt wird. Die Sprache, die Shakespeare den beiden jungen Männern in den Mund legt, dient ihm zur Steuerung unserer Sympathien. Paris' Sprache ist steif und formal, sie distanziert ihn von uns. Als Julia in ihrem scheintoten Zustand aufgefunden wird, ruft er aus:

> Berückt! geschieden! schwer gekränkt! erschlagen!
> Fluchwürd'ger, arger Tod, durch dich berückt!
> Durch dich so grausam, grausam hingestürzt!
> O Lieb'! o Leben! Nein, nur Lieb' im Tode!

Dieser Sprachstil ist von dem ihres Vaters nicht zu unterscheiden, dessen Reaktion sich unmittelbar an die Worte des Paris anschließt und seine Redeweise exakt widerspiegelt:

> Verhöhnt! bedrängt! gehaßt! zermalmt! getötet! –
> Trostlose Zeit! weswegen kamst du jetzt,
> Zu morden, morden unser Freudenfest? –
> O Kind! Kind! – meine Seel' und nicht mein Kind! –
> Tot bist du?
> (IV, 5, Z.58–67)

Man vergleiche diesen Sprachstil mit Romeos kurzer und packender Reaktion auf die Nachricht von Julias Tod: „Ist es denn so? Ich biet' euch Trotz, ihr Sterne!"

Am Ende ist Romeo nicht länger der verliebte, närrische Jüngling, der sich in abgedroschenen Liebesphrasen ergeht. Was Paris empfindet, läßt sich nach wie vor mit Hilfe allgemeiner sprachlicher Formeln und rhetorischer Figuren ausdrücken; Romeo aber sind diese nicht mehr angemessen. Der Reifungsprozeß beider Protagonisten verlangt nach einer zunehmend spontaneren Sprache, die sich immer deutlicher als ihre eigene zu erkennen gibt. Nicht nur in ihren Handlungen, sondern auch in ihrem Sprachgebrauch finden ihre individuelle Entfaltung und die Entfremdung von der Welt der Eltern ihren Niederschlag.

Das jugendliche Alter Romeos und Julias wird zu Beginn des Stücks auf vielfältige Weise unterstrichen. Bevor sie die Bühne betreten, sehen wir beide durch die Augen ihrer Eltern. Unter dieser Perspektive lernen wir zunächst Romeo kennen. Seine Eltern bringen ihre Sorge darüber zum Ausdruck, daß er sich neuerdings zurückzieht, launenhaft und verschlossen ist und die Bemühungen seines Vaters, etwas über den Grund seiner düsteren Stimmung zu erfahren, brüsk zurückgewiesen hat. Voller Unruhe wollen sie mehr in Erfahrung bringen und wenden sich deshalb an den Freund ihres Sohnes, Benvolio, dem er, so wissen sie, sein Vertrauen eher schenken wird als ihnen selbst. Bevor sie sich zurückziehen, damit die beiden allein miteinander sprechen können, bringen die Eltern ihre sichere Überzeugung zum Ausdruck, daß es noch immer in ihrer Macht liegt, ihren Sohn, wie ein kleines Kind, zu trösten: „Erführen wir, woher sein Leid entsteht,/Wir heilten es so gern, als wir's erspäht."

Romeos Alter wird zwar nicht genannt, doch die Entwicklungsphase, in der er sich befindet, läßt sich durchaus bestimmen. Seine Adoleszenz hat eingesetzt. Er hat sich von seinen Eltern zurückgezogen und pflegt nun einen intimeren Umgang mit seinen Freunden – Freunden seines eigenen Geschlechts und seines eigenen Alters. Derartige Freundschaften sind, wie ich bereits erwähnt habe, das Kennzeichen der frühen Adoleszenzphase. Sie geht der mittleren, in der Regel durch eine Hinwendung zum anderen Geschlecht charakterisierten Adoleszenz voran. Romeos Unterhaltungen mit Benvolio und Mercutio, ihre Neckereien, ihr Wohlbehagen in Gegenwart des anderen, die vertraute Form ihrer Schlagabtäusche – all dies überzeugt uns davon, daß ihre Freundschaft bereits Geschichte hat. Nun beginnt Romeo, sich durch seine Schwärmerei für Rosalinde auch von seinen männlichen Freunden zu distanzieren. Seine Sehnsucht veranlaßt ihn, vor Tagesanbruch allein spazierenzugehen, die Gesellschaft der Freunde zu meiden und ihren Fragen auszuweichen.[4] Aber Rosalinde bleibt angesichts seiner Bemühungen ungerührt. „Sie schwor zu lieben ab", klagt Romeo seinem Freund:

> Sie meidet Amors Pfeil, sie hat Dianens Witz.
> Umsonst hat ihren Panzer keuscher Sitten
> Der Liebe kindisches Geschoß bestritten.
> (I, 1, Z. 203–205)

Mit seinem ersten Abenteuer, das ihn aus der Vertrautheit und Sicherheit der Welt männlicher Freundschaften herausführt, trifft Romeo also eine Wahl, die für diese Übergangsphase häufig charakteristisch ist: er wählt eine Frau, die mit Sicherheit unerreichbar bleibt. Er kann für sie schwärmen, sich nach ihr verzehren – sie bleibt nichts als Phantasie. Er kann einen Hauch wohltuender Melancholie genießen, Gefahren aber birgt die Liebe zur tugendsamen Rosalinde nicht. Romeos Entfremdung von seinen Freunden wird sich vertiefen, sobald er sich von einem weiblichen Wesen abwendet, das unerreichbar bleibt, und eine Frau liebt, die seine Leidenschaft erwidert.[5]

---

[4] Dickey (1975) hat den melancholischen Liebhaber im medizinischen Schrifttum des 16. Jahrhunderts und in der literarischen Tradition untersucht.

[5] Die Männerwelt Romeos, Benvolios und Mercutios hat wichtige Züge mit der männlichen Fehdewelt gemein, dem Hintergrund, vor dem sich die Geschichte der Liebenden abspielt. In der Eingangsszene des Stücks erscheinen Simson und Gregorio, Bediente der Capulets, auf der Bühne, witzeln, bewundern ihre eigene Intelligenz, lechzen nach einem Kampf und stacheln sich gegenseitig auf. Die Wortspiele, an denen die Diener einen solchen Geschmack finden – ihre Prah-

Zu Beginn aber ist Julia noch ein Kind, das zufrieden im väterlichen Haushalt lebt. Bevor sie auf der Bühne erscheint, wird auch sie uns aus dem elterlichen Blickwinkel geschildert. Capulet versucht im Gespräch mit ihrem Freier Paris, die Heiratsfrage aufzuschieben, indem er nachdrücklich auf die mangelnde Lebenserfahrung seiner Tochter verweist:[6]

> Mein Kind ist noch ein Fremdling in der Welt,
> Sie hat kaum vierzehn Jahre wechseln sehn.
> Laßt noch zwei Sommer prangen und verschwinden,
> Eh' wir sie reif, um Braut zu werden, finden!
> (I, 2, Z.8–11)

Als wir Julia selbst begegnen, ist sie, geborgen im Schoß ihrer Familie, gerade im Gespräch mit 2 Mutterfiguren – nämlich ihrer Mutter und ihrer Amme – begriffen. Ihr Vater hat uns ihr Alter in der vorangegangenen Szene mitgeteilt, und nun ruft Gräfin Capulet es uns erneut in Erinnerung. Der Amme aber, für die alles, was mit Julia zusammenhängt, eine große

---

(Fortsetzung Fußnote 5)

lerei, die sich ums „Standhalten" und „Vom-Leder-Ziehen" dreht, das Feixen über ihre „Degen" und das „blanke Gewehr" – kreisen um ein einziges Thema, und die Neckereien der jungen Adligen sind von der gleichen Anzüglichkeit, der gleichen Doppeldeutigkeit erfüllt. Mercutio frönt in seinen Blankversen ebenso wortreich wie zuvor die Diener in ihrer Prosa der Vorstellung, „ihn aufzurichten" und „da stehn" zu lassen. Den jungen Männern gerät alles zum Witz.

Es fällt auf, daß keine der Frauen auch nur das geringste Interesse an der Fehde zum Ausdruck bringt. Als die 2 Familienoberhäupter, Montague und Capulet, in den Kampf einzugreifen versuchen, werden sie durch ihre Ehefrauen zurückgehalten. Und nach der Rauferei äußert Gräfin Montague im Gespräch mit Benvolio nicht etwa den Wunsch, daß Romeo zur Stelle gewesen wäre, um die Familienehre zu verteidigen. Sie drückt im Gegenteil sofort ihre Erleichterung darüber aus, daß er nicht hineinverwickelt wurde. Die Frauen nehmen an der Fehde nicht teil; sie versuchen, ihre Ehemänner und Söhne von ihr fernzuhalten. (Siehe Kahns [1977] Erläuterung des sozialen Kontextes der Fehde.)

Das Fehdeethos schließt die Frauen aus, denen dieses Ethos wiederum unverständlich erscheint. Die kindische Prahlerei ist für die frühe Phase der männlichen Adoleszenz charakteristisch, in der der Junge Zuflucht in der Gesellschaft anderer Jungen sucht. Sie mögen die Mädchen ignorieren oder sie verspotten; v. a. aber halten sie sich von ihnen fern. In ihren schlüpfrigen Witzen glorifizieren sie unaufhörlich das, was die Frau nicht besitzt und was sie vor ihrer imaginären Macht schützen müssen.

[6] Wir sollen ganz offensichtlich annehmen, daß Julia zu jung zum Heiraten ist. Stone (1977) kam anhand zeitgenössischer Akten zu dem Ergebnis, daß die Töchter des englischen höheren Landadels im späten 16. Jahrhundert in einem Durchschnittsalter von 20 Jahren heirateten. Laslett (1971) stellt auf der Grundlage von Heiratsurkunden, die in Canterbury ausgestellt wurden, fest, daß Anfang bis Mitte des 17. Jahrhunderts unter dem niederen Adel das durchschnittliche Heiratsalter einer Frau 21 Jahre betrug.

Bedeutung hat, erscheint es zu ungenau, schlicht und einfach, wie die Mutter es tut, zu sagen: „Sie ist nicht vierzehn Jahre". Sie fügt hinzu, daß sie Julias Alter auf die Stunde genau angeben könne: „Johannistag zu Abend wird sie vierzehn". Damit wird Julias Alter uns zum drittenmal genannt, und ihr Geburtstag selbst weckt, wie ich gezeigt habe, Assoziationen zu frühen Reifungsprozessen. Es wird rasch deutlich, daß die Amme in Julia regelrecht vernarrt ist. Obgleich sie 2mal gebeten wird, ihren Mund zu halten, kann sie es nicht unterlassen, darauf hinzuweisen, daß Julia das hübscheste Baby war, das sie je nährte. Als Gräfin Capulet schließlich ihr Thema zur Sprache bringt und Julia ihr mit kurzen Worten antwortet, reicht diese Erwiderung, um die Amme in eine weitere Lobeshymne ausbrechen zu lassen. Julia sagt in puncto Heirat bloß: „Ich träumte nie von dieser Ehre noch", aber ihre Amme muß sie einfach bewundern: „Ein' Ehre! Hätt'st du eine andre Amme/Als mich gehabt, so wollt' ich sagen: Kind,/Du habest Weisheit mit der Milch gesogen" (I, 3, Z. 71–73).

Gräfin Capulet hat Julia zu sich gerufen, um sie zu drängen, die Werbung des Paris anzunehmen. Die Amme ermutigt sie ebenfalls zu der Verbindung, allerdings nicht ohne sich zunächst – lang und breit – in Erinnerungen an Julias Kindheit zu ergehen. Man hat ihre zärtliche Erinnerung häufig als dichterischen Kunstgriff, die Amme selbst zu charakterisieren, interpretiert und als solchen überaus bewundert. Coleridge beispielsweise verglich die Art, wie sie in dieser Szene geschildert wird, mit einem Porträt, „auf dem jedes einzelne Haar so subtil gemalt wurde, das es einem Test unter dem Mikroskop standhalten würde". Er nahm in ihrer weitschweifigen, anekdotenhaften Redeweise „die ganze Geschwätzigkeit des Alters" wahr, die durch die Vorrechte, die sie als getreue Dienerin genießt, noch verstärkt wird. Ihre endlose – und durchaus komisch wirkende – Anhäufung von lauter Nebensächlichkeiten wurde von den Interpreten als Ausdruck ihrer Ungebildetheit betrachtet. Ereignisse sind für sie einzig und allein durch ihre zeitliche Koinzidenz miteinander verknüpft, aber sie schweift unvermittelt vom Thema ab, sobald ihr ein neuer Gedanke in den Sinn kommt.

Ich möchte die Redeweise der Amme unter einem anderen Aspekt betrachten. Diese Frau ist sowohl Julias Amme als auch ihre Erzieherin gewesen. Und aus diesem Grund verdient es Beachtung, daß die Erinnerung, die sie in ihrer Rückschau heraufbeschwört, *nicht* den selig an der Brust schlummernden Säugling betrifft. Eine solche Erinnerung hätte ebensowohl dazu dienen können, sie als getreue Dienerin zu charakterisieren und uns ihre zärtlichen Gefühle für das Mädchen, das sie genährt und großgezogen hat, vor Augen zu führen. Bezeichnenderweise aber betrifft die Erinnerung, die sie nun so anschaulich heraufbeschwört, das Krabbelkind, das gerade *entwöhnt* wird. Insofern lernen wir Julia durch die Rückschau der Amme in einem Entwicklungskontext kennen, dessen charakteristisches Merkmal die erste Trennung des Kindes von der Mutter oder ihrem Ersatz ist. Der Tag, an dem Julia entwöhnt wurde, ist der Amme vollkommen deutlich in Erinnerung:

Eilf Jahr ist's her, seit wir's Erdbeben hatten:
Und ich entwöhnte sie (mein Leben lang
Vergess' ich's nicht) just auf denselben Tag.
Ich hatte Wermut auf die Brust gelegt,
Und saß am Taubenschlage in der Sonne;
Die gnäd'ge Herrschaft war zu Mantua.
(Ja, ja! ich habe Grütz' im Kopf!) Nun, wie ich sagte:
Als es den Wermut auf der Warze schmeckte
Und fand ihn bitter – närr'sches, kleines Ding –,
Wie's böse ward und zog der Brust ein G'sicht!
Krach! sagt der Taubenschlag; und ich, fürwahr,
Ich wußte nicht, wie ich mich tummeln sollte.
Und seit der Zeit ist's nun eilf Jahre her.
Denn damals stand sie schon allein; mein' Treu',
Sie lief und watschelt' euch schon flink herum.
Denn Tags zuvor fiel sie die Stirn entzwei,
Und da hob sie mein Mann – Gott hab ihn selig!
Er war ein lust'ger Mann – vom Boden auf.
„Ei", sagt' er, „fällst du so auf dein Gesicht?
Wirst rücklings fallen, wenn du klüger bist.
Nicht wahr, mein Kind?" Und, liebe heil'ge Frau!
Das Mädchen schrie nicht mehr, und sagte: „Ja."
Da seh' man, wie so'n Spaß zum Vorschein kommt!
Und lebt' ich tausend Jahre lang, ich wette,
Daß ich es nie vergäß'. „Nicht wahr, mein Kind?" sagt' er,
Und's liebe Närrchen ward still, und sagte: „Ja."
(I, 3, Z.27–52)

In dem Moment, in dem Julia an der Schwelle zur Adoleszenz steht, weist die Erinnerung der Amme exakt auf jene Entwicklungsschritte zurück, die die beginnende Autonomie des kleinen Kindes signalisieren – auf die Zeit, in der sie alleine zu stehen und zu laufen lernte, auf den Tag, an dem sie entwöhnt wurde. Mit ihren detaillierten Erinnerungen führt die Amme uns diese Phase unmittelbar vor Augen: sie ermöglicht es uns, mit ihr zusammen die ersten, durch häufiges Hinfallen unterbrochenen Schritte des Kindes zu beobachten, die ersten Worte zu hören, die es selbst noch gar nicht richtig versteht und die sich auf zufällige, unweigerlich bedeutungsvolle und komische Weise mit der Sprache der Erwachsenen mischen. Gerade an dem Tag, bevor sie entwöhnt wurde, war die kleine Julia gestolpert und hingefallen und hatte sich eine Beule an der Stirn geholt, über die sie bitterlich weinte. Nun, 11 Jahre später, muß die Amme lachen, wenn sie sich an den Scherz ihres Mannes und die unwissende Antwort des Kindes erinnert:

Mein Mann, der sagte: „Ei, fällst aufs Gesicht?
Wirst rücklings fallen, wenn du älter bist.
Nicht wahr, mein Kind?" Still ward's, und sagte: „Ja."
(I, 3, Z.59–61)

Nachdem die Amme den Scherz einmal erzählt hat, ist sie derart von ihm angetan, daß sie ihn noch 3 weitere Male zum besten gibt. Durch diese Wiederholung wird er zu einem wichtigen Element des Hintergrunds, auf dem sich die folgenden Ereignisse abspielen. Mit seiner Reaktion auf das Hinfallen des Kleinkindes hatte ihr Mann bereits Julias künftiges Erwachsenwerden angesprochen. Ebenso wie die Erinnerung, in die er eingebettet ist, stellt sein obszöner Scherz selbst eine Verbindung zwischen den 2 Lebensphasen – der früheren Phase der Separation und der nun einsetzenden – her.[7]

Wenn wir Julia zum erstenmal begegnen, hat ihre Adoleszenz jedoch noch nicht eingesetzt. Den Ausgangspunkt ihrer Entwicklung charakterisieren, wie ich bereits andeutete, die ersten Worte, die sie an ihre Mutter richtet: „Hier bin ich, gnäd'ge Mutter! Was beliebt?" Gräfin Capulet hat sie zu sich gerufen, weil sie mit ihr über das Heiratsthema sprechen will. Julia wird sowohl von ihrer Mutter als auch von der Amme, die sich in das Gespräch einmischt und die Vorteile dieser Verbindung aus ihrer eigenen – sehr bezeichnenden – Sicht darstellt, bedrängt, sich Paris genauer anzusehen. Julia verspricht, auf den jungen Mann, der zu dem Maskenball der Capulets eingeladen ist, besonders aufmerksam zu achten. Am Schluß der Szene betont sie noch einmal, daß sie sich den Wünschen ihrer Eltern in kindlichem Gehorsam fügt:

> Gern will ich sehen, ob Sehen Neigung zeugt:
> Doch weiter soll mein Blick den Flug nicht wagen,
> Als ihn die Schwingen Eures Beifalls tragen.
> (I, 3, Z.103–105)

Julia wird im Gespräch mit 2 Mutterfiguren in die Handlung eingeführt, und diese beiden Frauen sind extrem gegensätzlich. Gräfin Capulet macht einen angespannten und aufgeregten Eindruck, als sie die Amme zunächst fortschickt, dann aber wieder zurückruft:

> Die Sach' ist diese! – Amme, geh beiseit',
> Wir müssen heimlich sprechen. Amme, komm
> Nur wieder her, ich habe mich besonnen:
> Ich will dich mit zur Überlegung ziehn.
> (I, 3, Z.8–11)

Sobald die Amme zurückgekehrt ist, wendet Gräfin Capulet sich an sie, nicht aber an Julia. „Du weißt, mein Kind hat schon ein hübsches Alter." Nun kommt die Amme auf ihre Erinnerungen zu sprechen und erwähnt dabei ihren Wunsch, es noch erleben zu dürfen, Julia als Braut zu sehen. Das gibt Gräfin Capulet endlich die Möglichkeit, ihr Thema anzuschneiden: „Die

[7] Es hat den Anschein, als griffe die Amme Blos' (1967) Konzept der Adoleszenz als zweiter und dem der ersten Lebensjahre analogen Individuationsprozeß um 4 Jahrhunderte voraus.

Hochzeit, ja! das ist der Punkt, von dem/Ich sprechen wollte. Sag mir, liebe Tochter,/Wie steht's mit deiner Lust, dich zu vermählen?" Ihr Wortspiel und ihre gespreizte, unnatürliche Sprache kontrastieren mit der Spontaneität und Ausführlichkeit, die die Redeweise der Amme charakterisieren. Für den verstorbenen Ehemann der Amme war Julia „mein Kind"[8], Gräfin Capulet aber gebraucht keine Diminutive, keine Kosenamen, keine Spitznamen – sie nimmt auf eine gemeinsame Vergangenheit überhaupt nicht Bezug. Eine steife Förmlichkeit kennzeichnet die Worte der Gräfin, während die Erinnerungen der Amme sinnliche Eindrücke wiedergeben: an jenem Tag vor 11 Jahren, als sie Wermut auf ihre Brustwarze gelegt hatte, um Julia zu entwöhnen, saß sie am Taubenschlag in der Sonne. Vor ihrem inneren Auge sieht sie nicht nur, wie Julia zurückschreckte, sie empfindet auch nach, was in dem Kind vorging, als es den bitteren Wermut schmeckte. Ihre Schilderung der durch das Erdbeben verursachten Erschütterung des Taubenschlags – „Krach! sagt der Taubenschlag" – ist animistisch und pittoresk.

Ihre Rückschau läßt die Amme spontan als sympathische Persönlichkeit erscheinen. Ihre Erinnerungen an die Vergangenheit geben – in all ihrer Ausführlichkeit – zu erkennen, wie wichtig Julia für sie war. Möglicherweise war sie ein Ersatz für ihr eigenes Kind. Die Amme spielt auf die Verluste an, die sie selbst erfahren hat – ihre Tochter, Suschen, die nun genauso alt wäre wie Julia (sie wird nur dieses eine Mal erwähnt, die Tatsache aber, daß die Amme sie bei ihrem Vornamen nennt, unterstreicht den Verlust, den ihr Tod für sie bedeutete), und ihr Ehemann, ein „lust'ger Mann", über dessen Witze sie auch 11 Jahre später noch lachen muß. Wir – und Julia – werden die Amme bald mit anderen Augen sehen; aber es ist wichtig, daß die Amme in diesem Schauspiel über die Adoleszenz zu Beginn als eine warmherzige und sympathische Gestalt erscheint. Sie war die Frau, mit der Julia ihre Kindheit verbrachte, die sie nährte und entwöhnte, ihren ersten Stolperschritten zusah, ihre ersten Worte vernahm. Ja, ihre eigenen Eltern verbrachten den von der Amme so zärtlich erinnerten Tag, an dem Julia entwöhnt wurde, in Mantua.

Die Gestalt der Amme gibt dem modernen Publikum Einblick in die Praxis der Ammenaufzucht, die in der Renaissance für Stadtbevölkerung und Oberschicht die Regel war. Von einer Frau im gesellschaftlichen Rang der Capulets erwartete niemand, daß sie ihre Kinder selbst stillte. Das ist ein Stück Geschichte, in dem aber auch ein metaphorisches Element mitschwingt, das nicht auf diese historische Phase beschränkt ist. Die Anwesenheit von 2 Mutterfiguren korrespondiert mit einer „Spaltung" in der psychischen Repräsentation der Mutter, die das ganz kleine Kind entwickelt. In der frühen Kindheit verschmelzen die disparaten Erfahrungen, die es bezüglich der Mutter macht, noch nicht zu einem einheitlichen

---

[8] Im Originaltext gibt er ihr den Kosenamen „Jule". A.d.Ü.

Ganzen: Die Verbindung von „guter Mutter" und „böser Mutter" zu einer einzigen Mutter, die zwar ambivalent betrachtet wird, in ihrer inneren Repräsentation aber nichtsdestoweniger konstant bleibt, stellt eine tiefgreifende psychische Errungenschaft dar.[9] Häufig wird das Erleben „zweier Mütter" in der Adoleszenz zu Abwehrzwecken reaktiviert, wenn die Sexualität, die nun in der Mutter verleugnet werden muß, in einer anderen Frau lebhaft wahrgenommen (oder auf sie projiziert) wird. Der Gegensatz zwischen Gräfin Capulet und der Amme entspricht einer solchen Spaltung. Die ungemeine Obszönität der Amme findet bereits in den ersten Worten Ausdruck, die sie auf der Bühne spricht. Als Gräfin Capulets ungeduldig auf ihre Tochter wartet, schickt sich die Amme erneut an, sie herbeizuholen: „Bei meiner Jungfernschaft im zwölften Jahr,/Ich rief sie schon." Der Witz liegt darin, daß sie nicht beschwören könnte, mit 13 noch Jungfrau gewesen zu sein.

Die Amme ist, verglichen mit der spröden, gezierten Gräfin Capulet, eine robuste, vollblütige Frau. Sie läßt ihren zärtlichen Erinnerungen freien Lauf, während die Mutter zu Julia nur kurz und bündig sagt: „Mit einem Wort:/Der junge Paris wirbt um deine Hand." Und nachdem sie Paris angepriesen hat, fragt sie brüsk: „Sag kurz: fühlst du dem Grafen dich geneigt?" Der Unterschied zwischen diesen beiden Mutterfiguren zeigt sich überaus prägnant, wenn sie sich ausmalen, was Julia durch eine Heirat mit Paris gewinnen könnte. Gräfin Capulet vergleicht ihn, in aneinandergereihten Reimpaaren, mit einem Buch:

> Heut abend siehst du ihn bei unserm Fest.
> Dann lies im Buche seines Angesichts,
> In das der Schönheit Griffel Wonne schrieb;
> Betrachte seiner Züge Lieblichkeit,
> Wie jeglicher dem andern Zierde leiht.
> Was dunkel in dem holden Buch geblieben,
> Das lies in seinem Aug' am Rand geschrieben.
> Und dieses Freiers ungebundner Stand,
> Dies Buch der Liebe, braucht nur einen Band.
> Der Fisch lebt in der See, und doppelt teuer
> Wird äußres Schön' als innrer Schönheit Schleier.
> Das Buch glänzt allermeist im Aug' der Welt,
> Das goldne Lehr' in goldnen Spangen hält.

Der Gedankengang ist konventionell, und jede Wiederkehr der Metapher fügt sich exakt in den vorgesehenen Reim ein. Gräfin Capulet beschließt ihre Empfehlung mit den Worten:

> So wirst du alles, was er hat, genießen,
> Wenn du ihn hast, ohn' etwas einzubüßen.
> (I, 3, Z. 85–99)

---

[9] Einen kritischen Überblick über das Konzept der Spaltung in der psychoanalytischen Literatur gibt Lustman (1977).

Hier mischt sich die Amme ein: „Einbüßen? Nein, zunehmen wird sie eher;/Die Weiber nehmen oft durch Männer zu." Gräfin Capulet denkt an Reichtum, die Amme an die Schwangerschaft. Und in der Schlußzeile der Szene, nachdem Gräfin Capulet Paris angepriesen hat, indem sie ihn mit einem Buch verglich, macht die Amme ihre eigene Ansicht über die Vorteile der Ehe geltend: „Such' frohe Nächt' auf frohe Tage, Kind!" Ihre ausgelassene Anspielung auf „frohe Nächte" im Ehebett zeigt, daß die Amme eine Frau ist, für die der Körper und die körperlichen Genüsse eine ganz entscheidende Bedeutung hatten. Sie hat die Bühne noch nicht richtig betreten, da wissen wir schon, daß sie mittlerweile nur noch 4 Zähne besitzt; im weiteren Verlauf des Stücks werden wir noch genauer sehen, wie sie auf den unerbittlichen Verfall ihres Körpers reagiert – und wie diese Reaktion sich in ihrer Beziehung zu der heranwachsenden Julia niederschlägt.

In der Amme und in ihrem Vater besitzt Julia 2 Elternfiguren, die sich ihres fortgeschrittenen Alters überaus bewußt sind. Es ist von entscheidender Bedeutung, daß in diesem Stück, dessen Protagonisten in der Adoleszenz sind, das jugendliche Alter der Liebenden von Anfang an dem Alterungsprozeß der Elterngeneration gegenübergestellt wird. Als Capulet in der ersten Szene, der Rauferei auf der Straße, die Bühne betritt, ruft er sogleich nach seinem langen Schwert, um von seiner Frau nur die spöttische Antwort zu erhalten: „Nein, Krücken! Krücken! Wozu soll ein Schwert!" In der folgenden Szene gibt es einen weiteren, unmittelbaren Hinweis auf sein Alter und das damit einhergehende Verstummen der Leidenschaften. Als er mit Paris über den Waffenstillstand spricht, der beiden Seiten auferlegt wurde, bemerkt Capulet über sich selbst und das Oberhaupt der anderen Familie, den alten Montague: „Für Greise, wie wir sind,/Ist Frieden halten, denk' ich, nicht so schwer."

Capulets bewußtes Wissen um die Tatsache, daß er alt wird, zeigt sich noch deutlicher in der Maskenballszene: sie stellt den Hintergrund dar, vor dem Romeo und Julia einander begegnen werden. Capulet begrüßt seine Gäste:

> Ich weiß die Zeit, da ich 'ne Larve trug
> Und einer Schönen eine Weis' ins Ohr
> Zu flüstern wußte, die ihr wohlgefiel.
> Das ist vorbei, vorbei! Willkommen, Herren!
> Kommt, Musikanten, spielt! Macht Platz da, Platz!
> Ihr Mädchen, frisch gesprungen!
> (I, 5, Z.24–29)

Capulets Hinweis auf seine – einstige – Fähigkeit, den Damen zu gefallen, und sein wehmütiges, wiederholtes Eingeständnis, daß es damit nun vorbei sei, erfolgt im gleichen Atemzug mit seinen Begrüßungsworten. Als Pater familias und Gastgeber drängt er die Musiker, aufzuspielen – zu einem Tanz, an dem er selbst jetzt nur noch als Zuschauer teilnehmen kann.

So wendet er sich mit der ausdrücklichen Bemerkung an einen Verwandten, „Wir beide sind ja übers Tanzen hin", und verwickelt ihn in ein Gespräch über die Frage, wann sie beide zum letztenmal Masken getragen haben. Der Mann erwidert, es sei 30 Jahre her, und Capulet protestiert – so lang kann es noch nicht her sein, bestimmt sind es nur 25 Jahre. Aber sein Verwandter weiß es ganz genau: zum letztenmal haben sie sich auf einer Hochzeit maskiert, und das Kind aus dieser Ehe ist mittlerweile 30 Jahre alt. Noch immer kann Capulet es nicht glauben. Ganz sicher war dieser Sohn vor 2 Jahren noch unmündig, also noch nicht 21. Um was es in diesem Gespräch eigentlich geht, ist klar: Unsere Kinder werden schneller groß, als wir uns bewußt machen, und führen uns auf diese Weise vor Augen, daß wir selbst entsprechend älter werden.

Diese betonte Demonstration von Capulets Alterungsprozeß konstituiert den Hintergrund, vor dem Romeo Julia zum erstenmal erblickt. Romeos leidenschaftliche Reaktion auf ihre Schönheit schließt unmittelbar an die wehmütigen Worte des Vaters an, der nicht glauben mag, daß das Leben tatsächlich so schnell vorübergeht:

CAPULET: Na, setzt Euch, setzt Euch, Vetter Capulet!
Wir beide sind ja übers Tanzen hin
Wie lang' ist's jetzo, seit wir uns zuletzt
In Larven steckten?
ZWEITER CAPULET: Dreißig Jahr, mein' Seel'.
CAPULET: Wie, Schatz? So lang' noch nicht, so lang' noch nicht!
Denn seit der Hochzeit des Lucentio
Ist's etwa fünfundzwanzig Jahr, sobald
Wir Pfingsten haben; und da tanzten wir.
ZWEITER CAPULET: 's ist mehr, 's ist mehr! Sein Sohn ist älter, Herr:
Sein Sohn ist dreißig.
CAPULET: Sagt mir das doch nicht!
Sein Sohn war noch nicht mündig vor zwei Jahren.

Dann folgt unmittelbar:

ROMEO: Wer ist das Fräulein, welche dort den Ritter
Mit ihrer Hand beehrt?
DER BEDIENTE: Ich weiß nicht, Herr.
ROMEO: Oh, sie nur lehrt den Kerzen, hell zu glühn!
Wie in dem Ohr des Mohren ein Rubin,
So hängt der Holden Schönheit an den Wangen
Der Nacht: zu hoch, zu himmlisch dem Verlangen!
(I, 5, Z. 33–49)

Mit den ersten Worten, die Romeo an Julia richtet, hebt ein Sonett[10] an, das zu ihrem ersten Kuß führt:

> ROMEO: Entweihet meine Hand verwegen dich,
> O Heil'genbild, so will ich's lieblich büßen.
> Zwei Pilger, neigen meine Lippen sich,
> Den herben Druck im Kusse zu versüßen.
> JULIA: Nein, Pilger, lege nichts der Hand zu schulden
> Für ihren sittsam andachtsvollen Gruß.
> Der Heil'gen Rechte darf Berührung dulden,
> Und Hand in Hand ist frommer Waller Kuß.
> ROMEO: Hat nicht der Heil'ge Lippen wie der Waller?
> JULIA: Ja, doch Gebet ist die Bestimmung aller.
> ROMEO: Oh, so vergönne, teure Heil'ge, nun,
> Daß auch die Lippen wie die Hände tun.
> Voll Inbrunst beten sie zu dir: erhöre,
> Daß Glaube nicht sich in Verzweiflung kehre!
> JULIA: Du weißt, ein Heil'ger pflegt sich nicht zu regen,
> Auch wenn er eine Bitte zugesteht.
> ROMEO: So reg' dich, Holde, nicht, wie Heil'ge pflegen
> Derweil mein Mund dir nimmt, was er erfleht. *Er küßt sie.*
> (I, 5, Z.96–110)

Im Unterschied zu Romeos früheren literarischen Anstrengungen, die der unnahbaren Rosalinde gewidmet waren, findet dieses Sonett Resonanz: Julia stimmt mit ein. Ihre Berührung, und dann ihr Kuß, sind in der Tat, wie Romeo zutreffend feststellt, Übergriffe, zu denen sie ihn zärtlich drängt.[11] Und nach ihrem ersten Kuß fordert Julia ihn sanft und spielerisch auf, sie noch einmal zu küssen, indem sie sagt, daß nun ihr Mund mit all der Sünde belastet sei, von der sie seinen Mund entbunden habe – und natürlich bietet er ihr an, sie unverzüglich zurückzunehmen.

Mit diesen Zeilen stimmen sie ein weiteres Sonett an (dieses Mal küssen sie sich bereits nach dem ersten Quartett), als die Amme sie unterbricht: „Mama will Euch ein Wörtchen sagen, Fräulein." Die Unterbrechung leitet eine Dialektik ein, die sich in der Spannung zwischen Julias Hinstreben zu Romeo und den Versuchen ihrer Eltern, sie zurückzuholen, durch das

---

[10] Schlegel hat die Gedichtform in seiner Übertragung nicht nachempfunden. Bei Shakespeare folgen auf die beiden Quartette die Terzette:

> ROMEO: Have not saints lips, and holy palmers too?
> JULIET: Ay, pilgrim, lips that they must use in prayer.
> ROMEO: O then, dear saint, let lips do what hands do:
> They pray: grant thou, lest faith turn to despair.
> JULIET: Saints do not move, though grant for prayer's sake.
> ROMEO: Then move not, while my prayer's effect I take.

A.d.Ü.

[11] „O trespass sweetly urg'd". Schlegels Formulierung „O Vorwurf, süß erfunden" gibt den Inhalt von Romeos Äußerung nicht wortgetreu wieder. A.d.Ü.

gesamte Stück hindurch fortsetzen wird. Ihre gemeinsame Liebe entwickelt sich vor dem Hintergrund der familiären Bindungen Julias und wird zum Auslöser eines grundsätzlichen Konflikts.

Diese erste Begegnung mit Romeo führt uns charakteristische Eigenschaften Julias vor Augen, die im weiteren Handlungsverlauf immer deutlicher zutage treten werden: ihre Freimütigkeit, ihren Humor, ihre Verspieltheit – und die freudige Akzeptanz ihrer erwachenden Sexualität. In der früheren Szene, in der Julia auf das Rufen der Amme hin erschienen war, lernten wir ein gehorsames Kind kennen, das sich den Wünschen seiner Eltern unterwarf. Nun, nachdem sie Romeo gesehen und geküßt hat, sich in ihn verliebt hat, beginnt Julia, sich gegenüber ihrer Amme gewisser Listen zu bedienen. Als die Gäste das Haus verlassen, fragt Julia die Amme nach ihren Namen und weist dabei zunächst auf 2 andere Männer, bevor sie ihr den Mann zeigt, um den es ihr eigentlich zu tun ist. Nachdem sie Romeos Namen erfahren hat, ist sie überrascht und bestürzt:

So ein'ge Lieb' aus großem Haß entbrannt!
Ich sah zu früh, den ich zu spät erkannt.
Oh, Wunderwerk! ich fühle mich getrieben,
Den ärgsten Feind aufs zärtlichste zu lieben.
(I, 5, Z. 143–146)

Die Amme fragt, wovon sie spricht, und Julia antwortet augenblicklich mit einer Lüge: es sei „ein Reim, den ich von einem Tänzer/soeben lernte".

Romeo reagiert ganz ähnlich, als er Julias Namen erfährt: „Sie ein' Capulet! O teurer Preis! mein Leben/ist meinem Feind als Schuld dahingegeben." Er zeigt sich bestürzt über die Auskunft, daß Julia eine Capulet ist, aber mit Rosalinde verhielt es sich nicht anders, denn sie ist des alten Capulets Nichte – und schließlich befindet er sich doch auf einem Maskenball im Hause Capulet. Romeo glaubt, sich völlig unwissentlich zunächst in Rosalinde und nun in Julia verliebt zu haben, aber beide Male wählt er ausgerechnet Frauen, die ihn von den Montagues entfremden werden.

Ich habe behauptet, daß man Romeos und Julias Situation als Metapher für einen Konflikt betrachten kann, der in Wahrheit einen *innerlichen* Konflikt der Adoleszenz darstellt: unweigerlich ist die erste Liebe der Feind der eigenen Familie, denn die Bindungen an die Herkunftsfamilie verlieren aufgrund dieser Liebe an Bedeutung. Genau dies ist Thema ihres Gesprächs in der Szene, in der Romeo und Julia einander ihre Liebe erklären. Julia tritt auf den Balkon ihres Elternhauses und beginnt ihren Monolog, aus dem ich zu Anfang dieses Kapitels zitiert habe:

O Romeo! warum denn Romeo?
Verleugne deinen Vater, deinen Namen!
Willst du das nicht, schwör' dich zu meinem Liebsten,
Und ich bin länger keine Capulet!
(II, 2, Z. 35–38)

„Verleugne deinen Vater": der eigentliche Kern ihres Nachsinnens ist der Gedanke, daß sie und Romeo sich von den durch ihre Familiennamen repräsentierten Bindungen an ihre Eltern lossagen müssen, weil sie einander lieben. Sie fährt fort: „Dein Nam' ist nur mein Feind. Du bleibst du selbst,/Und wärst du auch kein Montague", als ob sein „Selbst" von seiner Herkunft zu trennen wäre. Ihr berühmtes Plädoyer, das mit der Frage „Was ist ein Name?" anhebt, setzt diesen Versuch, die Stärke der Bindungen an die Familie zu leugnen, fort. Sie behauptet, daß Romeos Herkunft nicht Teil seiner selbst sei, sondern nur etwas Äußerliches und Willkürliches wie der Laut „Rose", der die Blume bezeichnet.

> Was ist
> Denn Montague? Es ist nicht Hand, nicht Fuß,
> Nicht Arm noch Antlitz, noch ein andrer Teil,
> Der Menschen eignet. Oh, führ andern Namen!
> Was ist ein Name? Was uns Rose heißt,
> Wie es auch hieße, würde lieblich duften;
> So Romeo, wenn er auch anders hieße,
> Er würde doch den köstlichen Gehalt
> Bewahren, welcher sein ist ohne Titel.
> O Romeo, leg' deinen Namen ab,
> Und für den Namen, der dein Selbst nicht ist,
> Nimm meines ganz!
> (II, 2, Z.41–52)

In diesem Augenblick tritt Romeo aus dem Schatten heraus und vollendet ihren Vers. Er teilt ihre wunschgeleitete Überzeugung, daß man sich der Bindungen an die Herkunftsfamilie mühelos entledigen kann:

> Ich nehme dich beim Wort.
> Nenn' Liebster mich, so bin ich neu getauft,
> Ich will hinfort nicht Romeo mehr sein.
> (II, 2, Z.53–55)

Die Metaphorik, deren sie sich in dieser gesamten Szene bedienen, legt nahe, daß ihre Liebe zueinander nicht nur eine Befreiung aus den familiären Bindungen darstellt, sondern auch als *Ersatz* für diese Bindungen dient.

Zwischen den Bäumen verborgen, hat Romeo Julias Liebesgeständnis mit angehört, bevor sie sich seiner Gegenwart bewußt wurde. In dem Augenblick, in dem er aus dem Dunkel tritt, sagt sie, daß sie über die Worte, denen er gelauscht hat, erröten müßte, wenn die Nacht nicht ihr Gesicht verhüllte. Sie spielt ironisch auf die Konventionen an, die das Verhalten Liebender normalerweise bestimmen:

> Gern hielt' ich streng auf Sitte, möchte gern
> Verleugnen, was ich sprach: doch weg mit Förmlichkeit!
> Sag, liebst du mich? Ich weiß, du wirst's bejahn,
> Und will dem Worte traun; doch wenn du schwörst,
> So kannst du treulos werden; wie sie sagen,

Lacht Jupiter des Meineids der Verliebten.
O holder Romeo! wenn du mich liebst:
Sag's ohne Falsch! Doch dächtest du, ich sei
Zu schnell besiegt, so will ich finster blicken,
Will widerspenstig sein, und nein dir sagen,
So du dann werben willst: sonst nicht um alles!
Gewiß, mein Montague, ich bin zu herzlich;
Du könntest denken, ich sei leichten Sinns.
Doch glaube, Mann, ich werde treuer sein
Als sie, die fremd zu tun geschickter sind.
(II, 2, Z.91–103)

„Gern hielt' ich streng auf Sitte", sagt sie, auf die üblichen Rituale der Brautwerbung anspielend. Aber Julia ist nicht imstande, der Sitte zu gehorchen. Ihre Lebendigkeit, Direktheit und Spontaneität – ihr schalkhafter Humor – durchbrechen die von den sittlichen Normen auferlegten Grenzen. Die Einfachheit ihrer Worte steht der überspannten und artifiziellen Redeweise Romeos entgegen. Ihre Sätze sind durch ihr Empfinden geprägt und enden in der Mitte der Zeile; Romeos werden den metrischen Vorgaben gerecht. Romeo sucht seine Metaphern am Himmel, Julia aber findet sie unmittelbar in ihren eigenen Sinnen. Sie riecht die Rose; ihre Ohren „trinken" die Worte seiner Lippen. Romeo vergleicht Julia mit der Sonne, mit den Sternen, mit einem Engel, der auf den Wolken dahinfährt; sie ist „ein Flügelbote des Himmels", der dem „erstaunten, über sich/ Gekehrten Aug' der Menschensöhne, die/Sich rücklings werfen, um ihm nachzuschaun", erscheint. Und wäre sie „fern/Wie Ufer, von dem fernsten Meer bespült,/Ich wagte mich nach solchem Kleinod hin". Romeos Metaphorik entrückt Julia in die Ferne; Julia holt ihn sich mit ihrer Sprache nahe. Zur Rose gehört ihr süßer Duft; zu einem Mann gehört sein Körper.

Julias Sorge um Romeos Sicherheit im Garten der Capulets veranlaßt sie, praktische und realitätsbezogene Fragen zu stellen, auf die er mit rhetorischen Höhenflügen antwortet:

JULIA: Wie kamst du her? o sag mir, und warum?
Die Gartenmau'r ist hoch, schwer zu erklimmen;
Die Stätt' ist Tod, bedenk' nur, wer du bist,
Wenn einer meiner Vettern dich hier findet.
ROMEO: Der Liebe leichte Schwingen trugen mich;
Kein steinern Bollwerk kann der Liebe wehren;
Und Liebe wagt, was irgend Liebe kann:
Drum hielten deine Vettern mich nicht auf.
(II, 2, Z.65–72)

Als Julia größte Angst um sein Leben äußert, antwortet Romeo mit albernen Prahlereien – und bekundet eine Vorliebe für romantische Klischees:

Ach, deine Augen drohn mir mehr Gefahr
Als zwanzig ihrer Schwerter.

Julia bringt auf Kosten seiner romantischen Schwärmerei einen liebenswürdigen Humor zum Ausdruck. Als er zu seiner Liebeserklärung anhebt – „Ich schwöre, Fräulein, bei dem heil'gen Mond,/Der silbern dieser Bäume Wipfel säumt..." –, unterbricht sie ihn mitten im Satz, um seinem Schwur beim unbeständigen Mond Einhalt zu gebieten, „Damit nicht wandelbar dein Lieben sei!" Als er von neuem anhebt: „Wenn die Herzensliebe...", unterbricht sie ihn wieder: „Gut, schwöre nicht". Romeo ist immer von tödlichem Ernst; Julia hat ein Zwinkern in den Augen.

Nachdem sie die Konventionen der Brautwerbung verworfen hat, fordert Julia selbst Romeo auf, seine Liebe zu erklären, und sie ist es auch, die das Gespräch auf die Trauung bringt. Sie ist die aktivere und vernünftigere der beiden; Romeo hat noch immer etwas von einem liebeskranken Jungen an sich, den die Gepflogenheiten der Liebesdichtung gefangen halten. Als er noch nach einer Metapher sucht, um seine Liebe in Worte zu fassen, sieht Julia das Ende bereits voraus:

> Obwohl ich dein mich freue,
> Freu' ich mich nicht des Bundes dieser Nacht.
> Er ist zu rasch, zu unbedacht, zu plötzlich;
> Gleicht allzusehr dem Blitz, der nicht mehr ist,
> Noch eh' man sagen kann: „Es blitzt."

Wiederum wird ihr Gespräch von der Amme unterbrochen, die aus dem Hausinnern nach Julia ruft. Julia geht hinein und kommt dann noch einmal zurück, um Romeo die Trauung anzutragen. Sie hat noch nicht ganz ausgesprochen, da ruft die Amme sie erneut. Julia muß sich – zweimal – unterbrechen, um ihr zu antworten, aber dennoch gelingt es ihr, den Faden ihres Zwiegesprächs mit Romeo nicht zu verlieren:

> JULIA: Drei Worte, Romeo; dann gute Nacht!
> Wenn deine Liebe, tugendsam gesinnt,
> Vermählung wünscht, so laß mich morgen wissen
> Durch jemand, den ich zu dir senden will,
> Wo du und wann die Trauung willst vollziehn.
> Dann leg' ich dir mein ganzes Glück zu Füßen,
> Und folge durch die Welt dir als Gebieter. –
> *Die Wärterin hinter der Szene: „Fräulein!"*
> Ich komme; gleich! – Doch meinst du es nicht gut,
> So bitt' ich dich...
> *Die Wärterin hinter der Szene: „Fräulein!"*
> Im Augenblick: ich komme! –
> ... Hör' auf zu werben, laß mich meinem Gram!
> Ich sende morgen früh –
> (II, 2, Z.147–157)

Um die Mittagszeit des folgenden Tages sehen wir Julia wieder. Die Amme hat sich um 9 Uhr auf den Weg gemacht und versprochen, eine halbe Stunde später zurückzusein, um Julia auszurichten, für welchen Zeitpunkt und Ort

Romeo die Trauung arrangiert hat, aber sie ist noch nicht wieder da. Julia kann das Warten kaum ertragen:

Oh, sie ist lahm!
Zu Liebesboten taugen nur Gedanken,
Die zehnmal schneller fliehn als Sonnenstrahlen,
Wenn sie die Nacht von finstern Hügeln scheuchen.
Deswegen ziehn ja leichtbeschwingte Tauben
Der Liebe Wagen, und Cupido hat
Windschnelle Flügel. Auf der steilsten Höh'
Der Tagereise steht die Sonne jetzt;
Von neun bis zwölf, drei lange Stunden sind's;
Und dennoch bleibt sie aus. O hätte sie
Ein Herz und warmes jugendliches Blut,
Sie würde wie ein Ball behende fliegen,
Es schnellte sie mein Wort dem Trauten zu,
Und seines mir.
(II, 5, Z.4–17)

Als die Amme endlich erscheint, beschleunigt die Ungeduld Julias Sprachrhythmus: „O Gott, sie kömmt! Was bringst du, goldne Amme? / Trafst du ihn?“ Die Amme geht auf diese Frage gar nicht ein, sondern klagt über Erschöpfung und Gliederschmerzen. Julia erwidert trocken: „Ich wollt', ich hätte deine Neuigkeit, Du meine Glieder“, und bestürmt sie erneut, zu sprechen. Die Amme enthält ihr die Nachricht weiterhin vor, klagt nun über Atemlosigkeit und tadelt Julia wegen ihrer Ungeduld. Julias Antwort zeugt von gesundem Menschenverstand und einem klaren Kopf:

Wie außer Atem, wenn du Atem hast,
Um mir zu sagen, daß du keinen hast?
Der Vorwand deines Zögerns währt ja länger,
Als der Bericht, den du dadurch verzögerst.
Gib Antwort: bringst du Gutes oder Böses?
Nur das, so wart' ich auf das Näh're gern.
Beruh'ge mich! Ist's Gutes oder Böses?
(II, 5, Z.34–40)

Aber die Amme läßt sie noch länger warten, indem sie fortfährt zu klagen – mal über Kopf-, mal über Rückenschmerzen. Julia ist verzweifelt, benimmt sich aber wie ein guterzogenes junges Fräulein, drückt der Amme ihr Bedauern über deren Beschwerden aus und bringt ihr gehorsam einen Umschlag für die schmerzenden Glieder. Als die Amme endlich soweit zu sein scheint, Julia die Nachricht mitzuteilen, auf die das Mädchen brennt, unterbricht sie sich 2mal mit nebensächlichen Fragen: Hat Julia zu Hause zu Mittag gegessen? Wo ist ihre Mutter? Angesichts dieser erheblichen Provokation bleibt Julia höflich und verliert nicht einmal ihren Humor:

AMME: Eu'r Liebster sagt, so wie ein wackrer Herr, – und ein artiger, und ein freundlicher, und ein hübscher Herr, und, auf mein Wort, ein tugendsamer Herr, – Wo ist denn Eure Mutter?

JULIA: Wo meine Mutter ist? Nun, sie ist drinnen;
Wo wär' sie sonst? Wie seltsam du erwiderst:
„Eu'r Liebster sagt, so wie ein wackrer Herr –
Wo ist denn Eure Mutter?"
(II, 5, Z. 61–68)

Die Amme läßt Julia insgesamt 70 Zeilen lang warten, bevor sie sie über die Pläne für ihre Trauung in Kenntnis setzt.

Wir wissen bereits, daß die Amme sich Zeit läßt und ihre Zuhörer mit ihrer Unfähigkeit, sich kurz zu fassen, verrückt macht. In ihrem Rückblick auf Julias Kindheit kam sie, mit einer Weitschweifigkeit, die in jener Szene komisch und sympathisch wirkte, von einer Anekdote auf die nächste zu sprechen. Nun aber lernen wir diese scheinbar gutartige Eigenschaft von einer anderen Seite kennen. Wenn die Amme Julia die wichtigen Informationen vorenthält, auf die sie seit 3 Stunden wartet, ist dies eine an Grausamkeit grenzende Provokation. In der früheren Szene ließen ihre Erinnerungen erkennen, wie sehr sie an der kleinen Julia gehangen hatte, und gaben auf rührende Art und Weise Einblick in ihre gemeinsame Vergangenheit. Folglich dürfen wir fragen, welche Ursache ihrem nun deutlich veränderten Verhalten Julia gegenüber zugrunde liegt. Eine mögliche Antwort gibt die Art ihrer Verzögerungstaktik. Während sie sich lang und breit über die Hinfälligkeit ihres eigenen Körpers beschwert, verrät die Amme, daß sie sich der Schönheit von Romeos jugendlichem Körper aufs schärfste bewußt ist. Inmitten ihrer Klagen gibt sie zu verstehen, daß sie ihn eines sorgfältig prüfenden Blicks unterzogen hat. Weiterhin läßt sie Julia warten und stellt, nun in Prosa zurückfallend, fest:

Er hat zwar ein hübscher Gesicht wie andre Leute; aber seine Beine gehn über alle Beine, und Hand, und Fuß, und die ganze Positur: – es läßt sich eben nicht viel davon sagen, aber man kann sie mit nichts vergleichen. (II, 5, Z. 43–47)

Nach diesem Lobgesang auf Romeos Körper, zu dem niemand sie aufgefordert hat, wirft sie Julia Lüsternheit vor.

Die Gefühle, die die Amme in dieser Angelegenheit hegt, offenbaren sich ganz unverhüllt am Schluß der Szene, als sie zu Julia sagt:

Ich bin das Lasttier, muß für Euch mich plagen,
Doch Ihr sollt Eure Last zu Nacht schon tragen.
(II, 5, Z. 81–82)

Ihre Formulierung „Ihr sollt Eure Last schon tragen" spielt mit den 2 Bedeutungen im Sinne von „die Arbeit tun" und „das Gewicht des Liebhabers tragen". Ganz offensichtlich würde sich die Amme *dieser* Mühe lieber selbst unterziehen, statt, wie sie ohne Ende klagt, als Liebesbote fungieren zu müssen.

In der Art und Weise, wie die Amme Julia in dieser Szene quält, lernen wir einen neuen Aspekt ihrer Beziehung kennen. Bislang haben wir gesehen, daß die ältere Frau zärtliche Gefühle für das Kind empfand, das sie gestillt hatte. Als Julia jedoch älter wird, reagiert die Amme ihr gegenüber anders. Sie ist eine Frau, die sich der Vergänglichkeit körperlicher Kraft und Schönheit aufs äußerste bewußt ist. Kaum erscheint sie zum erstenmal auf der Bühne, da wissen wir bereits, daß sie nur noch 4 Zähne besitzt. Sie ist eine wollüstige, obszöne Frau – aber auch sie ist lange „übers Tanzen hin", um mit Capulets Worten zu sprechen. Ebenso wie dieser spürt auch sie deutlich, daß sie alt wird, und ebenso wie er nimmt sie insbesondere das Schwinden ihrer sexuellen Möglichkeiten wahr. In der vorangegangenen Szene, in der sie Romeo unter seinen Freunden ausfindig zu machen versuchte, gab sie die Zielscheibe für die obszönen Späße der jungen Männer ab und war bemüht, ihre würdevolle Haltung, die sie auszustrahlen glaubt, auch dann noch zu wahren, als Mercutio und Benvolio über sie herzogen. Die Amme konnte sich voller Wärme an die Stolperschritte und ersten Worte des Kleinkinds erinnern, nun aber, als Julia ein junges Mädchen wird und im Begriff steht, eine sexuelle Beziehung aufzunehmen – ausgerechnet die Information, wann und wo sie Romeo wiedersehen soll, wird ihr von der Amme vorenthalten –, reagiert die alte Frau der jüngeren gegenüber ärgerlich, ja grausam. Der Neid der Alten auf die Jungen ist eine der Widrigkeiten, denen Romeo und Julia in ihrer Umgebung begegnen – der Neid der Elterngeneration auf die Jugend, auf die Vitalität und Sexualität der Adoleszenz.

Sogar Bruder Lorenzo macht, in seiner sanften Art und nicht ohne komische Wirkung, Anspielungen auf die Sexualität des jungen Paares und seinen eigenen Außenseiterstatus. Wie die Amme wird auch er zu einem Elternersatz: bei diesen beiden Erwachsenen suchen die Jugendlichen Zuflucht, als ihre Liebe zueinander sie den leiblichen Eltern entfremdet. Als sie zur Trauungszeremonie erscheint, begrüßt Julia Bruder Lorenzo mit einem Kuß. Er gibt darauf zur Antwort: „Für mich und sich dankt Romeo, mein Kind", womit er sagen will, daß Romeo den Kuß an seiner Stelle erwidern wird. Als Romeo dem nachkommt, beschließt Julia mit einem charakteristischen Augenzwinkern, daß er seine Verpflichtung über Gebühr erfüllt und ihr zusätzlich einen eigenen Kuß gegeben habe, so daß sie nun wieder für Ausgeglichenheit sorgen müsse, indem sie ihm einen Kuß zurückgibt. Bruder Lorenzo wird klar, daß er die Trauung nun besser schleunigst vornehmen sollte.

Der verspielte Eifer, den Julia hier zu erkennen gibt, erinnert an die Szene ihrer Begegnung, in der die Berührung ihrer Hände, ihr erster Kuß und der zweite in der Tat, wie Romeo es nannte, „Übergriffe" waren, zu denen sie ihn nachdrücklich aufforderte. Julias Offenheit und unverhohlene Vorfreude auf die Sexualität, die sich in diesen Dialogen andeuten, finden ihren höchsten Ausdruck jedoch in ihrem wunderschönen Epithalamium. In diesem Monolog verleiht sie ihrer Vorfreude auf die Hochzeitsnacht einen so sinnlichen Ausdruck, daß Dr. Bowdler den Text erheblich reinigen mußte, um das Stück in einer für ein Familienpublikum geeigneten Fassung präsentieren zu können.[12] Wenn Julia von dem „Spiel, wo jedes reiner Jugend Blüte/Zum Pfande setzt", spricht, die Nacht als „Liebespflegerin" bezeichnet und das „Tun inn'ger Liebe" besingt, ist jeder Zweifel an dem sexuellen Inhalt ihrer Erwartungen ausgeschlossen. Die Anrufung der Nacht steht in der Tradition des Hochzeitsliedes[13], Julias Monolog aber ist von einer beispiellosen Dringlichkeit und Intensität:

Hinab, du flammenhufiges Gespann,
Zu Phöbus' Wohnung! Solch ein Wagenlenker
Wie Phaeton jagt' euch gen Westen wohl,
Und brächte schnell die wolk'ge Nacht herauf. –
Verbreite deinen dichten Vorhang, Nacht!
Du Liebespflegerin! damit das Auge
Der Neubegier sich schließ', und Romeo
Mir unbelauscht in diese Arme schlüpfe. –
Verliebten g'nügt zu der geheimen Weihe
Das Licht der eignen Schönheit; oder wenn
Die Liebe blind ist, stimmt sie wohl zur Nacht. –
Komm, ernste Nacht, du züchtig stille Frau,
Ganz angetan mit Schwarz, und lehre mir
Ein Spiel, wo jedes reiner Jugend Blüte
Zum Pfande setzt, gewinnend zu verlieren!
Verhülle mit dem schwarzen Mantel mir
Das wilde Blut, das in den Wangen flattert,
Bis scheue Liebe kühner wird und nichts
Als Unschuld sieht in inn'ger Liebe Tun.
Komm, Nacht! – Komm, Romeo, du Tag in Nacht!
Denn du wirst ruhn auf Fittigen der Nacht
Wie frischer Schnee auf eines Raben Rücken. –
Komm, milde, liebevolle Nacht! Komm, gibt
Mir meinen Romeo! Und stirbt er einst,
Nimm ihn, zerteil' in kleine Sterne ihn:
Er wird des Himmels Antlitz so verschönen,
Daß alle Welt sich in die Nacht verliebt
Und niemand mehr der eitlen Sonne huldigt. –
(III, 2, Z. 1–28)

In Julias Lied folgen Imperative, die mit wachsender Eindringlichkeit wiederholt werden, dicht aufeinander: „Hinab [...] Verbreite deinen dichten Vorhang [...] Komm, ernste Nacht [...] Komm, Nacht! – Komm, Romeo, du Tag in Nacht! [...] Komm, milde, liebevolle Nacht!" In den Worten, mit denen Julia die Nacht heraufbeschwört, klingt die sexuelle Erregung bereits

[12] Thomas Bowdler (1754–1825) gab 1818 eine zehnbändige Shakespeare-Ausgabe, *The Family Shakespeare*, heraus, in der er, wie es im Vorwort heißt, „dem Originaltext nichts hinzufügte, wohl aber jene Worte und Ausdrücke tilgte, die man in einer auf Sittlichkeit bedachten Familie nicht laut vorlesen kann". A.d.Ü.

[13] Siehe McGowns (1976) Erläuterung dieser Tradition.

an. „Spread thy close curtain, love-performing night" [„Verbreite deinen dichten Vorhang, Nacht!/Du Liebespflegerin"]: andere Verben hätten die vom Versmaß eigentlich erforderte zusätzliche Silbe ergänzt, aber durch „low'r thy close curtain" z. B. wäre der sexuelle Gehalt[14] verlorengegangen. In diesem Monolog ist Julias Sprache voller sexueller Konnotationen:

Verhülle mit dem schwarzen Mantel mir
Das wilde Blut, das in den Wangen flattert,
Bis scheue Liebe kühner wird und nichts
Als Unschuld sieht in inn'ger Liebe Tun.[15]

Unmann'd hat 2 Bedeutungen. Erstens besagt das Wort, daß Julia noch nicht verheiratet ist. In der 2., eher technischen Bedeutung klingt diese erste nach. Der Begriff ist der Falknerei entlehnt: ein nichtausgebildeter [unmanned] Falke schlägt [to bate] mit den Flügeln, sobald er ins Freie hinausgetragen wird, wenn man ihm keine Haube über den Kopf zieht. Das Bild erinnert an Julias sexuelle Unerfahrenheit und bringt zugleich ihre sexuelle Begierde zum Ausdruck: ihre Erregung läßt das Blut in ihren Wangen „flattern" oder „pochen" [to beat], und diese Erregung beschleunigt auch ihren Sprachrhythmus: „Komm, Nacht! – Komm, Romeo, du Tag in Nacht [...]" Julia drängt die Nacht, hereinzubrechen, damit sie ihre Scheu ablegen und ihre mangelnde Liebeserfahrung durch Kühnheit ausgleichen kann – durch Kühnheit, die eben nicht auf Erfahrung beruht, sondern auf der Unschuld inniger Liebe.

Wenn Julia Phaeton anruft, um die Nacht zu beschwören, so ist ein düsterer Unterton unverkennbar, der mit dem, was sie eigentlich sagen will, nicht im Einklang steht. Die Phaetonsage deutet auf Julias eigene Zukunft hin. Ebenso wie Romeo und Julia widersetzte sich der junge Phaeton dem elterlichen Rat und beharrte eigensinnig auf seinem Willen; ebenso wie ihre Geschichte endete auch die seine in einer Katastrophe.[16]

---

[14] Das Verb „to spread" [ausbreiten, verbreiten] kann sowohl das Aussäen des Saatguts (Samens) als auch das Spreizen der Beine bezeichnen.A.d.Ü.

[15] Der Text lautet im Original: „Hood my unmann'd blood, bating in my cheeks [...]". Da Schlegel „unmann'd" mit „wild" übersetzte, fehlt dem deutschen Text die im folgenden erläuterte Doppeldeutigkeit. [A.d.Ü.]

[16] Es gibt noch weitere Anspielungen auf Ovids Bericht. Sprachliche Ähnlichkeiten lassen vermuten, daß Shakespeare Arthur Goldings (1567) Übersetzung der *Metamorphoson*, in denen die Sage erzählt wird, als Quelle benutzte. Phaeton, Sohn der Clymene, einer Sterblichen, und des Sonnengottes Apollo bittet seinen Vater, den goldenen Sonnenwagen über den Himmel lenken zu dürfen. Apollo versucht, Phaeton dieses Ansinnen auszureden, indem er ihm die Gefahren des geplanten Weges schildert und ihn auf die Wildheit der den Wagen ziehenden Pferde hinweist. Eindringlich erinnert er seinen Sohn daran, daß er nur ein Sterblicher und überdies zu jung und zu schwach ist. Doch Phaeton, jung an Jahren wie an Verstand, ließ sich von seinem Vorhaben nicht abbringen. Und wirklich vermochte er die Pferde nicht zu bändigen, sie brachen aus, und der Sonnenwagen

Selbst in ihrer sexuellen Begierde erinnert Julia uns daran, wie jung sie noch ist, wenn sie ihre eigene Ungeduld mit der eines kleinen Mädchens vergleicht:

> Dieser Tag
> Währt so verdrießlich lang mir, wie die Nacht
> Vor einem Fest dem ungeduld'gen Kinde,
> Das noch sein neues Kleid nicht tragen durfte.
> (III, 2, Z.31–34)

In diesem Augenblick betritt die Amme ihr Zimmer. Wieder hat sie entscheidende Nachrichten, und wieder läßt sie Julia warten. Zuvor war Julia verzweifelt, aber höflich gewesen. Nun explodiert sie:

> Wer bist du, Teufel, der du so mich folterst?
> Die grause Hölle nur brüllt solche Qual.
> (III, 2, Z.49–50)

(Fortsetzung Fußnote 16)

setzte Himmel und Erde in Brand, bis Jupiter einen Blitz auf den jungen Phaeton schleuderte und ihn tötete. Danach

> verhüllte und barg in erbarmenswürdiger Trauer
> gramvoll der Vater sein Haupt, und, ist der Kunde zu glauben,
> schied da ohne die Sonne ein Tag.
> [*Metamorphosen*, Z.329–331]

Ganz ähnlich heben die letzten 6 Zeilen des Stücks, die vom Prinzen gesprochen werden, mit den Worten an:

> Nur düstern Frieden bringt uns dieser Morgen;
> Die Sonne scheint, verhüllt vor Weh, zu weilen.

Nach ihrer Hochzeitsnacht hatte Julia sich gewünscht, der Tag möge nicht dämmern; dieser Wunsch ist, anders als sie es meinte, nun in Erfüllung gegangen.

Die Geschichte des Sohnes, der um Vorrechte nachsucht, die nur seinem wesentlich mächtigeren Vater zustehen – Vorrechte, die überdies mit der Beherrschung einer wilden und animalischen Natur verbunden sind –, hat offenkundig ödipale Anklänge. Sie soll dem Leser oder Zuhörer zur Mahnung gereichen und formuliert eines der Themen, die ich in bezug auf *Romeo und Julia* erläutert habe – den Widerstand der Eltern gegen den Aufstieg der nachfolgenden Generation zu höchster Macht und vollentwickelter Sexualität.

Es ist interessant, daß der Vater in Ovids Sage seinen Sohn bedrängt, dem mittleren Weg zu folgen: ebenso verhalten sich die Erwachsenen in der Tragödie. Apollo ermahnt Phaeton, nicht über alle 5 Zonen hinwegzufahren, sondern sich mit den 3 mittleren Zonen zu begnügen. Er ermahnt ihn, weder zu hoch noch zu tief zu fahren (wenn er zu hoch hinaus fährt, wird er die Sterne in Brand setzen, fährt er zu niedrig, so wird er die Erde versengen), weder zu weit rechts noch zu weit links. Ebenso wie Bruder Lorenzo, der Romeo und Julia zu „mäßiger" Liebe ermahnt, rät Apollo seinem Sohn: „am sichersten hältst du die Mitte". Als Jugendlicher kann Phaeton diesem väterlichen Rat ebensowenig folgen wie Romeo und Julia.

Händeringend und jammernd war die Amme eingetreten:

> Daß Gott erbarm'! Er ist tot, er ist tot, er ist tot!
> Wir sind verloren, Fräulein, sind verloren!
> O weh uns! Er ist hin! ermordet! tot!
> (III, 2, Z.42–44)

Julia glaubt, sie spräche von Romeo, und die Amme läßt sie so lange in diesem Glauben, bis es ihr selbst an der Zeit scheint, den Namen „Tybalt" in ihre Klage einzuflechten. Nun beginnt Julia, sich das, was geschehen ist, zusammenzureimen: Romeo hat ihren Vetter Tybalt getötet und wurde deswegen verbannt.

Der Mord an Tybalt stellt den Wendepunkt des Stücks dar. Er zwingt Julia, sich – nun definitiv – zwischen ihrer neuen Liebe und ihren Eltern zu entscheiden. Auch Romeo wird zu einer Entscheidung gezwungen. Als er von seiner heimlichen Trauung zurückkommt, nähert Tybalt sich ihm und versucht, ihn verbal zu provozieren. Glücklich verliebt, spielt Romeo auf seine frische Verwandtschaft mit Tybalt an und widersteht der Provokation; Mercutio aber geht auf Tybalts Herausforderung ein. Es entwickelt sich ein Kampf, dem Romeo Einhalt zu gebieten versucht; sein Freund wird unter seinem Arm verwundet. Erst nachdem Mercutio gestorben ist, tötet Romeo in seiner Wut Tybalt.[17]

Als Julia erfährt, daß ihr Gatte ihren Vetter getötet hat, reagiert sie zunächst mit Worten, die ihre Loyalität gegenüber der eigenen Familie ausdrücken. In den gegen Romeo gerichteten Äußerungen aber findet erstmals sein durch Paradoxa und Oxymora charakterisierter Sprachstil Widerhall:

> O Schlangenherz, von Blumen überdeckt!
> Wohnt' in so schöner Höhl' ein Drache je?
> Holdsel'ger Wüt'rich! engelgleicher Unhold!
> Ergrimmte Taube! Lamm mit Wolfesgier!
> Verworfne Art in göttlicher Gestalt!
> Das rechte Gegenteil des, was mit Recht
> Du scheinest: Ein verdammter Heiliger!
> (III, 2, Z.76–82)

---

[17] Hier nahm Shakespeare eine weitere, signifikante Veränderung vor: in Brookes Epos tötet Romeo Tybalt in Notwehr. Tatsächlich hat Shakespeare die Gestalt des Mercutio überwiegend selbst erfunden, und zwar ausgehend von einem einzigen Hinweis in seiner Quelle auf „einen Höfling namens Mercutio, den jeder lobpries, da seine Worte höfisch und sein Betragen wohlgefällig waren" (Z.254–256). Daß Romeo Tybalt nicht in Notwehr tötet, sondern weil er seinem geistreichen, intelligenten und überaus einnehmenden Freund die Treue hält, ist eine der zahlreichen Innovationen Shakespeares, die unsere Sympathie mit den jungen Liebenden vertiefen.

Die innere Widersprüchlichkeit dieser Formulierungen reflektiert den Widerspruch ihrer Gefühle. Als aber die Amme ihr beipflichtet und sagt: „Zuschanden werde Romeo“, da besinnt sie sich und eilt ihm zur Hilfe:

> Die Zunge
> Erkranke dir für einen solchen Wunsch!
> Er war zur Schande nicht geboren; Schande
> Weilt mit Beschämung nur auf seiner Stirn.
> Sie ist ein Thron, wo man die Ehre mag
> Als Allbeherrscherin der Erde krönen.
> O wie unmenschlich war ich, ihn zu schelten!
> (III, 2, Z.95–100)

Der Angriff der Amme auf Romeo veranlaßt Julia, ihn zu verteidigen und Ambivalenz durch Überzeugung zu ersetzen. Wie ich in einem völlig anderen Zusammenhang, nämlich in bezug auf Anne Frank, festgestellt habe, ist es für junge Menschen charakteristisch, daß sie einen inneren Konflikt zu lösen versuchen, indem sie ihn externalisieren, so daß der innerliche Kampf in eine Auseinandersetzung zwischen dem Jugendlichen und einer Elternfigur verwandelt wird. Als die Amme sie nun tadelt: „Von Eures Vetters Mörder sprecht Ihr Gutes?“ antwortet Julia: „Soll ich von meinem Gatten Übles reden?“ Julia stellt die widerstreitenden Loyalitäten in einen direkten Gegensatz, indem sie feststellt, daß Romeos Verbannung schwerer für sie zu ertragen sei als der Tod beider Eltern. An dieser Stelle verspürt sie einen Moment lang den Impuls, sich ihnen wieder zuzuwenden („Wo mag mein Vater, meine Mutter sein?“), bevor sie sich unwiderruflich an Romeo bindet.

Wenn wir Romeo und Julia zum nächsten Mal sehen, bricht der Tag nach ihrer Hochzeitsnacht an. Sie, der die Zeit so lang geworden war, als sie ungeduldig auf die Amme und die Nachricht von Romeo wartete, die den Tag angefleht hatte, endlich der Nacht zu weichen, versucht nun, die Zeit anzuhalten. Julia, die die realistischere und pragmatischere der beiden gewesen war, versucht, sich selbst und Romeo glauben zu machen, daß der Vogel, den sie hören, eine Nachtigall und keine Lerche ist, daß das Licht, das sich im Osten zeigt, „nicht des Tages Licht“ ist. Ihre Verleugnung findet in Worten Ausdruck, die sich zu der gleichen Überspanntheit versteigen, die früher Romeos Sprache charakterisiert hatte:

> Trau' mir, das Licht ist nicht des Tages Licht,
> Die Sonne hauchte dieses Luftbild aus,
> Dein Fackelträger diese Nacht zu sein,
> Dir auf dem Weg nach Mantua zu leuchten;
> Drum bleibe noch: zu gehn ist noch nicht Not.
> (III, 5, Z.12–16)

Doch als Romeo sich anschickt, ihre sehnsuchtsvollen Phantasien zu teilen, wird sie wieder realistisch und erkennt:

> Es ist die Lerche, die so heiser singt
> Und falsche Weisen, rauhen Mißton gurgelt.
> (III, 5, Z.27–28)

Wie jede ihrer bisherigen Begegnungen wird auch dieses Zwiegespräch von der Amme gestört. Diesmal kommt sie, um Julia zu warnen und ihr zu sagen, daß ihre Mutter sich auf dem Weg zu ihrer Kammer befindet. Romeo verläßt sie, um sich nach Mantua in die Verbannung zu begeben, und ihre Mutter tritt ein. Sie kommt, um ihr Capulets „Ratschluß" zu übermitteln: Julia soll Paris 3 Tage später heiraten.

In Capulets „Ratschluß" – wie er ihn selber bezeichnet – kommt eine plötzliche und verblüffende Sinneswandlung zum Ausdruck. In einer früheren Szene hatte er seine Abneigung eingestanden, sein einziges Kind an einen Ehemann zu verlieren, letztendlich jedoch beschlossen, Julias eigene Wünsche zu respektieren:

> Doch werbt nur, lieber Graf! Sucht Euer Heil!
> Mein Will' ist von dem ihren nur ein Teil.
> Wenn sie aus Wahl in Eure Bitten willigt,
> So hab' ich im voraus ihr Wort gebilligt.
> (I, 2, Z.16–19)

Nun ändert er seine Meinung. Er selber erwähnt die „Eile" seines Handelns, für die wir keine überzeugende Erklärung erhalten. Es ist nicht etwa so, daß er auf Paris' Drängen reagierte. Die beiden Männer haben über Tybalts Tod gesprochen und sich darüber unterhalten, daß Paris unter diesen Umständen keine Gelegenheit hatte, Julia seine Werbung anzutragen. Nun ist es spät, und Paris hat sich bereits verabschiedet, als Capulet ihn plötzlich zurückruft:

> Graf Paris, ich vermesse mich zu stehn
> Für meines Kindes Lieb'; ich denke wohl,
> Sie wird von mir in allen Stücken sich
> Bedeuten lassen, ja ich zweifle nicht.
> (III, 4, Z.12–15)

Gräfin Capulets Erklärung – er habe die Hochzeit innerhalb von 3 Tagen festgesetzt, um Julias Trauer um Tybalt ein Ende zu bereiten – macht wenig Sinn. Meines Erachtens aber kommen wir einem Verständnis näher, wenn wir Capulets Sinneswandlung als einen weiteren Kunstgriff Shakespeares verstehen, das innere Erleben der Adoleszenz im Handlungsverlauf abzubilden. Die Eltern werden häufig als willkürlich, launisch und herrschsüchtig betrachtet, weil eine solche Sichtweise den notwendigen, aber schwierigen Separationsprozeß erleichtert und rechtfertigt. Julia hat einen gewaltigen Schritt getan, indem sie Romeo, den Feind ihrer Familie, heimlich heiratete und die Ehe vollzog. Als der Tod Tybalts eine Entscheidung erzwingt, schlägt sie sich nicht auf die Seite ihrer Familie, sondern auf die ihres jungen Ehemannes. Ihr Vater verhält sich nun, als wüßte er, was sie getan hat. Seine Veränderung korrespondiert mit Julias Veränderung.

Julias Entfremdung von ihren Eltern läßt sich an der Szene zwischen Julia und Gräfin Capulet ermessen. Ihr Gespräch ist, besonders wenn man es mit Julias Trennung von Romeo vergleicht, steif und formal. Ihre Sprache, deren Wortspiele und Wiederholungen die Aufmerksamkeit eher auf die Worte selbst lenken, statt Gefühle zum Ausdruck zu bringen, wirkt gekünstelt. In der Annahme, daß Julia um Tybalts Tod weint, gibt die Mutter ihr den Rat, ihr Trauern „zu lassen", und weist darauf hin, daß der Kummer sich innerhalb vorgeschriebener Grenzen zu halten habe. Ganz offensichtlich müssen diejenigen, die „mäßig" lieben, auch mäßig trauern.

> GRÄFIN CAPULET: Noch immer weinend um des Vetters Tod?
> Willst du mit Tränen aus der Gruft ihn waschen?
> Und könntest du's, das rief' ihn nicht ins Leben:
> Drum laß das; trauern zeugt von vieler Liebe,
> Doch zu viel trauern zeugt von wenig Witz.
> JULIA: Um einen Schlag, der so empfindlich traf.
> Erlaubt zu weinen mir!
> GRÄFIN CAPULET: So trifft er dich;
> Der Freund empfindet nichts, den du beweinst.
> JULIA: Doch ich empfind', und muß den Freund beweinen.
> (III, 5, Z.68–76)

Als ihr Vater sie wegen ihrer übertriebenen Trauer tadelt, beginnt er ganz ähnlich mit den Worten: „In so kleinem Körper/spielst du auf einmal See und Wind und Kahn", um das Gleichnis anschließend Punkt für Punkt zu erläutern. Das Selbstbewußtsein, das während dieser Gespräche in der Redeweise der Eltern zum Ausdruck kommt, ist ein Hinweis auf die emotionale Entfremdung zwischen ihnen und Julia.

Den deutlichsten Ausdruck findet diese Entfremdung in Julias Gespräch mit ihrer Mutter. Julia meint insgeheim etwas ganz anderes als das, was sie sagt. Als Gräfin Capulet Romeo als „Schurken" bezeichnet, erwidert Julia:

> Wie mein Herz es haßt,
> Ihn nennen hören – und nicht zu ihm können –,
> Die Liebe, die ich zu dem Vetter trug,
> An dem, der ihn erschlagen hat, zu büßen!
> (III, 5, Z.98–101)

Täuschung und Zweideutigkeit finden sich auf zahlreichen Ebenen. Zu ihrer Mutter sagt sie, daß sie es haßt, Romeos Namen zu hören; dann fügt sie, nur für sich selbst, hinzu, daß sie es haßt, seinen Namen zu hören und nicht zu ihm zu können. Wieder wird aus ihrer Behauptung eine Lüge, wenn sie sagt, daß sie zu ihm wolle, um den Tod ihres Vetters zu rächen. Aber ihr Hinweis auf die Liebe, die sie an Romeos Körper büßen wolle, enthält noch eine andere, geheime Bedeutung. Julia gibt vor, sich mit ihrer Mutter zu unterhalten, ihre Aussagen aber sind Doppeldeutigkeiten und Nebenbemerkungen, deren wahre Bedeutung verborgen bleibt.

Als die Mutter Julia die Absicht ihres Vaters mitteilt, sie 3 Tage später mit Paris zu verheiraten, widersetzt Julia sich und fährt dann in ihren Doppeldeutigkeiten fort:

> Ich bitt' Euch, gnäd'ge Frau, sagt meinem Vater
> Und Herrn, ich wolle noch mich nicht vermählen;
> Und wenn ich's tue, schwör' ich: Romeo,
> Von dem Ihr wißt, ich hass' ihn, soll es lieber
> Als Paris sein.
> (III, 5, Z.119–123)

In diesem Augenblick tritt Capulet ein und fragt seine Frau, ob sie Julia seinen „Ratschluß hinterbracht" habe. Sie antwortet: „Ja, doch sie will es nicht", und er spricht ihr, ungläubig, diese Worte nach: „Was? Will sie nicht?" Es scheint lange her zu sein, daß Julia ihre Mutter fragte: „Was beliebt?"

Nun behauptet Julia ihren eigenen Willen, obwohl sie sich bemüht, ihrem Vater gegenüber einen versöhnlichen Ton zu wahren. Dies scheint ihn nur zu erzürnen. Seine Frau versucht zu intervenieren, doch Capulet setzt seinen Angriff auf seine Tochter fort:

> Geh mir zum Henker, widerspenst'ge Dirne!
> Ich sage dir's: zur Kirch' auf Donnerstag,
> Sonst komm mir niemals wieder vor's Gesicht!
> Sprich nicht! erwidre nicht! gib keine Antwort!
> Die Finger jucken mir. O Weib! Wir glaubten
> Uns kaum genug gesegnet, weil uns Gott
> Dies *eine* Kind nur sandte; doch nun seh' ich,
> Dies *eine* war um *eines* schon zu viel,
> Und nur ein Fluch ward uns in ihr beschert.
> (III, 5, Z.161–169)

Auch die Amme will sich für Julia verwenden, aber seine Wut ist nicht zu bändigen. Er droht Julia, sie aus dem Haus zu werfen und sterben zu lassen, wenn sie sich seinem Willen nicht beugt.

> Grast, wo Ihr wollt, Ihr sollt bei mir nicht hausen.
> Seht zu! bedenkt: ich pflege nicht zu spaßen.
> Der Donnerstag ist nah: die Hand aufs Herz!
> Und bist du mein, so soll mein Freund dich haben;
> Wo nicht: geh, bettle, hungre, stirb am Wege!
> Denn nie, bei meiner Seel', erkenn' ich dich,
> Und nichts, was mein, soll dir zu gute kommen.
> Bedenk' dich! glaub', ich halte, was ich schwur.
> (III, 5, Z.193–200)

Lady Capulet zieht sich aus der Auseinandersetzung zurück, und Julia fleht ihre Amme an: „Tröste! rate! hilf!" Diese aber wägt rasch ab, wo die Vorteile liegen, und ändert ihre Meinung. Sie rät:

> Nun, weil denn so die Sachen stehn, so denk' ich,
> Das beste wär', daß Ihr den Grafen nähmt.
> Ach, er ist solch ein allerliebster Herr!
> Ein Lump ist Romeo nur gegen ihn.
> Ein Adlersauge, Fräulein, ist so grell,
> So schön, so feurig nicht, wie Paris seins.
> Ich will verwünscht sein, ist die zweite Heirat
> Nicht wahres Glück für Euch; weit vorzuziehn
> Ist sie der ersten. (III, 5, Z.222–230)

Das entfremdet Julia der Amme endgültig. Voller Ironie sagt sie: „Nun ja, du hast mich wunderbar getröstet", und lügt sie weiterhin an. Erst nachdem die Amme auf ihr Geheiß fortgegangen ist, spricht Julia offen. Nun bezeichnet sie sie als „alten Erzfeind": „Du und mein Busen sind sich künftig fremd." So sehen wir, wie Julia sich nacheinander von allen Elternfiguren löst, bis auch Bruder Lorenzo zum Schluß flieht und sie, mutterseelenallein, in der Gruft zurückbleibt.

Capulets Zorn auf Julia, der seine Frau und selbst seine Dienerin zu Kritik veranlaßt, hat sich schließlich zu zügelloser Wut gesteigert. „Und bist du mein", wettert er, „so soll mein Freund dich haben." Die Frage ist, ob Julia tatsächlich „sein" ist und er sie folglich seinem Freund „geben" kann. Wenn Julia den von ihrem Vater für sie bestimmten Mann akzeptierte, wäre die Heirat keine Loslösung von ihm, sondern die Erfüllung seines Willens und eine Erweiterung ihrer Bindung. Für ihre Weigerung, diese Bedingungen zu akzeptieren, droht er ihr schließlich mit dem Tod.

Capulets Wut auf seine geliebte Tochter verdient unsere Aufmerksamkeit und verweist auf ein wichtiges Thema. In diesem Schauspiel über die Adoleszenz sind die leidenschaftlichsten Beziehungen, von Romeos und Julias Beziehung einmal abgesehen, die Gefühle eines Elternteils für ein Kind, das dem anderen Geschlecht angehört. Aus dem Kampf gegen diese Bindungen geht Romeos und Julias Liebe hervor. Gräfin Montague spielt eine unbedeutendere Rolle, aber das, was sich in ihren Gefühlen andeutet, kommt in der Beziehung Capulets zu Julia umfassender zum Tragen. In ihrem einzigen Bühnenauftritt, zu Beginn des Stücks, läßt Gräfin Montague Benvolio kaum seinen Bericht über den Straßenkampf, der gerade stattgefunden hat, zu Ende bringen, bevor sie ihn fragt: „Ach, wo ist Romeo? Saht Ihr ihn heut?/Wie froh bin ich! Er war nicht bei dem Streit" (I, 1, Z.113–114). Gräfin Montague tritt nicht wieder auf, aber wir hören am Ende des Stückes von ihr: sie ist, wie ihr Mann berichtet, vor Kummer gestorben, als sie erfuhr, daß ihr Sohn verbannt wurde.[18]

---

[18] Auf ähnliche Weise stirbt in *Othello* Desdemonas Vater, Brabantio, vor Kummer über die Heirat seiner Tochter.

Auch Capulets außergewöhnliche Zärtlichkeit für seine Tochter wird in der Szene, in der er erstmals zu sehen ist, sofort deutlich. Er antwortet auf die Werbung des Paris, indem er Julias zartes Alter und ihre mangelnde Lebenserfahrung betont und seine Abneigung gegen eine baldige Heirat andeutet. Zunächst spricht er nur von Julia – sie ist noch ein Kind, allzu jung zum Heiraten. Aber in der nächsten Zeile verlagert sich seine Argumentation. Nun läßt er erkennen, daß er selber seine Tochter braucht.

> All meine Hoffnungen verschlang die Erde;
> Mir blieb nur dieses hoffnungsvolle Kind.

Daß Capulet ein alter Mann ist, wurde bereits betont; nun erfahren wir, daß Julia sein einziges überlebendes Kind ist. Die kurze, aber eindringliche Anspielung auf den Tod der anderen Kinder legt nahe, daß diese Tochter für ihren Vater eine überaus große Bedeutung haben muß. Die Wiederholung des Wortes *Hoffnung* – ja, bereits die Tatsache, daß er das Wort *Hoffnung* als Synonym für *Kinder* gebraucht – unterstreicht die Eindringlichkeit seiner Aussage. Diese wenigen Zeilen machen die zärtliche und beschützende Haltung des Vaters gegenüber seiner Tochter deutlich – und ebenso sein Widerstreben, sich von der einzigen „Hoffnung", die ihm verblieben ist, zu trennen. Dieses Widerstreben wandelt sich zu wilder Entschlossenheit, als seine bislang gehorsame Tochter sich seinem Willen nicht länger beugen will. Er würde sie lieber tot sehen, als daß sie sich selbst einen Ehemann wählte – und sich mit einer solchen Wahl von ihm löste.

Julia, die sich von den Elternfiguren, denen sie zu Beginn eine ergebene und gehorsame Tochter war, entfremdet hat, wendet sich in ihrer Verzweiflung an einen anderen Elternersatz, Bruder Lorenzo. In seiner Zelle begegnet sie Paris – ihr einziges Zusammentreffen im Stück – und führt mit ihm einen von steifer Formalität geprägten Dialog. Die Spontaneität ihrer Redeweise kehrt zurück, sobald Paris gegangen ist und sie den Mönch in gehetzten, einsilbigen Worten anfleht:

> O schließ' die Tür, und wenn du das getan,
> Komm, wein' mit mir: Trost, Hoffnung, Hülf' ist hin!
> (IV, 1, Z.54–55)

Bruder Lorenzo unterbreitet ihr seinen Plan, mit dem Schlaftrunk einen Scheintod herbeizuführen: sobald Julia in der Familiengruft liegt, wird Romeo, der durch einen Boten über den Plan unterrichtet werden soll, sie nach Mantua bringen und so die Hochzeit mit Paris verhindern.

Danach kehrt Julia zu ihrer Familie zurück und täuscht kindlichen Gehorsam vor. Sie behauptet, die „Sünde hartnäckigen Ungehorsams" gegen ihren Vater zu bereuen und bittet ihn um Vergebung. Sie schließt mit den Worten: „Von nun an will ich stets Euch folgsam sein." Capulet ist in überschwenglicher Stimmung: verjüngt angesichts der scheinbaren Unterwerfung seiner Tochter, beabsichtigt er, die ganze Nacht wachzubleiben und Vorbereitungen für die Hochzeit zu treffen. Er beschließt die Szene, indem er noch einmal seine Befriedigung über die Rückkehr in einen früheren Zustand zum Ausdruck bringt:

> mein Herz ist mächtig leicht,
> Seit dies verkehrte Mädchen sich besonnen.
> (IV, 2, Z. 47–48)

Das doppelzüngige Verhalten Julias gegenüber ihrem Vater setzt sich in einer vergleichbaren Heuchelei gegenüber ihrer Mutter und ihrer Amme fort, als sie diese am Abend vor der geplanten Hochzeit mit Paris aus ihrer Kammer schickt.

Sobald sie allein ist und überlegt, ob sie den Trank wirklich zu sich nehmen soll, bekommt Julia Angst. Einen Augenblick lang fühlt sie den Impuls, sich ihren Elterngestalten wieder zuzuwenden („Ich will zurück sie rufen mir zum Trost"). Tatsächlich hebt sie an, nach der Amme zu rufen, bevor sie sich mahnend vor Augen führt: „Mein düstres Spiel muß ich allein vollenden." Zu diesem Zeitpunkt ist sie im Hinblick auf die Erwachsenen so desillusioniert, daß sie, bevor sie das Fläschchen leert, u. a. fürchtet, es enthalte echtes Gift: Vielleicht, so überlegt sie, wolle der Mönch sie töten, um nicht der Schande anheimzufallen, weil er sie und Romeo getraut hat. Nur die Tatsache, daß er bislang „stets als frommer Mann" galt, hilft ihr, diesen Gedanken fallenzulassen.

In einem ergreifenden Monolog beschwört sie nun den Alptraum herauf, allein im Grabgewölbe der Capulets erwachen zu müssen:

> Wie aber? wenn ich, in die Gruft gelegt,
> Erwache vor der Zeit, da Romeo
> Mich zu erlösen kommt? Furchtbarer Fall!
> Werd' ich dann nicht in dem Gewölb' ersticken,
> Des gift'ger Mund nie reine Lüfte einhaucht,
> Und so erwürgt da liegen, wann er kommt?
> Und leb' ich auch, könnt' es nicht leicht geschehn,
> Daß mich das grause Bild von Tod und Nacht,
> Zusammen mit den Schrecken jenes Ortes,
> Dort im Gewölb' in alter Katakombe,
> Wo die Gebeine aller meiner Ahnen
> Seit vielen hundert Jahren aufgehäuft,
> Wo frisch beerdigt erst der blut'ge Tybalt
> Im Leichentuch verwest; wo, wie man sagt,
> In mitternächt'ger Stunde Geister hausen –
> Weh, weh! könnt' es nicht leicht geschehn, daß ich,
> Zu früh erwachend, – und nun ekler Dunst,
> Gekreisch wie von Alraunen, die man aufwühlt,
> Das Sterbliche, die's hören, sinnlos macht –
> Oh, wach' ich auf, werd' ich nicht rasend werden,
> Umringt von all den greuelvollen Schrecken,
> Und toll mit meiner Väter Glieder spielen?
> Und Tybalt aus dem Leichentuche zerren?

> Und in der Wut, mit eines großen Ahnherrn
> Gebein, zerschlagen mein zerrüttet Hirn?
> (IV, 3, Z. 32–56)

Die Frage, zu der sie in Zeile 38 anhebt („könnt' es nicht leicht geschehn…"), bricht ab und und wird in Zeile 47 („könnt' es nicht leicht geschehn…") wiederaufgenommen. Beendet wird der Satz erst in Zeile 56, so daß er sich insgesamt über nahezu 20 Zeilen erstreckt, in denen eine Flut makabrer, schreckenerregender Bilder über ihre Phantasie hereinbricht. So lebhaft beschwört sie die gespenstischen Visionen, die Geräusche, die widerlichen Gerüche der Gruft, daß sie in ihrem Wahn Tybalts Geist vor sich zu sehen beginnt. In der Schlußzeile durchbricht ihre Verzweiflung das Versmaß, als sie trotz aller Schrecken, die sie sich ausgemalt hat, den Inhalt der Phiole trinkt:

> – Weile Tybalt! –
> Ich komme, Romeo! Dies trink' ich dir.
> (IV, 3, Z. 59–60)

Der Mut, den Julia mit ihrem einsamen Akt beweist, wird durch den Vergleich mit der folgenden Szene, in der ihre Mutter, ihr Vater und die Amme sich geschäftig rühren, Datteln und Orangen fürs Gebäck besorgen und das Hochzeitsfest vorbereiten, noch unterstrichen. Da seine Tochter sich in seinen Willen zu ergeben scheint, ist Capulet wieder freundlicher Stimmung und drängt die Amme – jetzt „Frau Angelica" – liebevoll, keine Kosten zu sparen. Wiederum spielt er auf die Kraft an, die er in seiner Jugend besaß, diesmal jedoch ohne den trauervollen Ton, der zuvor mit solchen Gedanken verbunden war. Es ist 3 Uhr in der Frühe, aber Capulet hat das Gefühl, er könne die ganze Nacht wach bleiben; schließlich hat er in der Vergangenheit so viele Nächte durchwacht und sich nie krank dabei gefühlt – was sollte ihn also jetzt daran hindern?

Die Amme wird nun zu Julia geschickt, um sie zu wecken, und diese Szene enthält ironische Parallelen zu der früheren, in der sie das Mädchen zu Gräfin Capulet holen sollte; sie ruft sie mit denselben zärtlichen Namen. Diesmal jedoch ist Julia scheinbar tot. Mutter, Vater und Paris stimmen in die konventionelle Totenklage der Amme ein, bevor Julia zur Gruft der Capulets getragen wird.

Der Bote, der von Bruder Lorenzo nach Mantua gesandt worden war, um Romeo über den Plan zu informieren, gelangt nicht zu ihm, weil die Stadt unter Quarantäne steht; statt dessen erfährt Romeo von seinem Diener, daß Julia tot ist. Er eilt zum Grab der Capulets, wo er, mit Worten, in denen Julias nachklingen, das Gift trinkt, das er sich verschafft hat. Bruder Lorenzo erfährt, daß sein Plan mißlungen ist, und eilt daraufhin zur Gruft, die er in dem Augenblick betritt, als Julia erwacht. Sie hören die Geräusche der nahenden Wache. Voller Angst bestürmt Bruder Lorenzo Julia, mit ihm zu fliehen, doch sie weigert sich.

Nachdem sie sich auf die Weise von der letzten Elternfigur losgesagt hat, die ihr verblieben war, ist Julia am Ende vollkommen allein. Sie küßt Romeos Lippen, die noch warm sind, und hofft, daß vielleicht noch ein wenig Gift an ihnen hängt und sie „an einer Labung sterben" läßt. Als die Wachen erneut zu hören sind, ergreift Julia Romeos Dolch und ersticht sich. Am Schluß treten, wie zu Beginn, die beiden Familien auf, gefolgt von dem Prinzen, und wir kehren aus der inneren Welt der jungen Liebenden zurück in die Welt der Eltern, der sie mit ihrer Liebe trotzten.

6. Spätadoleszenz: *Überredung*[1]

Virginia Woolf war der Ansicht, daß es neben Jane Austen kaum andere bedeutende Schriftstellerinnen und Schriftsteller gebe, deren Person in ihren Werken so schwer zu fassen sei. Über die burlesk-komische Parodie „Love and Friendship", die Jane Austen im Alter von nur 14 Jahren verfaßte[2], schrieb Woolf:

> Kein Zweifel, die Geschichte muß das Schulzimmer in schallendes Gelächter versetzt haben. Und doch ist nichts klarer, als daß dieses [...] Mädchen, in ihrer Ecke des gemeinsamen Wohnzimmers sitzend, nicht schrieb, um den Geschwistern ein Lachen zu entlocken, und nicht für den Hausgebrauch. Sie schrieb für jedermann, für niemanden, für unsere Zeit, für ihre eigene; mit anderen Worten, selbst in diesem frühen Alter, *schrieb* Jane Austen. (S. 165 f.)

Sie verfaßte nicht nur ihr Jugendwerk, dessen künstlerische Vollendung uns staunen macht, inmitten der Geselligkeit des gemeinsamen Wohnzimmers. Jane Austens Neffe schildert in seinen Erinnerungen[3], daß seine Tante auch die Romane ihrer Reifezeit im Wohnzimmer der Familie zu Papier brachte, wo sie allen möglichen zufälligen Unterbrechungen ausgesetzt war und sorgfältig darauf achtete, daß ihre Arbeit nicht die Aufmerksamkeit der Diener, Besucher oder anderer Personen erregte, die nicht unmittelbar zur Familie gehörten. Sie schrieb auf kleinen Papierbögen, die sich unauffällig beiseite legen oder unter anderen Dingen verstecken ließen, und bat darum, eine Tür, deren Knarren sie warnte, wenn jemand eintrat, nicht wieder instand zu setzen. In *Ein Zimmer für sich allein* erläutert Woolf die Heimlichkeit dieses Unterfangens; sie greift die von Jane Austens Neffen beschriebene Szene auf und betrachtet sie als Metapher für die Situation der Schriftstellerin, die nie ein eigenes Zimmer besaß, in dem sie Zuflucht vor den Erfordernissen des Alltagslebens finden und ihren persönlichen Gedanken und Phantasien Ausdruck verleihen konnte.

Das Bild der schreibenden Jane Austen wirft ein Schlaglicht auf den Konflikt, der sich zwischen den Anforderungen kreativer Arbeit und familiären Verpflichtungen, zwischen Einsamkeit und sozialer Verantwortlichkeit unweigerlich entwickeln muß. Freilich ist dies kein ausschließlich

---

[1] Zitiert wird nach der Übersetzung von Ursula und Christian Grawe, Stuttgart (Reclam) 1987.

[2] Der Titel gibt ihre kindliche Schreibweise wieder.

[3] James Austen-Leigh, *A Memoir of Jane Austen*, 1870.

weibliches Problem; wohl aber verstärkt sich der Konflikt für eine Frau, deren „Platz" eben traditionell durch ihre Verfügbarkeit und Verantwortung für andere Menschen bestimmt wird. Auch Austens Thema wurzelt zutiefst in der Lebenssituation der Frauen ihrer Zeit, weist jedoch zugleich über diese historischen Besonderheiten hinaus. Ihre Romane handeln von der Brautwerbung und enden mit der Heirat. Sie sind unterhaltsam, die Ernsthaftigkeit ihres Gegenstands aber kann gar nicht nachdrücklich genug betont werden: Jane Austen schrieb über die einzige Entscheidung, die eine Frau überhaupt treffen konnte. Mit der Heirat endet in der Regel die Komödie; im Leben einer Frau aber war die Eheschließung eine ernste Angelegenheit, eine ökonomische Notwendigkeit: Frauen aus der Mittel- oder Unterschicht hatten kaum eine andere Möglichkeit, sich selbst zu ernähren, und waren überdies nicht erbberechtigt.[4] Angesichts dieser ökonomischen Verhältnisse leben ihre Heldinnen, wie Cooley (1981) gezeigt hat, in einer Welt, in der „ihre einzige reale Chance, über ihre Zukunft zu bestimmen, darin besteht, auf einen Heiratsantrag mit einem wohlüberlegten ‚Ja' oder ‚Nein' zu antworten".

Jane Austen schrieb über junge Frauen, die sich ihren Platz in der Gesellschaft auf die damals einzig mögliche Art und Weise sichern: ihr Thema war der Übergang zum Erwachsenenalter. Natürlich stehen den Frauen im Vergleich zu ihrer Zeit heutzutage weit mehr Möglichkeiten offen, und entsprechend zahlreicher und komplexer sind die Entscheidungen, die sie gegen Ende ihrer Adoleszenz treffen müssen. Die Wahl des Berufs, die Frage, ob man heiratet oder nicht, Kinder bekommt oder nicht (und wenn ja, wie viele und zu welchem Zeitpunkt), eine bewußte Sexualität – diese Vielfalt an Möglichkeiten war kein Problem, mit dem sich Jane Austen oder ihre Heldinnen konfrontiert sahen. In diesem letzten Kapitel, das den Ausgang der Adoleszenz behandelt, setze ich mich nichtsdestoweniger mit einem Roman Jane Austens auseinander, weil er die inneren Entwicklungsprozesse so meisterhaft widerspiegelt, die sich trotz des tiefgreifenden historischen und kulturellen Wandels in immer gleicher Weise entfalten.

Auf *Überredung*, den letzten Roman, den Jane Austen vollendete, treffen die meisten verallgemeinernden Urteile über ihr Werk nicht zu. „In jeder Situation eine Lady", schrieb ein Gelehrter, der auf das wachsende Ansehen, das sie bei der Kritik fand, entscheidenden Einfluß ausübte[5]. In diesem Punkt stimmten ihre Bewunderer und Kritiker im 19. Jahrhundert überein. Lesen wir z. B. Charlotte Brontës pikierte Reaktion auf *Emma*:

---

[4] In zweien der 6 Romane Jane Austens tritt ein entfernter männlicher Verwandter ein Erbe an, weil kein Sohn vorhanden ist; in einem 3. ist ein Sohn auf Kosten zweier Töchter und der Mutter Alleinerbe.

[5] Es handelt sich um den Shakespeare-Forscher Richard Simpson, der dies 1870 schrieb und zu den ersten Kritikern gehörte, die Austens ironische Beziehung zu ihrem Gegenstand erkannte.

> [...] die Leidenschaften sind ihr völlig unbekannt; sie verweigert sich selbst einer flüchtigen Bekanntschaft mit diesen stürmischen Schwestern; selbst die Gefühle würdigt sie nur gelegentlich einer taktvollen, aber kühlen Anerkennung [...] Jane Austen war eine perfekte und ungemein vernünftige Lady, aber eine höchst unfertige und fast unsensible (nicht gefühllose) Frau. (Zitiert in Southam [1968], S. 128).

Dieses Urteil läßt sich durch *Überredung* nicht stützen.

Die vordergründige „Leichtigkeit, der Glanz und die Brillanz“[6] der anderen Romane fehlen hier völlig. Statt dessen ist die Atmosphäre düster, schwermütig – und die Traurigkeit des Werks wird auch durch das Happy-End, das die literarische Konvention verlangte, nicht völlig aufgehoben. Es ist die Geschichte einer jungen, 27jährigen Frau, die weitgehend in ihren Erinnerungen an eine Entscheidung lebt, die sie im Alter von 19 Jahren getroffen hat. Damals hat sie sich „überreden“ lassen und den Mann, den sie liebte, zurückgewiesen. Anne Elliot hat sich in den Jahren, die seither vergangen sind, verändert, und bekommt die Chance, ein zweites Mal zu wählen. Diesmal fällt ihre Entscheidung anders aus.

Mein Interesse gilt den innerlichen Veränderungen, die es Anne nun möglich machen, sich anders zu entscheiden. Die Erzähltechnik des Werks kommt einer solchen Analyse entgegen. Anders als die Romane, deren Unterhaltungswert eher auf einem satirischen Moment beruht, deren Charaktere uns amüsieren, weil wir sie aus einer gewissen Distanz wahrnehmen, zieht *Überredung* uns in die innere Welt der Heldin hinein. Ihre Gemütsverfassung bestimmt die Ernsthaftigkeit und Besonnenheit des Romans; seine Handlung und die Personen, die Anne umgeben, werden uns v. a. unter ihrem Blickwinkel geschildert. Mit ihren Augen sehen wir Frederick Wentworth, als das Schicksal ihn nach einer Abwesenheit von mehr als 7 Jahren in ihre kleine Welt zurückführt. Dem Leser sind seine Gefühle nicht einsichtiger als Anne, er muß sie ebenso wie diese aus seinem Verhalten erschließen – aus einer Reihe von Taten, die mit wachsender Wahrscheinlichkeit vermuten lassen, daß sein Interesse an ihr und schließlich seine Liebe zurückgekehrt sind. Wesentliche Veränderungen haben in Anne bereits stattgefunden, bevor der Roman beginnt, aber in ihrem melancholischen Zustand ist die Vergangenheit so sehr gegenwärtig, daß wir recht umfassende Informationen über die frühere Anne erhalten und noch weiterreichende Rückschlüsse ziehen können. Zwischen ihrem 20. und 28. Lebensjahr gelingt es Anne, sich von der Familie ihrer Kindheit zugunsten jener Bindungen, die für ihr erwachsenes Leben bestimmend werden, im wörtlichen wie auch im übertragenen Sinne zu lösen. Ihre Entwicklung sowie die Entscheidungen, die sie zu treffen hat,

[6] Mit diesen Worten hat sie selbst in einem Brief an ihre Schwester Cassandra *Pride and Prejudice* charakterisiert.

sind beispielhaft für zentrale Probleme der späten Adoleszenz: der Unterschied zwischen der 27jährigen und der 19jährigen Anne besteht darin, daß sie ihre unterwürfige Haltung gegenüber der Autorität einer Elternfigur schließlich aufgegeben und zu ihrer Selbstbestimmung gefunden hat.

Ihr Reifungsprozeß setzt voraus, daß sie die beengte Welt ihrer Familie verläßt, um ihren Platz in einem größeren sozialen Umfeld zu finden. Der enge soziale Blickwinkel Jane Austens wurde abwechselnd gelobt, kritisiert und verteidigt[7], doch auch in dieser Hinsicht stellt ihr letzter Roman eine Ausnahme dar. Seiner Heldin eröffnet sich eine soziale Welt, die Alternativen zum Lebensstil ihrer eigenen Familie bietet. In diesem größeren sozialen Umfeld lernt Anne, sich selbst mit anderen Augen zu sehen; und sie entdeckt neue Möglichkeiten, sich als Frau zu entfalten.

Die Eingangsszene des Romans *Überredung* spielt in Kellynch Hall, dem Stammsitz der Familie Elliot, und macht uns mit Sir Walter Elliot bekannt, der gerade das einzige Buch, das er überhaupt je liest, nämlich den Adelskalender, zur Hand nimmt. Hier kann er, wie er es häufig zu tun pflegt, die Geschichte seiner eigenen Familie nachlesen, denn auf dieser Seite öffnet sich sein Lieblingsbuch mittlerweile ganz von selbst. Ein Zitat aus dem Adelskalender skizziert die Geschichte der Familie und führt die derzeitigen Bewohner von Kellynch Hall, Sir Walter sowie seine Töchter Elizabeth und Anne, in die Handlung ein. Lady Elliot ist tot; eine dritte Tochter, Mary, hat geheiratet und lebt in Uppercross.

Unser Interesse wird sich auf Anne Elliot konzentrieren, deren „geistige Überlegenheit" und „ausgeglichener Charakter", wie es heißt, „ihr die Achtung aller wirklich einsichtigen Menschen einbringen mußten". Um solche Menschen handelt es sich bei ihren Angehörigen allerdings nicht. Ihren törichten, eingebildeten, ausschließlich mit sich selbst beschäftigten Vater interessieren nur gesellschaftlicher Rang und elegante äußere Erscheinung, „und der Sir Walter, der diese Gaben in sich vereinigte, war der ständige Gegenstand seiner tiefsten Ehrfurcht und Anbetung". Sein narzißtisches Wohlgefallen schließt gerade noch seine älteste Tochter Elizabeth mit ein, die „sehr schön und ihm selbst sehr ähnlich" ist; Anne aber, das mittlere Kind und in jeder Hinsicht ganz anders als er, wird aus diesem betörenden Kreis ausgeschlossen. Die Zeit, so stellt Sir Walter bedauernd fest, nagt an der äußeren Erscheinung der Menschen, die ihn umgeben; einzig er und Elizabeth scheinen gegen ihre ruinösen Anfechtungen immun zu sein.

---

[7] „3 oder 4 Familien in einer Dorfgemeinde lassen sich ideal bearbeiten", riet sie ihrer jungen Nichte, als diese ihre ersten belletristischen Experimente in Angriff nahm.

Sir Walters Beharren auf einem Lebensstil, der seinem aufgeblasenen Eigendünkel entspricht, hat ihn in finanzielle Verlegenheit gebracht. Gemeinsam mit Elizabeth (Annes Meinung ist nicht gefragt) überlegt er, welche Sparmaßnahmen in Betracht kommen, doch schließlich muß selbst Sir Walter einsehen, daß er seine Schulden nicht begleichen kann, wenn er sich auf Kürzungen der Wohltätigkeitsspenden beschränkt. Widerwillig akzeptiert er den einzigen Weg, der ihm überhaupt noch offensteht: Er muß Kellynch Hall vermieten.

Man schreibt das Jahr 1814. Mit dem Ende der Napoleonischen Kriege kehren viele Marineoffiziere an Englands Küsten zurück. Sir Walters Rechtsanwalt macht ihn darauf aufmerksam, daß sie „alle ein Haus brauchen" werden. Ein Seemann, drängt er, wäre der ideale Mieter, und schließlich einigt man sich dank seiner Unterstützung darauf, Kellynch Hall an Admiral Croft und seine Gattin zu vermieten. Auf diese Weise sieht Anne, mit 27 Jahren, den Mann wieder, den sie abgewiesen hatte, denn Frederick Wentworth, jener Mann, in den sie sich als 19jährige verliebt hatte, ist der Bruder von Mrs. Croft.

So wird Anne zu Beginn des Romans aus ihrem Elternhaus getrieben: im Laufe des weiteren Geschehens entwächst sie ihrer Verwurzelung in der durch Kellynch Hall symbolisierten Vergangenheit und öffnet sich einer Zukunft, die größere Ungewißheit birgt, aber auch größere Freiheit verspricht. Die Vermietung des Ahnensitzes an Admiral und Mrs. Croft konsolidiert eine Spannung zwischen der Lebensweise, die der Landadel verkörpert, und den Möglichkeiten, die durch die Marine repräsentiert werden. Die ersten Sätze des Romans, die Schilderung von Sir Walters Beschäftigung mit dem Adelskalender, führen dem Leser nicht nur die lächerliche Egozentrik des Barons vor Augen, sondern vermitteln unterschwellig einen Eindruck von Langeweile, innerer Armut und Leere. Tatsächlich beharrt Sir Walter im Gespräch mit seinem Rechtsanwalt darauf, daß das Wort *Gentleman* einzig einen Mann mit Vermögen bezeichne, eine Auffassung, die bereits zur Zeit der Romanhandlung völlig antiquiert war.

> Sir Walter Elliot von Kellynch Hall in Somersetshire war ein Mann, der außer dem Adelskalender nie ein Buch zum Vergnügen in die Hand nahm; dabei aber fand er Beschäftigung in müßigen und Trost in trübsinnigen Stunden; dabei erregte der Gedanke an den ausgesuchten Kreis der noch überlebenden ältesten Adelsfamilien Bewunderung und Ehrfurcht in ihm; dabei verwandelten sich alle unangenehmen Empfindungen, die wohl mit seinen häuslichen Umständen zusammenhingen, unweigerlich in Mitleid und Verachtung, wenn er die schier endlosen Adelsverleihungen des letzten Jahrhunderts durchblätterte; und dabei las er, wenn alle anderen Seiten des Buches ihre Wirkung verfehlten, mit nie versagendem Interesse seine eigene Geschichte. (S. 3)

Offenbar neigt Sir Walter zu einer gewissen Trägheit. Die Marineoffiziere hingegen sind voller Energie und Vitalität, in ihrem Leben drängen sich die

Ereignisse. Sir Walters hingebungsvolle Beschäftigung mit der Geschichte seiner Vorväter unterstreicht die Tatsache, daß alles, was die Angehörigen des Landadels besitzen, ererbt ist; die Seeleute haben sich ihren Besitz durch eigene Anstrengung erworben.[8]

Die „herzlose Eleganz“ der durch Sir Walter verkörperten Gesellschaftsschicht findet im gesamten Roman ein Gegengewicht in der Aufrichtigkeit und Natürlichkeit der Marineoffiziere. Als Anne Kapitän und Mrs. Harville in ihrem gemieteten Häuschen in Lyme kennenlernt, ist sie von ihrer Gastfreundschaft, die „den üblichen wechselseitigen Einladungen und Dinners voller Förmlichkeit und Aufwand so gar nicht ähnelte“, tief beeindruckt. Nur jemand, „dessen Einladung von Herzen kommt“, kann es ihrer Ansicht nach für möglich halten, daß derart kleine Räume die ganze Gesellschaft unterbringen können, der die Harvilles so freundlich ihr Haus öffnen. Ungeachtet seiner Bescheidenheit birgt das kleine Landhäuschen Kapitän Harvilles eine Fülle eigener Holzarbeiten und allerlei Raritäten, die er während seiner Aufenthalte in fernen Ländern gesammelt hat. Die Harvilles wohnen mitnichten auf einem seit Generationen vererbten Familiensitz, ihr Häuschen ist nur eine vorübergehende Lösung und gehört ihnen nicht einmal selbst – dennoch haben sie es sich durch Gegenstände, die eine persönliche Bedeutung für sie haben, weil sie sie von ihren Reisen mitbrachten, zu eigen gemacht. Ihre bescheidenen Besitztümer lassen eine Welt erahnen, die reicher ist als jene vergangenheitsoriente, in der Anne groß wurde, und führen ihr eine andere, zugleich fremd und begehrenswert erscheinende Lebensweise vor Augen.

Auf See haben Bindungen, die jede Generation durch Stand und Besitz mit der vorhergehenden verknüpfen, keine Geltung mehr. Voller Abscheu stellt Sir Walter fest, daß man in der Marine der Verachtung eines Mannes anheimfallen kann, mit dessen Vater der eigene Vater kein Wort gewechselt hätte. Zu jener Zeit bot die Marine Personen fragwürdiger Herkunft die Möglichkeit, es zu Rang und Würden zu bringen, so daß sie, wie er zutreffend erläutert, „in ehrenvolle Stellungen gelangen, von denen ihre Väter und Großväter niemals geträumt hätten“. Es ist eine Zeit historischen Wandels, und als Repräsentant der überkommenen Ordnung schaudert es Sir Walter angesichts dieser Veränderungen. Die in der Marine möglich gewordene soziale Mobilität hatte zur Folge, daß keine Generation mehr gezwungen war, das Leben der vorangegangenen zu wiederholen. Diese historischen Veränderungen, die den Hintergrund des Romangeschehens bilden, spiegeln auch die psychischen Prozesse wider, die für mich in diesem Zusammenhang von Interesse sind – die Lösung der

---

[8] Zur Erhellung des Hintergrundes ist es wichtig zu wissen, daß ein Mann in der Marine sein Glück machen konnte: In Kriegszeiten waren auf die Eroberung feindlicher Schiffe Preisgelder ausgesetzt, die den Offizieren u. U. hohe Belohnungen einbrachten.

Bindungen an die vorangegangene Generation stellt die entscheidende Entwicklungsaufgabe der Adoleszenz dar.

Anne Elliot, die ebenso wie Sir Walter den Adelskalender liest, als wir ihr zum erstenmal begegnen, ist fest in die Vergangenheit eingebunden. Wenn sie zurückblickt, ist sie einzig mit Verlusterfahrungen konfrontiert. Die Romanhandlung spielt im Sommer 1814; für Anne aber ist die Zeit im Sommer 1806 stehengeblieben. Die Ereignisse jenes Sommers und der auf ihn folgenden Monate halten sie gefangen. Damals nämlich war Frederick Wentworth, nach der Schlacht vor St. Domingo gerade zum Kommandeur ernannt, in ihre Gegend gekommen. Er war jung, tatkräftig, charmant und voller Vertrauen in seine eigenen Fähigkeiten und die Vorsehung. Sie hatten sich kennengelernt, ineinander verliebt und eine „kurze Zeit ungetrübten Glücks" genossen. Aber da Kapitän Wentworth weder über Vermögen verfügte noch sichere Aussichten für ihn bestanden, eines zu erwerben – im Grunde hatte er „nichts zu bieten [...] als sich selbst" – wurde Anne überredet, die Verlobung zu lösen. Frederick Wentworth verließ das Land und ging, zornig und enttäuscht, wieder zur See.

Mit 19 war Anne „ein außerordentlich hübsches Mädchen, voller Sanftheit, Bescheidenheit, Geschmack und Empfindsamkeit". Nun ist ihre Blütezeit vorüber. Als Kapitän Wentworth 7 Jahre später ins Land zurückkehrt und sie sich wiedersehen, erklärt er sogar – zwar außerhalb ihrer Hörweite, doch Annes Schwester Mary ist so freundlich, ihr seine Äußerung zu hinterbringen –, sie sei so verändert, daß er sie nicht wiedererkannt habe. Diese Bemerkung klingt in Anne noch eine ganze Weile nach:

> „Bis zur Unkenntlichkeit verändert!" Anne unterwarf sich dem Urteil schweigend und tief gedemütigt. Zweifellos war es so; und sie konnte sich nicht einmal rächen, denn er hatte sich nicht verändert, jedenfalls nicht zum Nachteil. Das hatte sie sich bereits selbst eingestanden, und sie konnte ihre Meinung nicht ändern, mochte er von ihr denken, was er wollte. Nein, die Jahre, die ihre Jugend und ihre Blüte zerstört hatten, hatten ihm nur ein strahlenderes, männlicheres, offeneres Aussehen gegeben, ohne seine persönliche Anziehungskraft im geringsten zu beeinträchtigen. Sie hatte demselben Frederick Wentworth gegenübergestanden.
>
> „So verändert, daß er sie nicht wiedererkannt hatte!" Diese Worte mußten ihr einfach nachgehen. [...] Er hatte sie kläglich verändert gefunden [...]. (S. 68)

Anne nimmt am Leben nicht mehr teil, sie ist zur Zuschauerin geworden. Sie sitzt am Klavier und spielt, während die anderen tanzen. Auf die Frage, ob sie selbst nicht tanze, folgt die Antwort: „O nein, nie. Sie hat das Tanzen ganz aufgegeben. Sie spielt lieber." Für Anne sind die Freuden des Lebens erloschen; als der Sommer ins Land geht, vermittelt ihr die Herbstlandschaft eine Art Befriedigung, da sie ihre eigene melancholische Verfassung hier widergespiegelt sieht.

In Anne hat Jane Austen die Gestalt einer jungen Frau erschaffen, die sich aus der Trauer nicht zu lösen vermag. Die vergangenen Jahre haben weder ihr Leiden gemildert noch sie vor seinen Auswirkungen verschont, die sich ihrem Gesicht tief eingeprägt haben. Wortkarg und kaum beachtet, „verwelkt und dünn“, verbringt Anne im Haus ihrer Familie Stunden und Tage, deren Eintönigkeit kaum je unterbrochen wird. Da sie die Vergnügungen der Jugend nicht mehr zu genießen vermag, ist Annes Blüte zerstört. Der Text greift diese Metapher wiederholt auf: die Landschaft mit ihren „rostbraunen Blättern und verwelkten Hecken“ entspricht Annes innerer Welt. Ihre Stimmung prägt die Atmosphäre der Erzählung und ihren schwermütigen Ton. Selbst ein Ausflug in den normalerweise gut besuchten Badeort Lyme findet im November statt, die Straßen sind leer, die Hotels verlassen: „kaum eine Familie war außer den Ansässigen übriggeblieben“. Die hübsche kleine Bucht, „während der Saison mit Badekarren und Menschen belebt“, ist nun öd und leer. In der Beschreibung der Umgebung setzt diese melancholische Stimmung sich fort: „[...] und vor allem Pinny mit seinen grünen Schluchten zwischen romantischen Felsen, wo die verstreut stehenden Nadelbäume und üppig wachsenden Obstgärten davon zeugen, daß viele Generationen vergangen sein müssen, seit das erste teilweise Abbröckeln der Klippen den Boden für solche Fruchtbarkeit vorbereitet hat“ (S. 107). Wir sehen die Szenerie so, wie Anne sie sieht: der Anblick üppiger Obstgärten weckt Gedanken an frühere Generationen, die mittlerweile gestorben sind.

Bereits die große Anzahl trauernder Menschen, die uns in diesem Werk begegnen, läßt keinen Zweifel daran, daß die Trauer eines seiner vorrangigen Themen darstellt. Zunächst enthält die Geschichte der Familie Elliot, so wie sie im 1. Abschnitt des Romans durch ein kurzes Zitat aus dem Adelskalender skizziert wird, Hinweise auf 2 Todesfälle, nämlich auf den Tod von Lady Elliot und die Totgeburt eines Sohnes. Sir Walter ist also Witwer, ebenso wie Mr. William Walter Elliot, jener Cousin, der sein Erbe antreten wird, da es keinen überlebenden Sohn gibt. Mr. Elliot, der sich der übrigen Familie seit Jahren entfremdet hat, taucht zunächst als rätselhafter Fremder in Lyme wieder auf; 6mal wird auf nur 2 Buchseiten hervorgehoben, daß er und sein Diener in Trauer sind. Die engste Freundin der Familie, Lady Russell, ist Witwe, ebenso wie Mrs. Smith, eine alte Schulfreundin Annes. Anne findet sie in Bath wieder, wo Mrs. Smith seit dem Tod ihres Mannes in sehr beschränkten Verhältnissen lebt. Unmittelbar vor Augen geführt wird uns der Schmerz Mrs. Musgroves, der Schwiegermutter von Annes jüngerer Schwester Mary, die um ihren auf See verstorbenen Sohn trauert.

Und noch ein Trauernder spielt in diesem Roman eine wichtige Rolle, nämlich Kapitän Benwick, dessen Verlobte Fanny gestorben ist. Zunächst glaubt Anne, daß es ihm ganz ähnlich gehe wie ihr selbst, doch bald vermutet sie zu Recht, daß seine Trauer einen völlig anderen Verlauf nehmen wird. Wir wissen auf den Monat genau, wann Fanny starb; ja, nicht nur in diesem Fall, sondern auch in zahlreichen anderen Fällen erfahren wir, wieviel Zeit seit dem Verlust vergangen ist. Lady Elliot ist seit 13 Jahren tot, vor weniger als einem Jahr wurde Mr. Elliot Witwer, vor 2 Jahren starb Mrs. Smiths Ehemann, und vor 2 Jahren starb auch Dick Musgrove – und mehr als 7 Jahre sind vergangen, seit Anne Kapitän Wentworth verloren hat. Sich diese Zeitangaben zu vergegenwärtigen, ist von entscheidender Bedeutung, da ein zentrales Thema dieses Werkes die Frage ist, wie lang der Trauerprozeß dauert – und dauern sollte.

Als wir Kapitän Benwick auf dem Ausflug nach Lyme zum erstenmal begegnen, ist es November. Seine Verlobte ist im vergangenen Juni gestorben, aber da er gerade auf See war, erreichte ihn die Todesnachricht erst im August. Nur 3 Monate sind vergangen, seit Kapitän Benwick von Fannys Tod erfuhr, dennoch aber schwingt in der Schilderung seiner Trauer von Anfang an mehr als nur ein Hauch Ironie mit. Die Darstellung seines Privatlebens, so erfahren wir, ließ „ihn den Augen der Damen außerordentlich interessant erscheinen" – als wäre er eine Bibliotheksneuanschaffung, die von Hand zu Hand geht. „Er hatte, ganz wie erwartet, ein ansprechendes Gesicht und einen melancholischen Ausdruck". Der nachdrückliche Hinweis auf die Reaktionen, die Kapitän Benwick bei anderen Menschen auslöst – daß die Damen ihn für interessant halten, daß er, „ganz wie erwartet", einen melancholischen Eindruck macht –, distanziert ihn dem Leser, im Gegensatz zu Anne, deren Kummer wir mitempfinden. Wenn Kapitän Benwick Byron und Scott zitiert, um der unsterblichen Liebe Ausdruck zu verleihen, scheint er seine Melancholie recht selbstgefällig zu genießen. Wir fühlen uns an den frühen Romeo erinnert, der in die Liebeslyrik ebenso verliebt war wie in Rosalinde. Die Gedichte, über die Kapitän Benwick in ernstem Ton mit Anne spricht – „Giaour" und „Die Braut von Abydos", „Marmion" und „Die Frau vom See" –, waren zu jener Zeit ungeheuer populär. Fanny wird aber auch von ihrem Bruder, Kapitän Harville, betrauert, dessen stiller Kummer einen ganz anderen Charakter hat als Kapitän Benwicks stimmungsvolle Verzweiflung. Wir sollen der Intensität seiner Bindung an die tote Fanny nicht trauen, und in der Tat dauert es nicht lang, bis sie durch eine andere Frau ersetzt wird.

Anne Elliot jedoch ist ihrer verlorenen Liebe in den Jahren, die vergangen sind, treu geblieben; keine andere Beziehung hat ihr diese Liebe ersetzt. Auch wenn er körperlich abwesend war, ist Kapitän Wentworth in ihrer inneren Welt doch immer gegenwärtig geblieben. Ziemlich zu Anfang des Romans, bevor wir noch irgendetwas über ihre Beziehung erfahren haben, werden wir gemeinsam mit Anne Zeugen einer Diskussion, die ihr Vater und sein Rechtsanwalt über die zukünftigen Mieter von Kellynch Hall, Admiral und Mrs. Croft, führen. Während die Herren noch Spekulationen anstellen, zeigt Anne sich erstaunlich informiert über einen Mann, der ihr niemals begegnet ist, und berichtet ganz ruhig, daß er Konteradmiral der Weißen Flotte ist, bei Trafalgar gekämpft hat und einige Jahre lang in Indien stationiert war. Der Anwalt muß ihrem Vater noch gehörig um den Bart gehen und seiner Eitelkeit Genüge tun, bis Sir Walter in weitere Verhandlungen mit den Crofts einwilligt und Anne das Zimmer verlassen kann, „um ihre erhitzten Wangen an der frischen Luft zu kühlen; und während sie durch ein Gehölz ging, das zu ihren Lieblingsspaziergängen gehörte, sagte sie mit einem leichten Seufzer: ‚Noch ein paar Monate, dann geht vielleicht *er* hier entlang'" (S. 28). Der Gebrauch des Pronomens *er* anstelle eines Namens ist überraschend – und bemerkenswert, denn noch weiß der Leser nicht, wer „er" überhaupt ist. Allein mit sich und ihren Gedanken, muß Anne Frederick Wentworth nicht bei seinem Namen nennen: mit einem kursiv gedruckten „er" kann überhaupt nur *einer* gemeint sein. Innerlich ist Anne, wie die Auslassung des Namens zeigt, nach wie vor so intensiv mit Frederick Wentworth beschäftigt, daß jedes Gespräch mit anderen Personen für sie im Grunde nur eine Unterbrechung der ihm gewidmeten Erinnerungen und Gedanken darstellt.

Während der vergangenen Jahre hat Anne die Karriere Frederick Wentworths und auch die seines Schwagers aus der Entfernung verfolgt. Ihr detailliertes Wissen beweist, wie sorgfältig sie den Marinekalender studiert hat; auf diese Weise erfuhr sie, welches Schiff Kapitän Wentworth gerade kommandierte, sie konnte die Siege, die er und Admiral Croft während der Napoleonischen Kriege errangen, mitverfolgen und anhand dieser Fakten Rückschlüsse auf sein Vermögen ziehen. Ihrer Ansicht nach mußte er nun ein reicher Mann sein. Nur 3 Menschen aus ihrem kleinen Kreis hatten von ihrer kurzfristigen Verlobung Kenntnis: in all den Informationen, die sie über ihren verlorenen Liebsten zusammengetragen hat, gibt sich also nur ihr eigenes reges Interesse an seinem Schicksal zu erkennen, ihr überaus starkes Bedürfnis, die Verbindung zu ihm in der Phantasie aufrechtzuerhalten.

An dieser Stelle sind einige klinische Beobachtungen über das Trauern angebracht. Nach dem Tod eines geliebten Menschen entwickelt sich ein mächtiger Widerstand, die Endgültigkeit des Verlusts wirklich zu akzeptieren. Dies trifft insbesondere auf die erste Zeit zu: Erst im Laufe eines allmählichen und schmerzlichen Prozesses wird die Unwiderruflichkeit des Verlusts schließlich anerkannt. In seinem klassischen Aufsatz „Trauer und Melancholie" hat Freud (1916–17 g) diesen Prozeß analysiert. Zunächst kommt es zu einer langwierigen, schmerzlichen Erinnerungsphase; der trauernde Erwachsene durchlebt all seine Erinnerungen noch einmal und versöhnt sich in diesem Prozeß allmählich mit der Tatsache, daß das, was er verloren hat, nie zurückkehren wird. Bei einem Kind oder Heranwachsenden, dessen Vater oder Mutter gestorben ist, bleibt die Wunschphantasie, das verlorengegangene Objekt zu bewahren, jedoch hartnäckiger bestehen.[9] Aus diesem Grund lassen sich die üblichen Anzeichen der Trauer häufig

[9] Es gibt eine umfangreiche psychoanalytische Literatur über das Trauern in der Kindheit. Ich verweise den Leser auf Bowlby (1961, 1963), Jacobson (1965), Wolfenstein (1966, 1969), Nagera (1970), Furman (1974). Weniger Literatur findet sich über den Tod eines Elternteils während der Adoleszenz: vgl. Fleming (1963), Laufer (1966) sowie auch hier Wolfenstein (1966).

nicht beobachten; der Kummer gelangt nicht richtig zum Ausdruck, und das Kind versucht, sich so zu verhalten, als müsse das Leben wie gewohnt weitergehen. Es ist, unbewußt und häufig auch bewußt, davon überzeugt, daß der Verstorbene – irgendwo an einem fernen Ort vielleicht – noch lebt, und hält an seinen Phantasien über eine künftige Wiedervereinigung beharrlich fest. Im Mittelpunkt des Romans *Überredung* steht die Verwirklichung dieser Phantasie: nachdem Anne Frederick Wentworth scheinbar für immer verloren hat, bringt ihn das Schicksal zu ihr zurück, so daß sie schließlich doch vereint werden.

Es gibt jedoch noch einen anderen Verlust, dessen Unwiderruflichkeit sich auch durch die Phantasie nicht rückgängig machen läßt. Dies ist der Tod von Annes Mutter, die, wie es im Roman heißt, starb, als Anne 14 Jahre alt war. Obgleich wir über Lady Elliot selbst nur sehr wenig erfahren, finden sich im Eingangskapitel wiederholt Hinweise auf die Zeit nach ihrem Tod. „Dreizehn Jahre waren seit Lady Elliots Tod vergangen" – die Jahre sind dahingegangen wie sie selbst. „Seit dreizehn Jahren war [Elizabeth] Herrin von Kellynch Hall [...]. Dreizehn Jahre lang hatte sie die Rolle der Gastgeberin gespielt [...]. Dreizehnmal hatte der wiederkehrende Winterfrost sie jeden standesgemäßen Ball eröffnen sehen [...]; und dreizehnmal hatte der Frühling seine Blüten gezeigt". Mehrmals wird auf die Zahl der vergangenen Jahre hingewiesen, und dennoch bleibt es bezeichnenderweise unklar, wann Lady Elliot tatsächlich starb.

Sir Walter hat den gedruckten Text des Adelskalenders an 2 Stellen korrigiert, indem er „hinter Marys Geburtsdatum die Worte ‚verh. 16. Dezember 1810 [...]' ergänzt und präzise Tag und Monat eingetragen hatte, an dem ihm seine Frau gestorben war". Dieses Datum wird im Roman an keiner Stelle genannt – und es ist, unter der Fülle der im 1. Abschnitt genannten Daten, das einzige Datum, das verschwiegen wird. Alle anderen werden exakt angegeben, Geburts- und Heiratsdaten, selbst das Geburtsdatum des totgeborenen Sohnes, der nie wieder erwähnt werden wird:

ELLIOT VON KELLYNCH HALL

Walter Elliot, geb. 1. März 1760, verh. 15. Juli 1784 mit Elizabeth, Tochter von James Stevenson, wohlgeb., von Southpark in der Grafschaft Gloucester. Seine Gemahlin (die 1800 starb) gebar ihm folgende Kinder: Elizabeth (1. Juni 1785), Anne (9. August 1787), einen totgeborenen Sohn (5. November 1789), Mary (20. November 1791). (S. 3)

Wir erfahren das Jahr, in dem Lady Elliot starb, und wir erfahren, daß Anne damals 14 war – diese beiden Angaben aber widersprechen einander. Wenn Anne am 9. August 1787 geboren wurde, wäre sie beim Tod ihrer Mutter entweder 12 oder 13 Jahre alt gewesen, je nachdem, ob diese vor oder nach Annes Geburtstag starb; 14 Jahre alt aber kann sie nicht gewesen sein.

Diese Rechnerei sollte zeigen, daß es überhaupt nicht klar ist, *wann* Anne zu trauern begann. Die Erzählung stellt einen direkten Zusammenhang zwischen dem frühen Verwelken ihrer Schönheit und dem Verlust von

Wentworth her, aber Anne hat 2 Verluste erlitten, einen mit 19 und den anderen irgendwann in ihrer frühen Adoleszenz. Mit 19 war sie nicht in der Lage gewesen, Frederick Wentworth zu akzeptieren, und in der Folgezeit gelang es ihr nicht, wirklich auf ihn zu verzichten. Wie ein Kind, dem ein Elternteil gestorben ist, hat sie ihn in ihrer Phantasie lebendig erhalten. Die beiden sind, scheinbar für immer, getrennt, und doch hat Anne alle Ereignisse seines Lebens, die ihm an jenen fernen Orten widerfahren sind, an die sie ihm nie nachfolgen kann, aufmerksam registriert. Für den Verlust Wentworths ist sie selbst mitverantwortlich, da sie den Mann, den sie liebte, fortgeschickt hat; den Verlust ihrer Mutter konnte sie nur hinnehmen, passiv und hilflos. In Gedanken fragt Anne sich mehr als 7 Jahre später noch immer nach den Gründen für ihr damaliges Verhalten; wie schmerzlich diese Überlegungen auch sein mögen: bereits die Frage, ob ihre Entscheidung gerechtfertigt war oder nicht, ist ein Indiz dafür, daß sie diesen Verlust – anders als den ersten – aktiv mit herbeigeführt hat.

Annes Mutter ist gestorben, als sie 12 oder 13 oder 14 Jahre alt war. Auch in diesem Zusammenhang sind bestimmte klinische Beobachtungen von Interesse: Der Tod eines Elternteils hat während dieser Phase häufig Komplikationen und Beeinträchtigungen der adoleszenten Entwicklung zur Folge. Während die eigentliche Aufgabe des Heranwachsenden darin besteht, auf die Idealisierung seiner Eltern zu verzichten, um sich für andere Bindungen freizumachen, hat das Kind oder der Heranwachsende, dem ein Elternteil stirbt, genau das gegenteilige Bedürfnis: es muß den Toten idealisieren. Aufgehoben in der Erinnerung, bleibt der Verstorbene lebendig. Es gibt keinerlei Alltagserfahrungen, die als Korrektiv wirken könnten, so daß das Erinnerungsbild der verlorenen Mutter (des verlorenen Vaters) in der sehnsuchtsvollen Phantasie weiterhin verklärt wird und es dem Kind infolgedessen noch schwerer fällt, auf dieses Bild zu verzichten. Darüber hinaus entwickelt sich ein starkes Bedürfnis, den Verstorbenen vor der Wut zu schützen, die das Kind zwangsläufig gegenüber jenem Menschen empfindet, der es verlassen hat. Oft wird die Ambivalenz gegenüber dem verstorbenen Elternteil aufgespalten: Der Tote wird zum Objekt aller positiven Gefühle, der überlebende Elternteil zum Objekt aller negativen. Einer solchen Spaltung entspricht die Schilderung von Anne Elliots Familie. Das lakonische Urteil über Annes Vater lautet, Eitelkeit sei „das A und O Sir Walters", Lady Elliot aber sei

> eine großartige Frau gewesen, vernünftig und liebenswert; und wenn man ihr die jugendliche Verblendung vergeben kann, durch die sie Lady Elliot wurde, so waren ihr Urteil und ihre Haltung später auf Nachsicht keineswegs angewiesen. Sie hatte die Schwächen ihres Mannes hingenommen oder gemildert oder zugedeckt und siebzehn Jahre lang zu seinem Ansehen beigetragen; und obwohl sie in ihrem Leben nicht gerade glücklich gewesen war, hatten ihre Pflichten, ihre Freunde und ihre Kinder ihr das Leben lebenswert und keineswegs gleichgültig erscheinen lassen, als die Abschiedsstunde nahte. (S. 4f.)

So besitzt der Vater, der lebt, keinerlei Tugenden, während die Mutter, die gestorben ist, keinerlei Fehler besaß – von ihrer Jugendsünde, die darin bestand, Sir Walter zu heiraten, einmal abgesehen.

Die idealisierende Aura, die die tote Frau umgibt, erstreckt sich auch auf ihre Freundin, Lady Russell. Selbst eine ungemein angesehene und wohlhabende Witwe, ist Lady Russell nach Kellynch gezogen, um in der Nähe ihrer Freundin zu sein. Sie war es, der Lady Elliot die Aufgabe anvertraute, für die Verwirklichung der besorgten Anordnungen und Grundsätze einzustehen, die sie an ihre Töchter weitergegeben hatte, bevor sie starb. Und bezeichnenderweise war es Lady Elliot, der Anne sich mit ihrem Verzicht auf den geliebten Mann gebeugt hatte.

Ihr Vater hatte durch Kälte und Schweigen zu verstehen gegeben, daß er die Verbindung für unschicklich hielt; Annes Liebe wäre groß genug gewesen, Frederick Wentworth trotzdem zu heiraten, wenn Lady Russell anders reagiert hätte: „[...] die Ratschläge Lady Russells, der immer ihre ganze Liebe und ihr ganzes Vertrauen gehört hatten, konnten bei so viel Unbeirrbarkeit und so viel Einfühlsamkeit ihre Wirkung auf Dauer nicht verfehlen. Anne ließ sich überreden, daß die Verlobung falsch war – unbesonnen, ungehörig, mit wenig Aussicht und keinerlei Anspruch auf Erfolg" (S. 30).

Lady Russell nimmt in *Überredung* einen sonderbaren Platz ein. Zweifelsohne ist sie eine zentrale Figur, dennoch aber tritt sie im Roman nur selten persönlich in Erscheinung. Sie spielt eine so wichtige Rolle, daß man mit Überraschung feststellt, wie wenig Szenen das Werk enthält, in denen wir sie unmittelbar erleben, und wie gering die Zahl der Dialoge ist, in denen wir sie sprechen hören. Sie ist im Roman gegenwärtig, weil sie in Annes *innerer* Welt allgegenwärtig ist. Und weil diese innere Beziehung sich verändert, wird es Anne möglich, eine andere Entscheidung zu treffen als 7 Jahre zuvor. Anne weist Lady Russell an keiner Stelle zurück, aber sie läßt sich nicht länger von ihr leiten. Die wesentliche Veränderung Annes besteht, wie bereits angedeutet, darin, daß sie sich aus ihrem unterwürfigen Verhältnis gegenüber der Autorität einer Elternfigur löst und zu ihrer eigenen Selbstbestimmung findet.

Ziemlich zu Anfang des Romans denkt Anne über ihre frühere Entscheidung nach:

> [...] Anne dachte mit siebenundzwanzig völlig anders, als man sie mit neunzehn zu denken gezwungen hatte. Sie machte Lady Russell keinen Vorwurf, machte auch sich selbst keinen Vorwurf, daß sie sich hatte von ihr leiten lassen, aber sie wußte genau, daß sie einem jungen Menschen, der sich in ähnlicher Lage um Rat an sie wenden würde, niemals solch unzweifelhaftes gegenwärtiges Leiden, solch zweifelhaftes zukünftiges Glück zumuten würde. [...]
>
> Wie überzeugend hätte Anne Elliot geklungen, wie überzeugend hätte sie jedenfalls für eine frühe große Liebe und ein heiteres Vertrauen in die Zukunft und gegen diese überängstliche Vorsicht plädiert, die jede Anstrengung verachtet und dem Schicksal mißtraut! Man hatte ihr in ihrer Jugend *Lebensklugheit*

> aufgezwungen; was *romantische* Liebe bedeutet, begriff sie erst, als sie älter wurde – die natürliche Entwicklung eines unnatürlichen Anfangs. (S. 32f.)

Der letzte Satz überrascht ein wenig, da er die herkömmliche Verbindung zwischen romantischer Liebe und Jugend sowie zwischen Lebensklugheit und Alter umkehrt. In *Überredung* ist die romantische Liebe ein Geschenk der Reife und tieferen Weisheit.

Die emphatische Beteuerung, daß Anne selbst einem jungen Menschen niemals den Rat geben würde, den Lady Russell ihr gegeben hat, straft die vorangegangene Behauptung – sie mache Lady Russell keinen Vorwurf – Lüge. Aber sie kann sich die ganze Macht ihrer Gefühle nur im hypothetischen Fall – sollte irgendein junger Mensch in einer solchen Situation *ihren* Rat suchen – eingestehen. Wegen Lady Russell hat Anne auf ihre Chance, glücklich zu werden, verzichtet; noch immer kann sie es, selbst im nachhinein, nicht zulassen, sich Lady Russells Irrtum einzugestehen. Das Problem ist nach wie vor ungelöst, und Annes Unschlüssigkeit spiegelt sich in den unterschiedlichen Formulierungen wider, mit denen sie ihr eigenes, 7 Jahre zurückliegendes Verhalten charakterisiert: Sich „überreden" zu lassen ist etwas anderes als „zu denken gezwungen" zu werden; sich „leiten zu lassen" unterscheidet sich grundlegend davon, sich etwas „aufzwingen" zu lassen. Annes Gedanken kreisen weiterhin um diese zentrale Entscheidung und lassen sie nicht zur Ruhe kommen, weil sie ihre innerliche Beziehung zu Lady Russell als der lebendigen Verkörperung ihrer toten Mutter zu diesem Zeitpunkt noch immer schützen muß.

Anne Elliot nimmt Lady Russell in Schutz, und diese Haltung wird von der Erzählerin geteilt, die ebenfalls nur widerstrebend bereit zu sein scheint, sie einer unverhohlenen Kritik zu unterziehen. Lady Russell wird auf den ersten Seiten als Frau geschildert, die „im allgemeinen rational und logisch [dachte] – aber sie hatte Vorurteile in Fragen des Standes. Sie maß Rang und Stellung eine Bedeutung bei, die sie gelegentlich über die Schwächen derer hinwegtäuschte, die sie besaßen" (S. 12). *Gelegentlich*, meint die Erzählerin freundlich, läßt sie sich von ihren Vorurteilen täuschen – in Wahrheit aber ist beinahe jedes Urteil, das Lady Russell fällt, falsch.

Drei Jahre, nachdem Kapitän Wentworth zurück auf See gegangen ist, hat Anne einen zweiten Heiratsantrag erhalten, diesmal von Charles Musgrove. Er ist ein gutherziger, aber intellektuell ziemlich anspruchsloser Mann, ein Landadeliger, den außer der Jagd kaum etwas anderes interessiert. Seine persönlichen Eigenschaften hätten sich mit Annes Intelligenz und ihrem sensiblen Wahrnehmungsvermögen nur schlecht vertragen, und kurz nachdem Anne seinen Antrag abgewiesen hatte, stieß er tatsächlich „auf mehr Entgegenkommen" bei ihrer oberflächlichen und verdrießlichen jüngeren Schwester Mary. Lady Russell beklagte es, daß Anne Charles Musgrove einen Korb gab, denn er

> war der älteste Sohn eines Mannes, dessen Landbesitz und allgemeines Ansehen in jener Gegend nur dem Sir Walters nachstand, besaß einen guten Charakter und

> ein ansprechendes Äußeres; und wenn Lady Russell, als Anne neunzehn war, auch etwas anspruchsvoller gewesen sein mochte, so hätte sie sie jetzt mit zweiundzwanzig mit Freuden auf so respektable Weise der Parteilichkeit und Ungerechtigkeit im Hause ihres Vaters entzogen und auf Dauer in ihrer Nähe angesiedelt gesehen. Aber in diesem Fall war Anne keinem guten Rat zugänglich gewesen [...]. (S. 32f.)

Das nicht eben enthusiastische Loblied, das Lady Russell Charles Musgrove zuteil werden läßt, trägt ihrer eingestandenermaßen weniger optimistischen Beurteilung der Aussichten Rechnung, die sich Anne mit 22 noch bieten. Es ist interessant, daß ihn zwar erstens sein zukünftiger Besitz und sein allgemeines Ansehen und zweitens sein Charakter sowie seine äußerliche Erscheinung empfehlen, ihm gleich danach von Lady Russell aber auch vorteilhaft angerechnet wird, daß Anne auf Dauer in ihrer Nähe wohnen könnte, wenn sie ihn heiraten würde. Der Leser wird sich erinnern, daß Lady Russell selbst ausdrücklich deshalb nach Kellynch gezogen war, um in der Nachbarschaft ihrer lieben Freundin, Lady Elliot, zu leben. Sollte Anne Charles Musgrove heiraten, so wäre ihre wichtigste Bindung nicht die Beziehung zu ihrem Ehemann, sondern die zu ihrer Ersatzmutter. In entscheidender Hinsicht würde Anne, wenn sie sich auf Dauer in Lady Russells engster Umgebung niederließe, das Leben ihrer Mutter in ihrem eigenen Leben wiederholen. Genau wie ihre Mutter hätte sie einen Mann geheiratet, der ihrer nicht wert ist, und genau wie ihre Mutter fände sie Beistand in der fortgesetzten engen Beziehung zu Lady Russell, die durch die räumliche Nähe ermöglicht würde. Mit 22 lehnt Anne diese Möglichkeit, diesmal ohne Lady Russell um Rat zu fragen, ab.

Anne erhält noch eine weitere Gelegenheit zu heiraten, bevor sie und Kapitän Wentworth vereint werden. In ihrer Einschätzung dieses Mannes unterliegt Lady Russell einem Irrtum, der geradezu ins Auge springt; ihr Urteil ist ohne jeden Zweifel falsch. Mr. William Walter Elliot ist jener Verwandte, dem Sir Walters Erbe in Ermangelung eines Sohnes zufallen wird. Einst haben Sir Walter und Elizabeth ihn umworben, denn sie waren übereinstimmend der Meinung, daß einzig und allein Sir Walters Erbe die angemessene Partie für seine älteste Tochter wäre. Mr. Elliot jedoch wies ihre Avancen brüsk zurück, brach den Kontakt zur Familie völlig ab und heiratete statt dessen eine reiche Frau unbedeutender Herkunft, die ihm allerdings den Gefallen tat, nach einigen Jahren zu sterben. Als Mr. Elliot nach mehrjähriger Abwesenheit wiederauftaucht und um Anne zu werben beginnt, ist Lady Russell von seinen guten Umgangsformen und seiner distinguierten Lebensart ganz hingerissen und der Ansicht, daß er seine Fehler mittlerweile eingesehen habe. Anne nimmt ihn völlig anders wahr:

> Mr. Elliot war vernünftig, diskret, gewandt, aber er war nicht offen. Er ließ sich nie zu einem Gefühlsausbruch, zu spontaner Entrüstung oder Freude über die bösen oder guten Taten anderer hinreißen. Das war in Annes Augen ein entscheidender Nachteil. [...] Sie fand, daß sie sich eher auf die Ehrlichkeit derer verlassen konnte, die manchmal etwas Sorgloses oder Unüberlegtes sagten oder

> taten, als auf die, welche nie die Fassung verloren, denen nie ein falsches Wort entschlüpfte. [...]
>
> Lady Russell sah entweder mehr oder weniger als ihre junge Freundin, denn sie sah nichts, was ihr Mißtrauen erregt hätte. Sie konnte sich keinen vollkommeneren Mann vorstellen als Mr. Elliot, und nie war sie von einer köstlicheren Empfindung erfüllt gewesen als von der Hoffnung, ihn im Laufe des kommenden Herbstes ihrer geliebten Anne in der Kirche von Kellynch angetraut zu sehen. (S. 180f.)

Anne sieht sich in ihrem intuitiven Mißtrauen gegenüber Mr. Elliot bestätigt. In Bath erneuert sie eine alte Bekanntschaft mit einer Schulfreundin, die einige Jahre älter ist als sie selbst, ihren Mann verloren hat und nun schwer krank ist. Mrs. Smith und ihr verstorbener Mann hatten mit Mr. Elliot engen Umgang gepflegt, und sie enthüllt Anne nun seinen heimtückischen Charakter. Sie kann ihre Behauptungen beweisen und einwandfrei darlegen, daß Mr. Elliot sich bei der Familie seines Onkels lediglich einschmeichelt, um zu verhindern, daß Mrs. Clay, die ebenso intrigant ist wie er selbst, Sir Walter heiratet und ihn um den Titel betrügt, nach dem es ihn nun gelüstet.

Nachdem Anne die Wahrheit über Mr. Elliot erfahren hat, schaudert es sie bei dem Gedanken an das Elend, in das sie hineingeraten wäre, wenn sie sich Lady Russells Überredungskunst noch einmal gebeugt hätte. Es ist bezeichnend, daß Anne weder der persönliche Charme Mr. Elliots noch sein Reichtum verlockten. Verführerisch erschien ihr vielmehr das Bild, das Lady Russell entwirft: als Frau von Mr. Elliot würde Anne zukünftig *den Platz ihrer Mutter einnehmen*. Diese Vorstellung war es, die Anne, wenn auch nur für einen Augenblick, „gefangen“ nahm. Lady Russell hatte ihr heftig zugesetzt:

> „Ich gebe zu, die Aussicht, dich als zukünftige Herrin von Kellynch betrachten zu dürfen, als zukünftige Lady Elliot, die Hoffnung, dich an Stelle deiner lieben Mutter zu sehen, mit all ihren Rechten und all ihrer Beliebtheit und auch all ihren Tugenden, wäre mir die allergrößte Freude. Du bist in Aussehen und Wesen das Ebenbild deiner Mutter; und wenn ich mir ausmalen dürfte, daß du ihren Namen und ihr Haus übernimmst, an ihrem Platz sitzt und das Tischgebet sprichst, ihr nur dadurch überlegen, daß man dich mehr zu schätzen wüßte, meine liebste Anne, es würde mir mehr Freude bereiten, als man in meinem Alter noch erwarten kann.“
>
> Anne mußte sich abwenden, aufstehen, zu einem entfernten Tisch gehen und sich in vorgetäuschter Beschäftigung darüberbeugen, um der Gefühle Herr werden zu können, die dieses Bild heraufbeschwor. Ein paar Augenblicke lang nahm diese Vorstellung ihre Phantasie und ihr Herz gefangen. Der Gedanke, den Platz ihrer Mutter einzunehmen; den kostbaren Namen „Lady Elliot“ in sich selbst *wieder erstehen* zu sehen, Kellynch *wiederzugewinnen*, es wieder ihr Zuhause zu nennen, ihr Zuhause für immer, war ein Zauber, dem sie sich nicht gleich entziehen konnte. (S. 179; Hervorhebungen K.D.)

Da Anne ihre Mutter in der frühen Adoleszenz verloren hat, ist die Aussicht, sie symbolisch durch ihre eigene Heirat mit Mr. Elliot wieder zum Leben zu erwecken, für sie erregend und verwirrend; einen Moment lang erscheint sie ihr verlockend. Lady Elliot zu werden – in ihrer eigenen Person nicht nur Aussehen und Wesen ihrer toten Mutter, sondern auch deren Titel und gesellschaftlichen Rang zu verkörpern, ja, sogar ihr Zuhause zu erben – wäre eine Möglichkeit, zurückzugewinnen und zu bewahren, was sie verloren hat. Es ist eine illusorische Aussicht, deren Verlockungen Anne auch tatsächlich widersteht.

So bieten sich Anne, bevor sie und Kapitän Wentworth vereint werden, zwei andere Heiratsmöglichkeiten, die sie ablehnt. In unterschiedlicher Form hätte sie durch beide Ehen in erster Linie die Bindung an ihre Mutter aufrechterhalten. Sie hätte das Leben der Mutter in ihrem eigenen Leben wiederholt und sich auf diese Weise selbst an die Vergangenheit gebunden. Zweimal weist Anne diese Möglichkeit zurück, bevor sie sich durch ihre Heirat mit Kapitän Wentworth für ein selbständigeres Leben entscheidet.

Ihr innerliches Wachstum und die Entscheidungen, vor die sie gestellt wird, exemplifizieren ein zentrales Problem der weiblichen Entwicklung, dessen Stellenwert von psychoanalytischen Beobachtern zunehmend anerkannt wird. Gemeint ist die große Bedeutung – und die Dauerhaftigkeit – der Beziehung des Mädchens zu seiner Mutter.[10] Die Lebensgeschichte, in die Jane Austen Anne hineinstellt – ihre Mutter ist irgendwann in ihrer frühen

---

[10] Helene Deutsch gehörte zu den ersten Psychoanalytikern, die die fortgesetzte Bedeutung dieser Bindung betonten. In seinem späteren Werk gestand Freud (1931 b; 1933 a) ein, die Wichtigkeit der präodipalen Beziehung zur Mutter, ihre Intensität wie auch ihre Dauer, unterschätzt zu haben. Für Freud jedoch war weiterhin v. a. der Einfluß dieser Beziehung auf die ödipale Phase von Interesse. In seinen Schriften blieb er dabei, daß die Vaterbeziehung des Mädchens seine Beziehung zur Mutter ersetzt – das Mädchen „überwindet" die Bindung an die Mutter und kehrt sich „unter den deutlichsten Anzeichen von Feindseligkeit" von ihr ab. Deutsch schrieb 1944:

> Freud hatte die Frage aufgeworfen: Wie vollzieht sich beim Mädchen der Objektwechsel vom Weibe zum Manne, d. h. von der Mutter zum Vater? Die zahlreichen, von Freud und anderen Autoren erstrebten Erklärungsversuche wollten diese Wendung in der Kindheit vollzogen wissen. Unsere Studien scheinen zu erweisen, daß dieser Objektwechsel nie vollkommen erreicht wird. In allen Phasen der Entwicklung und des Erlebens sieht man immer wieder die große Rolle, die die Bindung an die Mutter im weiblichen Seelenleben spielt. (Bd. I, S. 24)

Deutsch gelangte zu dem Schluß: „Die Adoleszenz hat somit nicht nur die Bewältigung des Ödipuskomplexes zur Aufgabe, sondern sie hat auch noch fortzusetzen, was die Vorpubertät und die Frühpubertät inauguriert haben; d. h. die alte, viel tiefere und mehr elementare Bindung an die Mutter in reife Form zu bringen [...]." Arbeiten jüngeren Datums (Ritvo 1976; Blos 1980; Bergman 1984) bestätigen, daß die Neubearbeitung dieser alten, tiefen und elementaren Bindungen ein zentrales Thema der weiblichen adoleszenten Entwicklung darstellt – und eine Aufgabe, die im Grunde das ganze Leben über Bestand hat.

Adoleszenz gestorben –, unterstreicht die Tatsache, daß die große psychische Bedeutung der Beziehung zur Mutter von deren realer Anwesenheit nicht abhängig ist. Die Beziehung ist als eine *innerliche* Präsenz zu verstehen, die erhalten bleibt, solange die Tochter lebt, und sich das ganze Leben hindurch verändert. Schafer formulierte das Problem folgendermaßen: „Wenn man mit den psychoanalytischen Grundannahmen und Erkenntnissen im Einklang bleiben will, muß man davon ausgehen, daß das Mädchen, und später die Frau, nicht nur zu seiner realen Mutter eine zutiefst einflußreiche, ununterbrochen intensive und aktive Beziehung hat; vielmehr lebt es auch in einer Beziehung zu seiner Vorstellung von dieser Mutter, zu deren imaginärer Präsenz und zu seiner eigenen Identifizierung mit dieser Mutter" (S. 476).

Ausdrücklich heißt es im Text, daß Anne Elliot mit dem Tod ihrer Mutter den einzigen Menschen in ihrer Familie verlor, der Gefallen an ihr fand und sie richtig einzuschätzen wußte. Indem sie ihr Elternhaus verläßt und zunächst nach Uppercross, später nach Lyme und schließlich nach Bath geht, kann Anne neue Erfahrungen sammeln und sich selbst neu kennenlernen. Ihre Situation lenkt die Aufmerksamkeit auf einen wichtigen Aspekt der Beziehung zwischen Mutter und Tochter während der Adoleszenz. Im Zusammenhang mit der Säuglingszeit hat D.W. Winnicott ein Phänomen beschrieben, das er als die „Spiegelfunktion" der Mutter bezeichnet: „In der individuellen emotionalen Entwicklung ist das *Gesicht der Mutter der Vorläufer des Spiegels*. [...] Was erblickt das Kind, das der Mutter ins Gesicht schaut? Ich vermute im allgemeinen das, was es in sich selbst erblickt. Mit anderen Worten: die Mutter schaut das Kind an, und *wie sie schaut, hängt davon ab, was sie selbst erblickt* ([1971] 1979, S. 128f.). Das, was der Säugling im Gesicht der Mutter wahrnimmt, wenn sie ihn ansieht, übt einen zutiefst prägenden Einfluß auf sein Selbstgefühl aus, das sich in dieser Beziehung zu entwickeln beginnt. Die Erfahrung, die Anne Elliot macht, läßt auf ein entsprechendes Bedürfnis während der Adoleszenz schließen. Die körperlichen Veränderungen, die bevorstehenden Entscheidungen, die im Erwachsenenalter zu treffen sind, und die veränderten Beziehungen zu den meisten wichtigen Personen aus der Kindheit erfordern Modifizierungen des Selbstgefühls, dessen Entwicklung im Säuglingsalter begann und sich während der Kindheit stabilisierte. In der Adoleszenz wächst das Bedürfnis nach einer Mutter, die noch einmal widerspiegeln soll, was sie erblickt – die anerkennen, beurteilen, abwägend zustimmen und für gut befinden soll. Genau das ist Anne durch den Tod ihrer Mutter verlorengegangen. Vom 1. Romankapitel und der Darstellung der Familiengeschichte abgesehen, wird Lady Elliot nur noch einmal ausdrücklich erwähnt, und zwar im Zusammenhang mit Annes Aufenthalt in Uppercross, wo man sie bittet, gemeinsam mit den beiden Schwestern Louisa und Henriette Musgrove zu musizieren:

> Sie spielte sehr viel besser Klavier als beide Miss Musgroves; aber da sie keine Stimme, keine Ahnung vom Harfenspiel und keine liebenden Eltern hatte, die dabeisaßen und sich entzückt gaben, wurde ihre Darbietung wenig, und wie sie wohl merkte, nur aus Höflichkeit oder um die anderen zu ermuntern, geschätzt. Sie wußte, wenn sie spielte, daß es nur zu ihrem eigenen Vergnügen geschah. Aber diese Erfahrung war nichts Neues; außer für eine sehr kurze Zeit hatte sie seit ihrem vierzehnten Lebensjahr nie, nie seit dem Verlust ihrer lieben Mutter das Glück empfunden, daß man ihr zuhörte oder sie mit ehrlicher Dankbarkeit oder wirklichem Geschmack ermutigte. (S. 52)

Anerkennung in den Augen des Vaters fand gerade noch Elizabeth, die ihm sehr ähnlich war; in Anne aber konnte er kaum etwas entdecken, das seine Bewunderung verdient hätte, „so völlig verschieden waren ihre feinen Züge und freundlichen dunklen Augen von seinen eigenen“. Nachdem er und Elizabeth sich in Bath niedergelassen haben, führen sie Mary, der jüngsten Tochter, wohlgefällig ihr neues Domizil vor und „weiden“ sich an ihrer Bewunderung. Es ist typisch für sie, daß sie die Bewunderung der Einrichtung auf sich selbst beziehen. Mary pflegt die Egozentrik der Familie auf die ihr gemäße Art. Ihre Hypochondrie, ihre Empfindlichkeit für reale oder eingebildete Kränkungen, ihre Angewohnheit, beständig in nörgeligem Ton auf Rangunterschiede zu verweisen und ihre eigene Position hervorzukehren – all diese Eigenschaften verbinden sie mit ihrem Vater und ihrer ältesten Schwester.

Ganz auf sich selbst gestellt, geht Anne in dieser Familie im Grunde still und unbeachtet durchs Leben. Es ist notwendig, daß sie ihr Elternhaus verläßt, um gehört und gesehen zu werden; folgerichtig wird Annes innerliche Entwicklung an dem veränderten Bild gemessen, das andere Menschen ihr von ihr selbst vermitteln. Dieses veränderte Bild macht ihr inneres Wachstum überhaupt erst möglich. Die erste Entscheidung, die sie zugunsten ihrer eigenen Entwicklung trifft, besteht darin, sich von ihrem Vater und ihrer älteren Schwester zu trennen, während diese in Bath, wo weder Annes Anwesenheit noch ihre Hilfe erwünscht wären, einen neuen Haushalt einrichten, und die Zwischenzeit in Uppercross bei den Musgroves zu verbringen. Hier wird sie bei Familienstreitigkeiten von beiden Parteien um Rat gefragt; beide Seiten vertrauen darauf, daß sie dank ihres soliden Urteilsvermögens die Vorzüge des jeweiligen Standpunkts erkennen und ihr Taktgefühl es ihr ermöglichen wird, die andere Seite entsprechend zu beeinflussen. Sodann registriert Anne auf dem Ausflug nach Lyme die bewundernden Blicke Mr. Elliots, der zu diesem Zeitpunkt noch ein mysteriöser Fremder ist. Und ebenfalls in Lyme beweist Kapitän Wentworth nach dem Unfall am Cobb, wie sehr er Anne vertraut. Als das Geschehen sich nach Bath verlagert, bewundern fremde Menschen in den Geschäften flüsternd ihre Schönheit, und hier blüht sie dank der Liebe Kapitän Wentworths vollends wieder auf. Erst als Anne sich – im wörtlichen wie auch übertragenen Sinne – aus ihrer Herkunftsfamilie löst, sieht sie sich in anderen Menschen auf eine ganz neue Weise widergespiegelt, die es ihr zunehmend ermöglicht, auf die Spiegelfunktion ihres Muttterersatzes zu verzichten.

Als Anne ihr Elternhaus verläßt, lernt sie nicht nur, sich selbst mit anderen Augen zu sehen; sie lernt auch eine breitere Skala an Möglichkeiten für ihre eigene zukünftige Entwicklung kennen. Man geht i. allg. davon aus, daß Jane Austen die meisten grundlegenden Normen ihrer Zeit und Gesellschaftsschicht akzeptierte; in *Überredung* aber formuliert sie m. E. einen schärferen Protest gegen die eingeschränkten Lebensmöglichkeiten der Frauen, als man bislang wahrgenommen hat. Deutlich wird dies in der Phalanx erwachsener Frauen, mit denen sie ihre Heldin zu Beginn konfrontiert und durch die sie die Grenzen definiert, innerhalb deren Anne sich ihre eigene zukünftige Entwicklung vorstellen kann. Da ist zunächst ihre eigene Mutter. Aufgrund ihrer törichten und unglücklichen Ehe erscheint Lady Elliot das Leben nur wegen ihrer Töchter und wegen Lady Russell lebenswert. Lady Russell ist Witwe und ihre engste Verbindung wiederum ist die Freundschaft mit Lady Elliot. Obgleich sie als vernünftige und gebildete Frau beschrieben wird, hegt sie im Hinblick auf Rang und Stellung doch Vorurteile, die sie beständig zu Fehlurteilen verleiten. Sie ist eine angenehmere Repräsentantin der alten Ordnung als Sir Walter, aber sie gehört zu der selben Welt. Und schließlich gibt es noch Mrs. Musgrove, die Familienmutter schlechthin, deren Weltkenntnis die Grenzen ihrer eigenen Familie nicht überschreitet. Ihre Voreingenommenheit für diese Familie, ihre „herzzerreißenden, fetten Seufzer" über den Tod ihres Sohnes, von dem zeit seines Lebens niemand etwas wissen wollte, liefern sie, in einer berühmten und umstrittenen Passage, dem Angriff der Autorin aus.

Die Vermietung von Kellynch Hall, die das Romangeschehen in Gang setzt, bringt eine Frau ganz anderer Art in Annes Blickfeld, nämlich Mrs. Croft. Im Unterschied zu jedem anderen Ehepaar des Romans genießen es die Crofts, ihre Zeit gemeinsam zu verbringen. Admiral Croft hat wegen seiner Gicht vom Arzt Spaziergänge verordnet bekommen, und „Mrs. Croft war anscheinend bereit, sein Los in allem zu teilen und um ihr Leben zu wandern, wenn es ihm guttat". Anne „sah ihnen immer so lange nach, wie sie konnte, froh, sich vorstellen zu können, worüber sie sich unterhielten, während sie in glücklicher Unabhängigkeit dahinwanderten, oder eben so froh, den herzlichen Handschlag des Admirals zu beobachten, wenn er einem alten Freund begegnete, und über die Lebendigkeit der Unterhaltung, wenn sich gelegentlich ein kleiner Kreis von Marineangehörigen zusammenfand, in dem Mrs. Croft einen ebenso intelligenten und wachen Eindruck machte wie alle die Offiziere um sie herum" (S. 189). Ob sie mit ihrem Mann durch die Straßen von Bath schlendert oder ihn an Bord eines Schiffes begleitet: Mrs. Croft, das wird wiederholt betont, ist eine Frau, die in der Männerwelt zuhause ist; in diesem Kontext ist es bezeichnend, daß sie keine Kinder hat. Schon bevor sie direkt eingeführt wird, berichtet Sir Walters Rechtsanwalt, daß Mrs. Croft bei den Verhandlungen über die Anmietung von Kellynch Hall zugegen war – was an sich bereits so außergewöhnlich ist, daß es erwähnt zu werden verdient – und daß sie sich gleichberechtigt mit den Männern an den Gesprächen beteiligte.

In der Szene, in der Anne Mrs. Croft zum erstenmal begegnet, wird ein markanter Gegensatz zwischen den beiden deutlich. Zu diesem Zeitpunkt sind sie tatsächlich sehr unterschiedlich, trotz der gegenseitigen Sympathie, die sich augenblicklich einstellt und mit der Zeit immer größer wird. Zu Beginn ist Anne eine junge Frau, deren Jugenblüte in einem ereignislosen Leben in ländlicher Abgeschiedenheit dahinwelkte. Mrs. Croft ist mit 38 Jahren eine Frau, deren Aussehen durch ihre Lebenserfahrung geprägt ist und die „beinahe ebenso viel Zeit auf See verbracht hatte wie ihr Mann". Überdies benimmt sie sich wie jemand, „dem es an Selbstvertrauen nicht fehlt und der sich im klaren ist, was er zu tun hat" – in völligem Gegensatz zu Anne, die sich in der Tat selbst zutiefst mißtraut hatte und ungemein leiden mußte, weil sie sich nicht für den einzig richtigen Weg hatte entscheiden können.

Höchst bemerkenswert ist eine weitere Tatsache, die Mrs. Croft ganz gelassen im Gespräch erwähnt, nämlich daß sie 4mal den Atlantik überquert hat. Im Jahre 1815 war es ungewöhnlich, wenn eine Frau sich überhaupt an Bord eines Schiffes wagte; 4mal den Atlantik zu überqueren – und das während der Napoleonischen Kriege – war einfach außerordentlich. Zuvor hatten die Marineoffiziere darüber diskutiert, ob man Damen prinzipiell an Bord lassen sollte – es sei denn zu einem Ball oder einem Besuch von wenigen Stunden. Kapitän Wentworth hatte sich dagegen ausgesprochen und gemeint, daß es unmöglich sei, Frauen auf einem Schiff so unterzubringen, wie es ihnen gebührt. Mrs. Croft empfindet seine galante Rücksichtnahme als Herabwürdigung und weist sie zurück: „Aber es paßt mir nicht, wenn du so redest wie ein vornehmer Herr. Als ob die Frauen alle vornehme Damen wären und nicht vernünftige Wesen. Wir erwarten gar nicht, immer nur in ruhigen Gewässern zu segeln" (S. 78).

Nüchtern und sachlich berichtet Mrs. Croft im Gespräch mit Mrs. Musgrove von ihren Reisen:

> „Was für ausgedehnte Reisen Sie gemacht haben müssen, Madam", sagte Mrs. Musgrove zu Mrs. Croft.
>
> „Ziemlich viele, Madam, in den fünfzehn Jahren meiner Ehe. Obwohl viele Frauen mehr gereist sind. Ich habe viermal den Atlantik überquert und bin einmal nach Indien und zurück gefahren, und abgesehen von verschiedenen Orten in England, nur einmal nach Cork und Lissabon und Gibraltar. Aber ich bin nie über die Straße von Gibraltar hinausgekommen und war nie in der Karibik. Die Bermudas oder Bahamas zählen wir ja nicht zur Karibik, wissen Sie."
>
> Für Mrs. Musgrove gab es da nichts zu widersprechen. Sie konnte sich nicht vorwerfen, sie je im Laufe ihres ganzen Lebens zu irgend etwas gezählt zu haben. (S. 78f.)

Mrs. Musgrove hat auf die Bermudas oder Bahamas noch keinen Gedanken verschwendet; ihre Interessen und Sorgen sind voll und ganz auf ihre Familie beschränkt. In Mrs. Crofts taktvoller Berichtigung eines Irrtums, den ihre Gesprächspartnerin dank mangelhafter Kenntnisse gar nicht begehen kann, tritt auf sarkastische Weise der Gegensatz zwischen Mrs. Crofts umfassender Erfahrung und Mrs. Musgroves Beschränktheit zutage. In Gestalt von Mrs. Croft führt Jane Austen ihrer Heldin eine Frau vor Augen, die sich den herkömmlichen Zwängen nicht unterwirft. Indem Anne sich aus der beengten Welt ihrer Familie löst, entdeckt sie, daß es noch andere Möglichkeiten gibt, sich als Frau zu entfalten.

Da man sich aber trotz allem im Jahre 1815 befindet, existieren diese neuen Möglichkeiten überwiegend in der Vorstellung. Fortwährend werden wir daran erinnert, daß das Leben den Männern weit mehr Möglichkeiten zu bieten hat als den Frauen. Der Gegensatz ist nicht zu leugnen, als Anne und Kapitän Wentworth einander zum erstenmal wiederbegegnen. Er kehrt nach 7 Jahren zurück und stellt fest, daß ihre Schönheit verwelkt ist, daß Anne, wie er es ausdrückt, „verändert" und fast nicht wiederzuerkennen ist. Anne aber sieht, daß „die Jahre, die ihre Jugend und Blüte zerstört hatten, [...] ihm nur ein strahlenderes, männlicheres, offeneres Aussehen gegeben [hatten], ohne seine persönliche Anziehungskraft im geringsten zu beeinträchtigen". Er fuhr zur See, kommandierte Schiffe, hat Eroberungen gemacht und Preisgelder verdient, sein Schicksal hat es gut mit ihm gemeint. Er strahlt Zufriedenheit aus über das, was das Leben ihm beschert hat: „Ach! die alte ‚Asp' wuchs mir ans Herz. Sie tat alles, was ich wollte. [...] Ja, das waren schöne Zeiten, als ich auf der ‚Laconia' fuhr!" Wie zornig und enttäuscht er auch gewesen war, wie unmöglich es sich auch gestaltete, eine Frau zu finden, die Anne Elliot ebenbürtig gewesen wäre – Kapitän Wentworth kehrt von den Jahren auf See mit einem reichen Schatz an Anekdoten und Geschichten zurück: Die beiden Schwestern Musgrove warten jeden Morgen ungeduldig am Fenster auf sein Erscheinen, um sich mit neuen Berichten über seine Abenteuer die Zeit vertreiben zu lassen.

Da eine Frau nichts erlebt und keine Erfahrungen sammelt, besteht ihr Leben darin, zu warten. Kurz bevor Anne Frederick Wentworth wiederbegegnet – sie hat ihn mit 19 zum letztenmal gesehen – versucht sie, sich vorzustellen, welche Veränderungen sein Leben in der Zwischenzeit erfahren hat: „Acht Jahre, beinahe acht Jahre waren vergangen, seit alles zu Ende gegangen war. [...] Was konnten acht Jahre nicht alles bewirken! Alle möglichen Ereignisse, Veränderungen, Entfremdungen, Trennungen – alles, alles konnte in dieser Zeit vorgefallen sein, und das Auslöschen der Vergangenheit – wie natürlich und auch wie selbstverständlich" (S. 67). Ihr Leben war in diesen Jahren leer, während es für ihn, so vermutet sie, reich und erfüllt gewesen ist. Für Anne hatte es keinen Ortswechsel gegeben, nichts Neues, keine Erweiterung ihres sozialen Umfelds. Sie war, heißt es, *„zu sehr auf die Zeit allein angewiesen gewesen"*, um die Erinnerung an ihn auslöschen zu können. Als Frau hatte Anne nichts tun, sondern sich nur ihren Gefühlen überlassen können.

Um das gleiche Problem geht es auch in bezug auf Kapitän Benwick; wie Anne hat er einen geliebten Menschen verloren, nämlich seine Verlobte, die einige Monate zuvor gestorben ist. Anne denkt über seine Situation und ihre eigene nach: „Aber vielleicht [...], vielleicht ist sein Herz nicht tiefer getroffen als meines. Ich kann mir nicht vorstellen, daß seine Zukunftsaussichten so vollständig zerstört sind. Er ist jünger als ich, dem Gefühl, wenn auch nicht den Jahren nach – als Mann jünger. Er wird sich wieder aufraffen und mit einer anderen glücklich werden“ (S. 109). Anne hat recht: schon bald wird Kapitän Benwick sich in Louisa Musgrove verlieben. Aber sie stellt diese Überlegungen an, *bevor* sie Kapitän Benwick zum erstenmal begegnet. Ohne ihn persönlich zu kennen, weiß Anne, daß seine Zukunftsaussichten einfach deshalb, weil er ein Mann ist, besser sind als ihre eigenen. Damit wird weder über seinen Charakter noch über seine Gefühle für die tote Verlobte ein Urteil gefällt. Es handelt sich um eine schlichte Aussage über die unterschiedlichen Lebensperspektiven der Frauen und Männer.

Diese vorsichtigen Überlegungen werden gegen Ende des Romans mit großer Leidenschaftlichkeit vertreten. Kapitän Wentworth sitzt, scheinbar völlig von dem Brief, den er gerade schreibt, in Anspruch genommen, ganz in der Nähe, als Anne von Kapitän Harville ins Gespräch gezogen wird. Ihr Dialog bildet den Höhepunkt des Romans; alles, was bisher über das Leben der Frauen im Unterschied zu dem der Männer gesagt und angedeutet wurde, verdichtet sich hier zu höchster emotionaler Intensität. Anne und Kapitän Harville sprechen kurz über Benwicks neue Liebesbeziehung zu Louisa, danach wendet sich ihre Diskussion der Beständigkeit weiblicher und männlicher Liebe zu.[11] Kapitän Harville sagt über seine tote Schwester:

> „Die arme Fanny! Sie hätte ihn nicht so bald vergessen!“
> “Nein“, erwiderte Anne mit leiser mitfühlender Stimme, „das will ich gerne glauben.“
> “Es war nicht ihre Art. Sie hing sehr an ihm.“
> “Es wäre die Art keiner Frau, die wirklich liebt.“
> Kapitän Harville lächelte, als wollte er sagen: „Glauben Sie, das gilt für ihr ganzes Geschlecht?“, und sie beantwortete die Frage ebenfalls lächelnd: „Ja, wir vergessen euch sicher nicht so schnell wie ihr uns. Vielleicht ist das eher unser

---

[11] Richard Simpson, jener Shakespeare-Gelehrte, der, wie bereits erwähnt, im 19. Jahrhundert ein einflußreicher Kritiker Jane Austens war, glaubte, sie müsse an *Dreikönigsabend Oder was ihr wollt* gedacht haben, als sie *Überredung* schrieb. Er macht in seiner Abhandlung (1870; wiederabgedruckt in Southam [1968]) auf die Parallelen zwischen diesem Gespräch und jener Szene in *Was ihr wollt* aufmerksam, in der der Herzog und Viola über die Beständigkeit der Liebe von Männern und Frauen diskutieren. (Es handelt sich um die 4. Szene des 2. Aktes; eine Anspielung auf diese Szene findet sich in *Northanger Abbey*.) Den Parallelen, die Simpson aufzeigt, möchte ich eine weitere hinzufügen: Ich habe die Ablehnung, die Anne Wentworth 7 Jahre zuvor zuteil werden ließ, mit der fortbestehenden Trauer um ihre Mutter in Verbindung gebracht. In diesem Zusammenhang ist der ausdrückliche Hinweis in *Was ihr wollt* von Interesse, daß das Werben des Herzogs Olivia deshalb ungerührt läßt, weil sie das Gelübde abgelegt hat, 7 Jahre lang um den Tod ihres Vaters und Bruders zu trauern.

> Schicksal als unser Verdienst. Wir können nicht anders. Wir wohnen zu Hause, still und abgeschlossen, und werden das Opfer unserer Gefühle. Ihr seid gezwungen, euch zu betätigen. Ihr habt immer einen Beruf, Interessen, Beschäftigungen der einen oder anderen Art, die euch immer wieder in die Welt zurückführen, und ständige Inanspruchnahme und Abwechslung läßt alle Eindrücke bald verblassen."

Im Laufe der weiteren Diskussion vertritt Kapitän Harville die Ansicht, daß es eine Entsprechung zwischen der körperlichen und der seelischen Verfassung gebe – da der Körper des Mannes stärker sei, seien es auch seine Gefühle. Anne widerspricht dieser Behauptung:

> [...] dieses Prinzip der Analogie gibt mir das Recht zu behaupten, daß unsere Gefühle zärtlicher sind. Männer sind robuster als Frauen, aber sie leben nicht länger, und genau das erklärt meine Ansicht über die Art ihrer Zuneigung. Ja, es wäre zu viel für euch, wenn es anders wäre. Ihr habt mit genügend Schwierigkeiten und Gefahren zu kämpfen. Ihr müßt euch immer mühen und anstrengen und euch jedem Risiko und jeder Entbehrung aussetzen, Haus und Heimat und Freunde, alles verlassen, weder Zeit, noch Gesundheit, noch Leben euer eigen nennen. Es wäre wirklich zu viel (mit versagender Stimme), wenn weibliche Gefühle zu alldem noch hinzukämen."

Schließlich bemüht Kapitän Harville die Literatur, um seine Behauptung zu stützen. „[...] ich glaube nicht, daß ich je in meinem Leben ein Buch aufgeschlagen habe, das nicht etwas über die Unbeständigkeit der Frauen zu sagen gehabt hätte. Lieder und Sprichwörter, alle handeln von weiblicher Untreue. Aber vielleicht werden Sie sagen, die sind doch alle von Männern geschrieben." In ihrer üblichen, zurückhaltenden Art – „Das werde ich vielleicht" – beginnt Anne zu sprechen. Dann schlägt der Ton um. Die zunehmende Erregtheit und überraschende Eindringlichkeit ihrer Worte machen uns bewußt, daß durch sie die Autorin selbst spricht: „[...] nein, nein, bitte keine Anspielung auf Beispiele aus Büchern, wenn ich bitten darf. Männer haben immer den Vorteil vor uns gehabt, daß sie ihre eigene Version erzählen konnten. Sie haben die Vorzüge der Erziehung in viel größerem Maße genossen. Sie haben die Feder in der Hand gehabt. Bücher lasse ich als Beweismaterial nicht gelten" (S. 264). Für ihr eigenes Geschlecht beansprucht Anne angesichts des Verlustes größere Treue, ohne aber, und das ist bezeichend, eine größere Tugendhaftigkeit geltend zu machen. Sie widerspricht Kapitän Harvilles Behauptung, indem sie auf die engen Grenzen verweist, in denen sich das Leben der Frauen abspielt. Da ihnen keine so gute Erziehung wie den Männern zuteil wird, sie im Unterschied zu diesen auch nicht im Beruf, in Interessen und Beschäftigungen aufgehen können, fristen sie ein eingeschränktes Dasein, in dem nichts passiert, das ihre Liebesgefühle schwächen könnte. Es ist, so sagt sie, „eher unser Schicksal als unser Verdienst", immer noch zu lieben, auch wenn es gar keine Hoffnung mehr gibt. Es sei kein beneidenswertes Los, warnt sie Kapitän Harville: Er brauche es „gar nicht anzustreben".

Im Verlauf dieser Szene werden Annes Worte bestimmter und eindeutiger als je zuvor. Die leise Ironie, die mitschwingt, wenn eine Romanfigur beteuert, daß Bücher gar nichts zu beweisen imstande seien, verliert sich, weil wir aus Annes Worten nicht Anne Elliot, sondern Jane Austen selbst sprechen hören. In diesem, ihrem letzten Roman benutzt sie Anne, um traurig und mit einer gewissen Bitterkeit über die begrenzten Erfahrungsmöglichkeiten zu sprechen, die das Leben den Frauen ihrer Zeit zu bieten hatte.

Auf den dramatischen Höhepunkt des vorletzten Kapitels folgt ein rasches Ende. Kapitän Wentworth hat während dieser Diskussion ganz in der Nähe gesessen, um für Kapitän Benwick einen Brief zu verfassen. Das, was er zu hören bekam, veranlaßte ihn, einen anderen Brief zu schreiben, einen Brief an Anne, in dem er ihr seine Liebe erklärt und sie noch einmal bittet, ihn zu heiraten. Und natürlich sagt sie diesmal „ja".

Das letzte Kapitel hebt mit der Frage an: „Wer wüßte nicht, was darauf folgte?" Die unvermittelte Leichtigkeit des Tons läßt sich als Appell an den Leser verstehen, seine Haltung gegenüber Annes Schicksal nun zu objektivieren. Nachdem die Autorin uns in Annes innere Welt hineingezogen hat – uns die Romanhandlung und die anderen Figuren mit ihren Augen betrachten und die Landschaft ihre Melancholie widerspiegeln ließ –, rückt sie Anne nun in eine gewisse Distanz. Indem sie die Aufmerksamkeit in heiterem Ton auf den unvermeidlichen Ausgang des Geschehens lenkt, ruft Jane Austen uns jäh in Erinnerung, daß Anne trotz allem nur eine Romanfigur ist.

So sagt sich die Autorin zum Schluß von Anne los. Das Happy-End, das sie sich für ihre Heldin ausgedacht hat, wirkt weniger überzeugend als das leidenschaftliche Plädoyer im vorletzten Kapitel. Der fiktionalen Anne wird Wiedergutmachung zuteil, sie bekommt zurück, was sie verloren hat. Nach 8 Jahren ist sie mit dem Geliebten wiedervereint. Trotzdem aber wird der Schluß der literarischen Konvention nicht ganz gerecht, denn die Ehe erscheint nicht als Lösung sämtlicher Probleme: „Anne war voller Zärtlichkeit und wurde dafür voll und ganz durch Kapitän Wentworths Liebe belohnt. Nur sein Beruf ließ ihre Freunde manchmal wünschen, ihre Zärtlichkeit wäre geringer. Nur die Furcht vor einem zukünftigen Krieg konnte ihre Heiterkeit überschatten" (S. 286). In Jane Austens letztem und weisestem Roman finden Heldin und Held am Ende nicht, wie üblich, im Zeichen ihres künftigen Glücks zueinander, sondern in Erwartung der Schicksalsschläge, die niemand vorhersehen kann.

7. Schluß

Am Anfang meiner Untersuchung stand ein 12jähriges, präadoleszentes Mädchen aus einer Kleinstadt im Süden der Vereinigten Staaten; den Abschluß bildet ein Kapitel über eine junge Frau, die sich ihr Leben in der englischen Gesellschaft des Jahres 1815 einrichten muß. In den dazwischenliegenden Kapiteln habe ich eine Gruppe schottischer Schulmädchen und ihr Verhältnis zu einer charismatischen Lehrerin betrachtet, ein junges Mädchen, das mit seiner Familie auf der Flucht vor den Nazis in Amsterdam untertaucht, sowie ein 14jähriges Mädchen, das im Zeitalter der Renaissance in Verona lebt und sich zum erstenmal verliebt.

Frankie Addams, die Brodie-Clique, Anne Frank, Julia Capulet, Anne Elliot – die Heldinnen meiner Abhandlung beschreiben eine chronologische Sequenz, die weder der historischen noch der literaturgeschichtlichen Abfolge entspricht, wohl aber dem Verlauf der psychischen Entwicklung. All diese literarischen Werke beschäftigen sich – auch wenn man sie ebensogut anderen Kontexten zuordnen kann – gleichwohl mit dem Übergang von der Kindheit zum Erwachsenenalter, vom Mädchen zur Frau. An diesem Übergang, beginnend mit den ersten Anzeichen körperlicher Veränderungen bis hin zur Realisierung jener Entscheidungen, die das Erwachsenenalter bestimmen werden, orientiert sich die Reihenfolge, in der ich die Texte hier behandelt habe.

Wenn wir uns der Literatur zuwenden, finden wir beispielhafte Darstellungen einiger grundlegender Entwicklungsthemen, die in der psychoanalytischen Forschung beschrieben wurden. Eine solche Bestätigung besitzt vielleicht gerade dann den größten Überzeugungswert, wenn es sich um Werke handelt, deren Verfassern – Shakespeare, Jane Austen – man unmöglich vorwerfen kann, daß sie Freud gelesen hätten. Darüber hinaus aber begegnen uns in all diesen Texten Abbildungen des weiblichen Erlebens, die feinkörniger, in ihren Schattierungen wirklichkeitsnäher und zudem in der Lage sind, eine umfassendere Skala an Möglichkeiten aufzufächern, als die traditionelle Theorie dies vermag. Julias Hochzeitslied, in dem sie die Nacht herbeifleht, die ihr ihren Romeo bringen soll, Anne Franks Brief, in dem sie „Kitty" die stille Freude über die Veränderungen anvertraut, die sie in ihrem Körper wahrnimmt – so sonderbar es erscheinen mag, diese beiden Texte in einem Atemzug zu nennen, lenken doch beide unsere Aufmerksamkeit auf ein ähnliches und ganz entscheidendes Thema. In Julias Monolog ebenso wie in Anne Franks Tagebuch verschafft sich die Freude über das künftige Frausein und die erwachende

Sexualität Ausdruck. Daß die traditionelle psychoanalytische Theorie eine solche freudige Reaktion nie auch nur in Erwägung zog, ist m. E. das gravierendste Versäumnis, das sie sich in bezug auf die weibliche Entwicklung hat zuschulden kommen lassen.

Ähnlich verhält es sich mit den Mädchen aus der Clique um Miss Brodie: Sie zerbrechen sich den Kopf über die „Begierde“, wollen wissen, wie sie sich anfühlt, wie lang sie dauert; das Thema beschäftigt sie pausenlos und bleibt ihnen doch ein Rätsel, so daß sie ohne Ende Antworten auf Fragen zu finden versuchen, die zu stellen einem Jungen überhaupt nie in den Sinn käme. Diese Mädchen fordern uns auf, unsere Theorie über den Beginn der Pubertät so zu formulieren, daß deutlich wird, wie sie selbst ihre erwachende Sexualität erleben – nämlich völlig anders als die Jungen.

Schon die Lektüre dieser wenigen Texte zeigt, daß Mädchen ihre Weiblichkeit auf vielfältige Weise erleben können – und macht somit auch deutlich, daß die Theorie in der Lage sein muß, eine ganze Bandbreite an Möglichkeiten zu umfassen. Der Freude, die Anne Frank über ihr „süßes Geheimnis“ empfindet, steht die Angst vor der Weiblichkeit entgegen, die durch die Romanfigur Frankie auf mannigfaltige Weise zum Ausdruck gebracht wird. Aber Frankie exemplifiziert diese Ängste nicht nur: Sie hilft uns auch, sie besser zu verstehen. Durch Frankies Lebensgeschichte wurde unsere Aufmerksamkeit zum erstenmal auf ein Thema gelenkt, das in diesen Untersuchungen über Mädchen, die zur Frau werden, immer wieder auftauchte – und zunehmend auch ins Blickfeld psychoanalytischer Beobachter gerückt ist. Gemeint ist die ungeheure Bedeutung der Beziehung des Mädchens, und später der Frau, zur Mutter als einer *inneren* Präsenz, eine Beziehung, die sich während des ganzen Lebens auf jeder neuen Entwicklungsstufe verändert und immer wieder neudefiniert wird. Diese literarischen Werke machen deutlich, daß sämtliche Entwicklungen und Entwicklungsaspekte in jeder Phase der weiblichen Adoleszenz im Kontext dieser fortdauernden Beziehung erfolgen – von den ersten Veränderungen der Körperkonturen über das Erwachen sexueller Empfindungen, die Entwicklung neuer Freundschaften und die Liebe bis hin zu jenen Entscheidungen, die für das erwachsene Leben der betreffenden Frau bestimmend sein werden. Zwei der Erzählungen zeigen, daß diese innere Beziehung lebendig bleibt, auch wenn die Mutter selbst gestorben ist, als ihre Tochter noch klein war, daß sie durch neue Erfahrungen beeinflußt und durch diese wiederum modifiziert wird.

In der psychoanalytischen Literatur wurden zumeist die Schwierigkeiten besonders hervorgehoben, denen das Mädchen sich zu Beginn der Adoleszenz ausgesetzt sieht, wenn die Pubertät bislang unbekannte Phantasien in ihm weckt. Die Dichtung hat stärkeren Nachdruck auf den problematischen Charakter der späten Adoleszenz, auf die Konfrontation mit den begrenzten Entwicklungsmöglichkeiten gelegt, die ihm *als Frau* offen stehen. In *Überredung*, erschienen 1818, vernehmen wir leise Anklänge jenes Protestes, der während des ganzen 19. Jahrhunderts implizit und explizit in den

Werken bedeutender Schriftstellerinnen wiederholt werden sollte und sich in unserer Zeit deutlicher Gehör verschafft – ein Protest gegen die Begrenztheit der Möglichkeiten, die das Leben den Frauen geboten hat. Die historischen Bedingungen verändern sich. Für die Frau gibt es nicht länger nur „einen Platz". Frauen haben viele „Plätze", und entsprechend komplexer sind die Entscheidungen, die sie gegen Ende der Adoleszenz treffen müssen. Die Literatur hat begonnen, sich mit dem weiblichen Erleben angesichts dieser erweiterten Möglichkeiten auseinanderzusetzen; auch die Psychoanalyse ist aufgefordert, die psychischen Auswirkungen dieser grundlegend veränderten sozialen Realität in ihre Theorie zu integrieren.

Ich habe zu Beginn meiner Untersuchung gesagt, daß ich eine Reihe von Texten im Lichte eines psychoanalytischen Entwicklungsverständnisses betrachten wolle. Aber der Prozeß ist reziprok: diese literarischen Werke haben selbst einen erhellenden Charakter. Sie bilden Entwicklungsprozesse nicht nur beispielhaft ab, sondern vertiefen auch unser Verständnis. Ich schließe, indem ich noch einmal meiner Hoffnung Ausdruck gebe, die ich zu Beginn bereits formuliert habe: ich hoffe, daß diese Überlegungen dem Leser ein intensiveres und vergnüglicheres Lektüreerlebnis vermitteln werden, wenn er sich den Werken selbst noch einmal zuwendet.

Bibliographie

Ariès P (1960) L'enfant et la vie familiale sous l'ancien régime. Plons, Paris. [Deutsch: (1975) Geschichte der Kindheit. Übers v C Neubaur u Karin Kersten. Hanser, München]

Austen J ([1818] 1978) Persuasion. Penguin, New York. [Deutsch: (1987) Überredung. Übers v U u C Grawe. Reclam, Stuttgart]

Austen J (1952) Letters. Hg v RW Chapman. Oxford University Press, Oxford

Austen-Leigh JE ([1870] 1926) A memoir of Jane Austen. Hg v RW Chapman. Oxford, London

Barglow P, Schaefer M (1979) The fate of the feminine self in normative adolescent regression. In: Sugar M (ed) Female adolescent development, pp 201–213. Brunner/Mazel, New York

Barnett M (1966) Vaginal awareness in the infancy and childhood of girls. J Amer Psychoanal Assoc 15:129–141.

Benedict R (1938) Continuities and discontinuities in cultural conditioning. Psychiatry 1:161–167

Bergman A (1984) On the development of female identity: Issues of mother-daughter interaction during the separation-individuation process. Paper presented at symposium „The Many Faces of Eve", UCLA, Febr 1984

Bernfeld S (1927) Die heutige Psychologie der Pubertät. Imago 13:1–56

Bernfeld S (1931) Trieb und Tradition im Jugendalter. JA Barth, Leipzig

Blos P (1962) On adolescence. Free Press, New York. [Deutsch: (1973) Adoleszenz. Eine psychoanalytische Interpretation. Übers v G Kallner. Klett-Cotta, Stuttgart]

Blos P (1967) The second individuation process in adolescence. Psychoanal Study Child 22:162–186

Blos P (1979) The adolescent passage. Int Univ Press, New York

Blos P (1980) Modifications in the traditional psychoanalytic theory of female adolescent development. Adol Psychiat 8:8–24

Bowlby J (1961) Processes of mourning. Int J Psychoanal 42:317–340

Bowlby J (1963) Pathological mourning and childhood mourning. J Amer Psychoanal Assoc 11:500–541

Chodorow N (1978) The reproduction of mothering. Univ of California Press, Berkeley. [Deutsch: (1985) Das Erbe der Mütter. Psychoanalyse und Soziologie der Geschlechter. Übers v G Mühlen-Achs. Frauenoffensive, München]

Clower VL (1975) Significance of masturbation in female sexual development and function. In: I Marcus, JJ Francis (ed) Masturbation: From infancy to senescence, pp 107–143. Int Univ Press, New York

Clower VL (1979) Feminism and the new psychology of women. In: TB Karasu, CW Socarides (ed) On sexuality: Psychoanalytic observations, pp 279–316. Int Univ Press, New York

Coleridge ST ([1811–12] 1976) Romeo and Juliet. In: Coleridge's Writings on Shakespeare, ed T Hawkes. Putnam, New York, pp 115–138

Colette (1900) Claudine l'école. In: The complete Claudine. Farrar, Straus & Giroux, New York 1976, pp 1–206

Cooley M (1981) Jane Austen's novels: Logic, irony, and the swerving of reason. Paper presented at the CUNY English Forum, 6.12.1981

Dalsimer K (1975) Fear of academic success in adolescent girls. J Amer Acad Child Psychiat 14:719–730

Davis NZ (1971) The reasons of misrule: Youth groups and charivaris in sixteenth-century France. Past and Present 50:40–75

Demos J, Demos V (1969) Adolescence in historical perspective. J Marriage and the Family 31:632–638

Deutsch H (1944/45, 1988) Psychologie der Frau. 2. Aufl. Fachbuchhandlung für Psychologie, Eschborn bei Frankfurt am Main

Dickey FM (1957) Not wisely but too well: Shakespeare's love tragedies. Princeton Univ Press, Princeton

Douvan E, Adelson J (1966) The adolescent experience. John Wiley & Sons, New York

Dunn CM (1977) The changing image of woman in Renaissance society and literature. In: M Springer (ed) What manner of woman: Essays on English and American life and literature. New York Univ Press, New York

Dusinberre J (1975) Shakespeare and the nature of women. Macmillan, London

Erikson EH (1959) Identity and the life cycle. Psychological Issues, vol 1, no 1. [Deutsch: (1973) Identität und Lebenszyklus. Übers v K Hügel. Suhrkamp, Frankfurt am Main]

Erikson EH (1968) Identity: Youth and crisis. Norton, New York. [Deutsch: (1970) Jugend und Krise. Die Psychodynamik im sozialen Wandel. Übers v M v Eckardt-Jaffé. Klett,Stuttgart]

Erikson EH (1974) Once more the inner space. In: J Strouse (ed) Women and analysis, pp 320–340. Grossman, New York

Esman AH (1975) Consolidation of the ego ideal in contemporary adolescence. In: A Esman (ed) The psychology of adolescence, pp 211–218. Int Univ Press, New York

Esman AH (1979) Adolescence and the ‚new sexuality'. In: On sexuality: Psychoanalytic observations, pp 19–28. Int Univ Press, New York

Esman AH (1980) Adolescent psychopathology and the rapprochement phenomenon. Adol Psychiat 8:320–331

Flaubert G (1857) Madame Bovary. [Deutsch: (1919) Madame Bovary. Übers v A Schurig. Insel Verlag, Frankfurt am Main]

Fleming J, Altschul S (1963) Activation of mourning and growth by psychoanalysis. Int J Psychoanal 44:419–431

Frank A (1949, 1990) Das Tagebuch der Anne Frank. Fischer Taschenbuch Verlag, Frankfurt am Main

Freeman D (1983) Margaret Mead and Samoa. Harvard Univ Press, Cambridge

Freud A (1958) Probleme der Pubertät. In: Die Schriften der Anna Freud. Bd 7 (1956–1965), S 1739–1769. Kindler, München

Freud S (1905 d) Drei Abhandlungen zur Sexualtheorie. GW Bd 5:27–147

Freud S (1908 c) Über infantile Sexualtheorien. GW Bd 7:169–188

Freud S (1915 e) Trauer und Melancholie. GW Bd 10:427–446

Freud S (1919 i [1915]) Brief an Hermine von Hug-Hellmuth. GW Bd 10:456
Freud S (1920 a) Über die Psychogenese eines Falles von weiblicher Homosexualität. GW Bd 12:269–302
Freud S (1923 e) Die infantile Genitalorganisation. GW Bd 13:291–298
Freud S (1924 d) Der Untergang des Ödipuskomplexes. GW Bd 13:395–403
Freud S (1925 j) Einige psychische Folgen des anatomischen Geschlechtsunterschieds. GW Bd 14:17–30
Freud S (1931 b) Über die weibliche Sexualität. GW Bd 14:515–537
Freud S (1933 a) Neue Folge der Vorlesungen zur Einführung in die Psychoanalyse: Die Weiblichkeit. GW Bd 15:119–145
Freud S (1937 c) Die endliche und die unendliche Analyse. GW Bd 16:57–99
Freud S (1940 a [1938]) Abriß der Psychoanalyse. GW Bd 17:63–138
Furman E (1973) A contribution to assessing the role of infantile separation-individuation in adolescent development. Psychoanal Study Child 28:193–207
Furman E (1974) A child's parent dies. Yale Univ Press, New Haven
Garber M (1974) Dream in Shakespeare. Yale Univ Press, New Haven
Geleerd ER (1961) Some aspects of ego vicissitudes in adolescence. J Amer Psychoanal Assoc 9:394–405
Gilligan C (1982) In a different voice: Psychological theories and women's development. Harvard Univ Press, Cambridge. [Deutsch: (1984) Die andere Stimme. Lebenskonflikte und Moral der Frau. Piper, München)]
Granville-Barker H (1930, 1970) Prefaces to Shakespeare. Vol 5. Batsford, London
Greenacre P (1950) Special problems in early female sexual development. Psychoanal Study Child 5:112–138
Greenacre P (1958) Early physical determinants in the development of the sense of identity. J Amer Psychoanal Assoc 6:612–627
Harding DW (1940) Regulated hatred: An aspect of the work of Jane Austen. Scrutiny 8:346–362
Hardy B (1975) A reading of Jane Austen. New York Univ Press, New York
Harley M (1971) Some reflections on identity problems in prepuberty. In: JB McDevitt, CF Settlage (ed) Separation-individuation, pp 385–403. Int Univ Press, New York
Hart M, Sarnoff C (1971) The impact of menarche: A study of two stages of organization. J Amer Acad Child Psychiat 10:257–271
Hiner NR (1975) Adolescence in eighteenth-century America. History of Childhood Quart 3:253–280
Holland N (1968) The Shakespearian imagination. Indiana Univ Press, Bloomington
Holland N (1976) Psychoanalysis and Shakespeare. Octagon, New York
Horney K (1923, 1984) Zur Genese des weiblichen Kastrationskomplexes. In: Die Psychologie der Frau, S 10–25. Fischer, Frankfurt am Main
Horney K (1926, 1984) Flucht aus der Weiblichkeit. Der Männlichkeitskomplex der Frau im Spiegel männlicher und weiblicher Betrachtung. In: Die Psychologie der Frau, S 26–42. Fischer, Frankfurt am Main]
Horney K (1932, 1984) Die Angst vor der Frau – Über den spezifischen Unterschied in der männlichen und weiblichen Angst vor dem anderen Geschlecht. In: Die Psychologie der Frau, S 82–95. Fischer, Frankfurt am Main]

Horney K (1933, 1984) Die Verleugnung der Vagina. Ein Beitrag zur Frage der spezifisch weiblichen Genitalängste. In: Die Psychologie der Frau, S 96–110. Fischer, Frankfurt am Main]
Horney K (1980) The adolescent diaries of Karen Horney. Basic Books, New York
Jacobson E (1961) Adolescent moods and the remodeling of psychic structures in adolescence. Psychoanal Study Child 16:164–183
Jacobson E (1965) The return of the lost parent. In: M Schur (ed) Drives, affects, behavior, 2:193–211. Int Univ Press, New York
Jones E (1927) The early development of female sexuality. Int J Psychoanal 8:459–472. [Deutsch: (1928) Die erste Entwicklung der weiblichen Sexualität. Int Z Psychoanal 14:11–25]
Jones E (1932) The phallic phase. Int J Psychoanal 14:1–33. [Deutsch: (1933) Die phallische Phase. Int Z Psychoanal 19:322–357]
Jones E (1935) Early female sexuality. Int J Psychoanal 16:263–273. [Deutsch: (1935) Über die Frühstadien der weiblichen Sexualentwicklung. Int Z Psychoanal 21:331–341]
Kahn C (1977) Coming of age in Verona. Modern Language Studies 8:5–22
Kaplan EB (1976, 1984) Manifestations of aggression in latency and preadolescent girls. Psychoanal Study Child 31:63–78
Kaplan LJ (1984) Adolescence: The farewell to childhood. Simon & Schuster, New York. [Deutsch: (1988) Abschied von der Kindheit. Übersetzt v H Weller. Klett-Cotta, Stuttgart]
Keniston K (1968) Young radicals: Notes on committed youth. Harcourt, Brace & World, New York
Kestenberg JS (1956) Vicissitudes of female sexuality. J Amer Psychoanal Assoc 4:453–476
Kestenberg JS (1961) Menarche. In: S Lorand u HI Schneer (ed) Adolescents, pp 19–50. Hoeber, New York
Kett JF (1977) Rites of passage: Adolescence in America, 1790 to the present. Basic Books, New York
Kleeman J (1971) The establishment of core gender identity in normal girls. Arch Sexual Behavior 1:103–129
Kleeman J (1976) Freud's views on early female sexuality in light of direct child observation. J Amer Psychoanal Assoc 24:3–28
Lascelles M (1939) Jane Austen and her art. Oxford Univ Press, London
Laslett P (1973) The world we have lost. 2. edn. Scribner, New York
Laufer M (1966) Object loss and mourning during adolescence. Psychoanal Study Child 21:269–293
Levin H (1960) Form and formality in *Romeo and Juliet*. Shakespeare Quart 11:3–11
Liebert R (1971) Radical and militant youth. Praeger, New York
Lifton RJ (1970) History and human survival. Random House, New York
Lodge D (1971) The uses and abuses of omniscience: Method and meaning in Muriel Spark's *The prime of Miss Jean Brodie*. In: The Novelist at the crossroads, pp 119–144. Cornell Univ Press, Ithaca
Lustman J (1977) On splitting. Psychoanal Study Child 32:119–154
Mack J (1980) Psychoanalysis and biography. J Amer Psychoanal Assoc 28:543–562
Mack JE, Hickler H (1981) Vivienne. Little, Brown, Boston
Mahler MS (1963) Thoughts about development and individuation. Psychoanal Study Child 18:307–324

Mahler MS, Pine F, Bergman A (1975) The psychological birth of the human infant. Basic Books, New York. [Deutsch: (1978) Die psychische Geburt des Menschen. Symbiose und Separation. Übers v H Weller. Fischer, Frankfurt am Main]

Marsh DRC (1976) Passion lends them power: A study of Shakespeare's love tragedies. Barnes & Noble, New York

McCown GM (1976) „Runnawayes eyes" and Juliet's epithalamium. Shakespeare Quart 27:150–170

McCullers C (1946) The member of the wedding. Houghton Mifflin, Boston. [Deutsch: (1965) Frankie. Übers v R Moering. Diogenes, Zürich]

Mead M ([1928] 1975) Coming of Age in Samoa. William Morrow, New York

Morley H ([1893–1895] 1977) The diary of „Helena Morley", trans and ed E Bishop. Ecco Press, New York

Moulton R (1970) A survey and reevaluation of the concept of penis envy. Contemporary Psychoanal 7:84–104

Mudrick M (1952) Jane Austen: Irony as defense and discovery. Princeton Univ Press, Princeton

Muir K (1977) The sources of Shakespeare's plays. Methuen, London

Nagera H (1969) The imaginary companion. Psychoanal Study Child 24:165–196

Nagera H (1970) Children's reactions to the death of important objects. Psychoanal Study Child 25:360–400

Nin A (1981) Das Kindertagebuch 1914–1919 u. 1919–1920.. Übers v I Kuhn. Nymphenburger Verlagsanstalt, München

Nin A (1974) Die Tagebücher der Anas Nin 1931–1934. Hg v G Stuhlmann. Übers v H Zand. Nymphenburger Verlagsanstalt, München

Offer D (1969) The psychological world of the teenager. Basic Books, New York

Offer D, Sabshin M (1984) Adolescence: Empirical perspectives. In: D Offer, M Sabshin (ed) Normality and the life cycle. Basic Books, New York

Ovid. Metamorphosen (1977). Hg u übers v E Rösch. 7. Aufl. Heimeran, München

Panel (1976): Psychology of women: Late adolescence and early adulthood. Panel discussion reported by E Galenson. J Amer Psychoanal Assoc 24:631–646

Parens H, Stern J, Kramer S (1977) On the girl's entry into the oedipus complex. J Amer Psychoanal Assoc 24:79–107

Person E (1982) Women working: Fears of failure, deviance and success. J Amer Acad Psa 10:67–84

Ritvo S (1976) Adolescent to woman. J Amer Psychoanal Assoc 24:127–137

Root N (1957) A neurosis in adolescence. Psychoanal Study Child 12:320–334

Schafer R (1973) Concepts of self and identity and the experience of separation-individuation in adolescence. Psychoanal Quart 42:42–59

Schafer R (1974) Problems in Freud's psychology of women. J Amer Psychoanal Assoc 22:459–485

Shakespeare W (1597) Romeo und Julia. Übers v AW Schlegel. In: Sämtliche Werke in 4 Bänden. Hg v A Schlösser. Bd 4: Tragödien. Aufbau-Verlag, Berlin u Weimar 1989

Shelley M ([1818] 1982) Frankenstein; or, the modern Prometheus. Univ of Chicago Press, Chicago

Shopper M (1979) The (re)discovery of the vagina and the importance of the menstrual tampon. In: M Sugar (ed) Female adolescent development, pp 214–233. Brunner/Mazel, New York

Smith SR (1973) The London apprentices as seventeenth-century adolescents. Past and Present 61:149–161

Solnit AJ (1972) Adolescence and the changing reality. In: IM Marcus (ed) Currents in psychoanalysis. Int Univ Press, New York

Solnit AJ (1983) Obstacles and pathways in the journey from adolescence to parenthood. Adol Psychiat 11:14–26

Southam BC (1968) Jane Austen: The critical heritage. Routledge & Kegan Paul, London

Spacks PM (1981) The adolescent idea. Basic Books, New York

Spark M (1961) The prime of Miss Jean Brodie. Macmillan, London. [Deutsch: (1983) Die Blütezeit der Miss Jean Brodie. Übers v P Naujack. Diogenes, Zürich]

Sperling OE (1954) An imaginary companion, representing a prestage of the superego. Psychoanal Study Child 9:252–258

Spiegel LA (1951) A review of contributions to a psychoanalytic theory of adolescence. Psychoanal Study Child 6:375–392

Stoller R (1968) The sense of femaleness. Psychoanal Quart 37:42–55

Stoller R (1976) Primary femininity. J Amer Psychoanal Assoc 24:59–78

Stone L (1977) The family, sex and marriage in England 1500–1800. Harper, New York

Sugar M (1979) Female adolescent development. Brunner/Mazel, New York

Sullivan HS (1953) The interpersonal theory of psychiatry. Norton, New York. [Deutsch: (1980) Die interpersonale Theorie der Psychiatrie. Fischer, Frankfurt am Main]

Tagebuch eines halbwüchsigen Mädchens ([1919] 1987). Vorwort v A Miller, hg v H Kulessa. Suhrkamp, Frankfurt am Main

Tanner JM (1971) Sequence tempo and individual variation in the growth and development of boys and girls aged 12 to 16. Daedalus 100:907–930

Thompson C (1942) Cultural pressures in the psychology of women. Psychiatry 5:331–339

Thompson C (1943) ‚Penis envy' in women. Psychiatry 6:123–125

Ticho GR (1976) Female autonomy and young adult women. J Amer Psychoanal Assoc 24:139–155

Weissman S, Barglow P (1980) Recent contributions to the theory of female adolescent psychological development. Adol Psychiat 8:214–230

Winnicott DW (1953) Transitional objects and transitional phenomena. Int J Psychoanal 34:89–97. [Deutsch: (1983) Übergangsobjekte und Übergangsphänomene. In: Von der Kinderheilkunde zur Psychoanalyse, S 300–319. Übers v G Theusner-Stampa. Fischer, Frankfurt am Main]

Winnicott DW (1971) The mirror role of mother and family in child development. In: Playing and reality, pp 111–118. Tavistock Publications, London [Deutsch: (1971) Die Spiegelfunktion von Mutter und Familie in der kindlichen Entwicklung. Übers v M Ermann. In: Vom Spiel zur Kreativität. Klett-Verlag, Stuttgart]

Wolfenstein M (1966) How is mourning possible? Psychoanal Study Child 21:93–123

Wolfenstein M (1969) Loss, rage, and repetition. Psychoanal Study Child 24:432–460

Woolf V ([1925] 1953) Jane Austen. In: The common reader, pp 137–149. Harcourt Brace Jovanovich, New York. [Deutsch: (1989) Jane Austen. Übers v H Faden. In: Der gewöhnliche Leser, S 164–177. Fischer, Frankfurt am Main]

Woolf V ([1929] 1957) A room of one's own. Harcourt, Brace & World. [Deutsch: (1978) Ein Zimmer für sich allein. Übers v R Gerhardt. Gerhardt Verlag, Berlin]

Namenverzeichnis

Druck: Mercedesdruck, Berlin
Verarbeitung: Buchbinderei Lüderitz & Bauer, Berlin